国家民族事务委员会人文社会科学重点研究基地
西南民族大学中国西部民族经济研究中心

中国西部民族经济调查
（2017）

郑长德　李　强　主编

中国财经出版传媒集团
经济科学出版社
Economic Science Press

图书在版编目（CIP）数据

中国西部民族经济调查 . 2017/郑长德，李强主编 . —北京：经济科学出版社，2018.8
ISBN 978 - 7 - 5141 - 9687 - 0

Ⅰ.①中… Ⅱ.①郑…②李… Ⅲ.①西部经济 - 民族经济 - 调查报告 - 中国 - 2017 Ⅳ.①F127

中国版本图书馆 CIP 数据核字（2018）第 200297 号

责任编辑：王　娟　张立莉
责任校对：刘　昕
责任印制：邱　天

中国西部民族经济调查（2017）
郑长德　李　强　主编
经济科学出版社出版、发行　新华书店经销
社址：北京市海淀区阜成路甲 28 号　邮编：100142
总编部电话：010 - 88191217　发行部电话：010 - 88191522
网址：www.esp.com.cn
电子邮件：esp@esp.com.cn
天猫网店：经济科学出版社旗舰店
网址：http://jjkxcbs.tmall.com
北京季蜂印刷有限公司印装
710×1000　16 开　20.5 印张　370000 字
2018 年 10 月第 1 版　2018 年 10 月第 1 次印刷
ISBN 978 - 7 - 5141 - 9687 - 0　定价：69.00 元
（图书出现印装问题，本社负责调换。电话：010 - 88191510）
（版权所有　侵权必究　打击盗版　举报热线：010 - 88191661
QQ：2242791300　营销中心电话：010 - 88191537
电子邮箱：dbts@esp.com.cn）

中国西部民族经济调查
编委会

主编单位

西南民族大学中国西部民族经济研究中心

主　编

郑长德　李　强

副主编

牟　辉　涂裕春　何　山　肖　渝

编　委（按姓氏笔画排序）

马训舟	王　鹏	王永莉	王成斌	文　斌	石　川	冯　筱
吉　娜	安　果	杜红艳	李道凤	杨云鹏	杨胜利	邱海波
何雄浪	钟海燕	姜太碧	曹正忠	廖桂蓉	潘久艳	戴钰雯

前　言

《中国西部民族经济调查》（CWEES）是国家民族事务委员会重点人文社科研究基地（培育）中心组织实施的一项调查项目。该项目以经济学、人类学的理论与方法为指导，严格遵循调查统计学的基本要求，随机抽样和典型调查相结合，定性分析与计量研究相结合，客观反映我国少数民族地区经济社会发展方面取得的成就，及时准确地反映民族地区经济社会发展中的问题和挑战，为促进西部民族地区的经济社会发展，进行前瞻性的理论探讨。

随着中国城市化进程的加快，城市出现了多民族化、多元化的特点。大量的流动人口成为中国目前社会中的一个显著特征。在这样的背景下，城市中的少数民族，无论是世居的城市少数民族，还是在祖国大江南北流动的少数民族，其社会生存条件、民族文化、民族心理、民族特征等无不随着社会的巨大变化而变化。然而，我国目前还比较缺少关于城市少数民族发展状况的具体数据，这使得国家在制定针对性政策以解决少数民族居民贫困、民族融合、少数民族地区经济与社会发展等问题时缺乏第一手的资料与实证的支撑。

《中国西部民族经济调查》（2017）是中国西部民族经济研究中心于2016年组织的"中国城市少数民族经济社会发展综合调查"成果。中国西部民族经济研究中心通过调查我国14个省（市、区），3959个家庭，9108个个体的个人特征、经济及社会发展状况，试图回答关于我国城市民族聚居区与相邻社区的各个少数民族经济与社会发展，民族聚居区与相邻社区的发展差距等相关问题。调查具体从人口学特征、健康与社会保险、基本公共服务、经济情况和价格水平、生活和思想状况以及少数民族专题六个方面展开。我们获得了城市少数民族居民的基本生活状况与思想的第一手资料，填补了我国城市少数民族缺乏微观数据的空白，为我国制定与少数民族相关的经济政策提供了实证支撑。

《中国西部民族经济调查》（2017）在指导教师的指导下，初稿由报告撰写小组根据调查数据撰写完成。初稿完成后，中国西部民族经济研究中心组织人员对初稿进行了修改，参加修改的有郑长德、李强、涂裕春和杨胜利。本书由两部分构成，第一部分是调查报告，是对调查数据的初步分析；第二部分是附录，包括问卷和两篇研究论文，该论文基于历次人口普查数据，对少数民族人口城镇化进行了全面的分析，通过该论文，希望读者可以对少数民族城镇化有一个初步的认识。

《中国西部民族经济调查》（2017）得到了西南民族大学王维舟少数民族创新人才培养基金、中国西部民族经济研究中心研究基金、国家社科基金重大招标项目"新形势下推动民族地区经济社会全面发展的若干重大问题研究"、四川省高等学校创新团队项目"民族地区经济发展问题研究"的支持。2014级、2015级"维舟班"的部分同学和经济学院其他班级的部分同学全程参与了调查。调查由西南民族大学经济学院和中国西部民族经济研究中心组织，学院和中心的领导及部分老师参加了调查。在此一并表示感谢！道一声"你们辛苦了"！期待你们继续支持和参加中国西部民族经济调查！特别感谢国家民族事务委员会民族理论与政策研究室的张世保同志和孙启军同志的大力支持！特别感谢调研地区政府部门的大力支持！

中国西部民族经济调查是一项规模宏大的工程，这项工作的深入开展还需要社会各界的大力支持。中国西部民族经济研究中心呼吁更多学子奔赴于调查数据一线，做最可靠稳定的基石，写一份最具支撑力的数据报告。我们相信，社会各界都来关心少数民族的经济与社会发展问题，中国西部民族经济研究中心的数据必将对我国相关的学术研究、政策制定等产生积极的推动作用。

必须指出的是，本报告完全是基于调查数据形成，尽管在调查时尽可

前　言

能考虑了调查方法选择的科学性，在调查质量控制方面也做了大量工作，但考虑到样本问题、调查经费的限制，及调查人员水平的限制，报告提供的数据仅供参考。而且，报告之中，误推错断，在所难免，周爰咨诹，祈君赐正。

中国西部民族经济研究中心
2017 年 12 月

目 录

总论 ··· (1)

 1. 问卷设计与调查质量控制 ································· (1)

 2. 样本分布情况 ·· (2)

第 1 章　人口学特征 ··· (5)

 1.1　调查样本数量 ·· (5)

 1.2　性别比例 ·· (7)

 1.3　年龄状况 ·· (9)

 1.4　政治面貌 ·· (11)

 1.5　受教育程度 ·· (14)

 1.6　宗教信仰 ·· (17)

 1.7　户籍状况 ·· (20)

 1.8　户口类型 ·· (22)

 1.9　居住时间 ·· (24)

 1.10　从事职业状况 ·· (26)

 1.11　职业获取途径 ·· (29)

 1.12　婚姻状况 ·· (32)

第 2 章　健康与社会保障 ··· (36)

 2.1　身高状况 ·· (36)

 2.2　体重状况 ·· (40)

· I ·

2.3 过去4周内生病状况 …………………………………………（44）
2.4 过去4周内受伤状况 …………………………………………（45）
2.5 患慢性病状况 …………………………………………………（47）
2.6 健康状况的自我感知状况 ……………………………………（49）
2.7 参加医疗保险状况 ……………………………………………（52）
2.8 上年实际的医疗保险缴费金额状况 …………………………（55）
2.9 实际医疗报销金额 ……………………………………………（57）
2.10 未报销前医疗花费总额 ………………………………………（60）
2.11 参加养老保险情况 ……………………………………………（62）
2.12 养老保险费缴纳方式 …………………………………………（65）
2.13 养老保险缴纳金额 ……………………………………………（67）
2.14 2016年领取养老金情况 ………………………………………（69）
2.15 每月领取养老金金额 …………………………………………（71）
2.16 享有低保情况 …………………………………………………（72）
2.17 每月低保领取金额 ……………………………………………（74）

第3章 基本公共服务 ……………………………………………（76）

3.1 职业技能培训知晓率情况 ……………………………………（76）
3.2 职业技能培训参与率情况 ……………………………………（78）
3.3 职业技能培训效果满意程度调查情况 ………………………（80）
3.4 就业信息情况 …………………………………………………（83）
3.5 社区组织免费体检 ……………………………………………（85）
3.6 当地医疗公共资源是否能满足需求的情况 …………………（87）
3.7 就医过程中遇到的困难 ………………………………………（89）
3.8 本地上学难易情况 ……………………………………………（98）
3.9 公共教育质量 …………………………………………………（100）
3.10 择校费与建校费 ………………………………………………（103）
3.11 公租房服务情况 ………………………………………………（106）
3.12 健身锻炼设施分布情况 ………………………………………（108）
3.13 公共交通情况 …………………………………………………（110）

第4章 经济情况和价格水平 (112)

- 4.1 家庭年总收入 (112)
- 4.2 家庭年人均收入 (114)
- 4.3 家庭年总收入范围 (117)
- 4.4 家庭经营性收入 (119)
- 4.5 家庭收入中寄回家乡 (121)
- 4.6 饮食支出 (122)
- 4.7 人情支出 (124)
- 4.8 教育支出 (126)
- 4.9 旅游支出 (128)
- 4.10 宗教支出 (129)
- 4.11 恩格尔系数 (132)
- 4.12 家庭总支出 (134)
- 4.13 家庭住房租赁 (138)
- 4.14 家庭租房租金情况 (141)
- 4.15 家庭投资 (142)
- 4.16 购买商业保险 (144)
- 4.17 自有住房购房年份 (146)
- 4.18 自有住房购买时单价 (147)
- 4.19 目前房屋单价 (149)
- 4.20 房屋面积 (151)
- 4.21 其他房屋产权拥有情况 (153)
- 4.22 其他房屋产权拥有数目 (154)
- 4.23 住房贷款情况 (155)
- 4.24 贷款总额 (157)
- 4.25 私家车拥有情况 (159)
- 4.26 家庭存款额 (160)
- 4.27 家庭借出款 (162)
- 4.28 借入款情况 (163)
- 4.29 借款来源 (165)

4.30 借款年利率 ··· (167)

第 5 章 生活和思想状况 ··· (169)

5.1 休闲娱乐设施 ·· (169)
5.2 娱乐活动场所及文娱活动需求 ······································ (172)
5.3 社区举办的文化活动的参与度 ······································ (174)
5.4 民族性或者宗教性活动的参与度 ··································· (177)
5.5 环境卫生状况 ·· (180)
5.6 生活习惯程度 ·· (183)
5.7 长期居住情况 ·· (186)
5.8 与非本民族交友情况 ·· (188)
5.9 如何处理权益受侵 ··· (192)
5.10 社会信任度 ·· (196)
5.11 社会治安 ··· (200)
5.12 不同民族婚恋观 ··· (204)
5.13 对非本民族通婚的看法 ··· (206)
5.14 生育观念调查 ··· (209)
5.15 幸福感调查 ·· (210)

第 6 章 少数民族专题 ·· (215)

6.1 少数民族使用汉语的熟练程度 ······································ (215)
6.2 阅读汉字是否存在困难 ·· (219)
6.3 在居住地是否接受过汉语培训 ······································ (223)
6.4 在生活中使用汉语多还是本民族语言比较多 ··················· (226)
6.5 与迁入本地之前相比，本民族语言使用熟练程度 ············ (230)
6.6 居住地周围的公立学校是否以本民族语言授课 ··············· (234)
6.7 是否愿意表露自己的民族身份 ······································ (238)
6.8 过去一年里，当地政府或相关组织有没有举办过关于
     少数民族的传统节日活动 ··· (242)
6.9 就业顺利程度 ·· (246)
6.10 导致就业困难的原因 ·· (250)

6.11 在此地居住的初衷 …………………………………………（256）

附录 …………………………………………………………………（262）

附录 1 中国城市少数民族经济社会发展综合调查（居民问卷）……（262）
附录 2 中国少数民族人口的城镇化研究 ………………………（271）
附录 3 中国城镇少数民族人口分布研究 ………………………（284）

总　　论

为了解我国城市少数民族地区的社会、经济发展情况，为学术研究以及政府制定、调整相关经济政策提供科学依据，西南民族大学经济学院、国家民委人文社科重点研究基地——中国西部民族经济研究中心于 2016 年 5 月着手开展"中国城市少数民族经济社会发展综合调查"。2016 年 7~8 月，14 支调查队伍分赴 14 省（市、区）进行入户调研，共收集问卷 3959 份。

1. 问卷设计与调查质量控制

（1）问卷设计。

本次调查问卷设计始于 2016 年 4 月，历时 2 个月，由 2 位老师和 12 名学生组成设计团队。调查范围拟涵盖居民的经济、社会保障、健康、家庭情况等方面。问卷初稿于 2016 年 6 月初形成。

（2）抽样设计。

本次调查采用典型抽样和 PPS 随机抽样相结合的方法。首先在内蒙古、广西、西藏、宁夏、新疆及湖南、重庆、四川、贵州、云南、甘肃、青海等省会（首府）城市及北京、上海和广州选择了一个城市民族聚居区和一个在地理位置、经济社会环境等方面与该城市民族聚居区相邻的社区。在社区层面根据社区居委会提供的居民花名册使用 PPS 方法随机抽取样本，使得每一户家庭被抽中的概率相等。中国西部民族研究中心为每一支调查队伍配备了一名技术指导人员，严格按照随机抽样的方法完成样本抽取工作。

（3）调查质量控制。

参与本次入户调查的调查员主要是西南民族大学经济学院的本科生和部分研究生。调查员均通过了中心的严格面试。取得调查员资格后，中心对调查员进行了严格的面访培训，主要包括访问技巧与问卷内容两个方面。访问技巧包括如何确定访问对象，如何取得对方信任，如何简便快捷地获取有效信息；问卷内容培训方面主要是通过培训让调查员熟悉问卷内容和提问技巧。调查实施过程中，中心为每支调查队伍配备一名带队老师，每天调查结束后由技术指导员完成问卷一审，带队老师进行二次审核。如对调查问卷有疑问，当天核实，以保证调查质量。

（4）后期质量控制。

问卷两次审核完成后，由调查队员在实验室对问卷进行两次录入，并对比两次录入的数据以确保录入数据与原始问卷的数据一致。录入完成后，由问卷设计小组与报告撰写小组完成对数据的清理工作，对异常值采用打电话的方式回访受访者以确保数据的准确性，并做好电话回访记录；对出现逻辑错误的地方通过与原始问卷核对或电话回访的方式进行修改；随机听取调查录音，以核实数据的准确性。因此，本次调查的数据具有较高的可靠性。

2. 样本分布情况

本次调查地域涵盖了我国 14 个省（市、区），其样本的具体分布详见表 1。

表 1　　　　　　　调查样本在各省（市、区）的分布

省（市、区）	样本量（人）	占比（%）
北京	697	7.65
内蒙古	645	7.08
吉林	569	6.25
上海	679	7.45
湖南	722	7.93
广东	560	6.15
广西	628	6.90
四川	730	8.01
云南	631	6.93
西藏	747	8.20
甘肃	533	5.85

续表

省（市、区）	样本量（人）	占比（%）
青海	773	8.49
宁夏	706	7.75
新疆	488	5.36
合计	9108	100.00

调查显示，受访居民中汉族居民占57.24%，少数民族居民占42.76%。少数民族中，侗族、回族、藏族、彝族、壮族所占比例相对较高。详见表2。

表2　　　　　　　　　抽样调查民族分布情况

民族	样本量（人）	占比（%）
汉族	5192	57.24
阿昌族	3	0.03
白族	11	0.12
保安族	5	0.06
布依族	3	0.03
布朗族	4	0.04
朝鲜族	142	1.57
达翰尔族	3	0.03
傣族	1	0.01
德昂族	1	0.01
东乡族	54	0.60
侗族	440	4.85
独龙族	1	0.01
俄罗斯族	1	0.01
鄂温克族	3	0.03
高山族	1	0.01
哈尼族	9	0.10
哈萨克族	13	0.14
赫哲族	1	0.01

续表

民族	样本量（人）	占比（%）
回族	1297	14.30
京族	2	0.02
柯尔克孜族	5	0.06
傈僳族	2	0.02
满族	54	0.60
蒙古族	94	1.04
苗族	32	0.35
仫佬族	5	0.06
纳西族	1	0.01
撒拉族	4	0.04
畲族	1	0.01
水族	1	0.01
塔吉克族	4	0.04
土家族	22	0.24
土族	53	0.58
佤族	4	0.04
维吾尔族	114	1.26
乌孜别克族	8	0.09
锡伯族	1	0.01
瑶族	21	0.23
彝族	329	3.63
裕固族	1	0.01
壮族	274	3.02
藏族	853	9.40
合计	9070	100.00

注：已剔除38个民族信息缺失值的样本所得。

第1章 人口学特征*

1.1 调查样本数量

1.1.1 按民族分样本分布情况

本次调查抽取的样本数量共计9108人。其中,汉族居民5192人,占57.24%;少数民族居民3878人,占42.76%。另有38位受访者民族信息缺失。详见表1-1。

表1-1　　　　　　　　调查样本个体的民族分布情况

民族	人数（人）	占比（%）
汉族	5192	57.24
少数民族	3878	42.76
合计	9070	100.00

注：剔除38个缺失值、民族缺失和拒绝回答的样本后所得。

1.1.2 按省份分样本分布情况

调查样本中,西藏、甘肃、湖南、青海四个地区的少数民族人数占比较大,分别为98.61%、68.86%、68.28%、50.78%。广东、四川、上海、宁夏四个地区的汉族人数占比较大,分别为91.56%、91.10%、86.28%、

---

* 本部分由王韵华负责。

80.17%；而其他地区的汉族与少数民族人数差异较小。详见表 1-2。

表 1-2　　　　　调查样本个体的按省份分民族分布情况

省（市、区）	汉族 人数（人）	汉族 占比（%）	少数民族 人数（人）	少数民族 占比（%）	合计 人数（人）
北京	398	57.10	299	42.90	697
内蒙古	403	62.48	242	37.52	645
吉林	398	70.32	168	29.68	566
上海	585	86.28	93	13.72	678
湖南	229	31.72	493	68.28	722
广东	510	91.56	47	8.44	557
广西	345	54.94	283	45.06	628
四川	665	91.10	65	8.90	730
云南	253	40.22	376	59.78	629
西藏	10	1.39	709	98.61	719
甘肃	166	31.14	367	68.86	533
青海	380	49.22	392	50.78	772
宁夏	566	80.17	140	19.83	706
新疆	284	58.20	204	41.80	488

注：剔除 38 个缺失值、民族缺失和拒绝回答的样本后所得。

1.1.3　按民族聚居区分样本分布情况

本次调查抽取样本中少数民族聚居区的样本量为 4384 人，相邻社区的样本量为 4686 人，其中，少数民族聚居区中少数民族的占比为 52.12%，略高于相邻社区中少数民族的占比。详见表 1-3。

表 1-3　　　　　调查样本个体的民族聚居区分布情况

调查点	汉族 人数（人）	汉族 占比（%）	少数民族 人数（人）	少数民族 占比（%）	合计 人数（人）
民族聚居区	2099	47.88	2285	52.12	4384
相邻社区	3093	66.01	1593	33.99	4686

注：剔除 38 个缺失值、民族缺失和拒绝回答的样本后所得。

1.2 性别比例

1.2.1 性别概况

调查发现，样本中的男性占比略大，为 50.80%，相应的女性占比为 49.20%。详见表 1-4。

表 1-4　　　　　　　　调查样本个体的性别分布情况

性别	人数（人）	占比（%）
男	4620	50.80
女	4474	49.20
合计	9094	100.00

注：剔除 14 个缺失值、性别缺失和拒绝回答的样本后所得。

1.2.2 按民族分性别分布情况

调查发现，样本中汉族为 5192 人；少数民族 3867 人。汉族中男性占比为 51.43%，女性占比为 48.57%；少数民族中男性占比为 49.96%，女性占比为 50.04%，略高于男性的占比。详见表 1-5。

表 1-5　　　　　　　　按民族分性别分布情况

性别	汉族 人数（人）	汉族 占比（%）	少数民族 人数（人）	少数民族 占比（%）
男	2670	51.43	1932	49.96
女	2522	48.57	1935	50.04
合计	5192	100.00	3867	100.00

注：剔除 49 个缺失值、性别缺失和拒绝回答的样本后所得。

1.2.3 按省份分性别分布情况

调查发现，各省的男女比例也存在一定差异。青海的男性占比较大，为

52.98%，其次是北京，男性占比为52.80%；西藏的女性占比较大，为53.60%。详见表1-6。

表1-6　　　　　　　按省份分性别分布情况

省（市、区）	男 人数（人）	男 占比（%）	女 人数（人）	女 占比（%）	合计（人）
北京	368	52.80	329	47.20	697
内蒙古	311	48.22	334	51.78	645
吉林	289	50.79	280	49.21	569
上海	342	50.37	337	49.63	679
湖南	379	52.49	343	47.51	722
广东	283	50.54	277	49.46	560
广西	324	51.59	304	48.41	628
四川	371	50.82	359	49.18	730
云南	309	49.20	319	50.80	628
西藏	342	46.40	395	53.60	737
甘肃	268	50.28	265	49.72	533
青海	409	52.98	363	47.02	772
宁夏	369	52.27	337	47.73	706
新疆	256	52.46	232	47.54	488

注：剔除14个缺失值、性别缺失和拒绝回答的样本后所得。

1.2.4　按民族聚居区分性别分布情况

调查发现，样本中民族聚居区和相邻社区的男性占比都略高于女性，其中，民族聚居区的男性占比为50.69%，相邻社区的男性占比为50.90%。详见表1-7。

表1-7　　　　　按民族聚居区分性别分布情况

性别	民族聚居区 人数（人）	民族聚居区 占比（%）	相邻社区 人数（人）	相邻社区 占比（%）
男	2229	50.69	2391	50.90

续表

性别	民族聚居区		相邻社区	
	人数（人）	占比（%）	人数（人）	占比（%）
女	2168	49.31	2306	49.10
合计	4397	100.00	4697	100.00

注：剔除14个缺失值、性别缺失和拒绝回答的样本后所得。

1.3 年龄状况

1.3.1 各省调查样本平均年龄

调查结果显示，受访居民的平均年龄为42.07周岁。其中，吉林的平均年龄最高，为49.64周岁，西藏的平均年龄最低，为33.26周岁。详见图1-1。

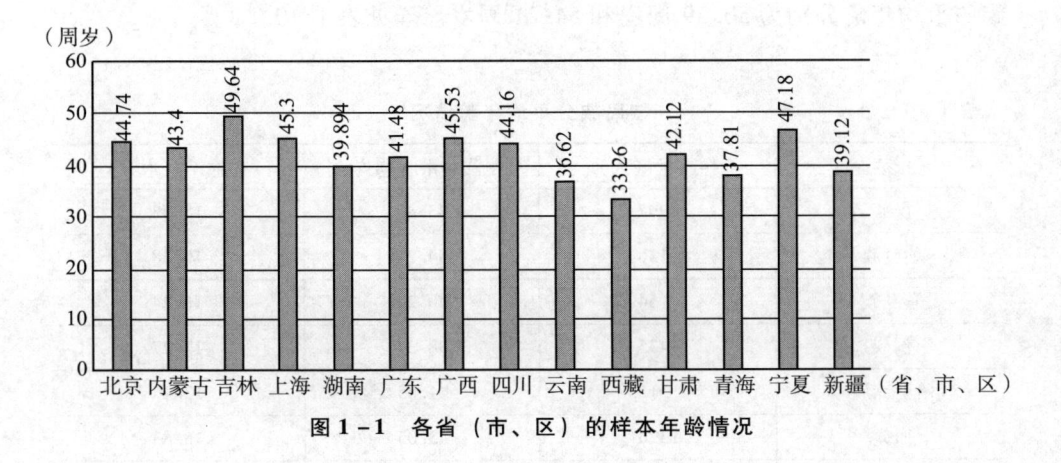

（周岁）

省份	北京	内蒙古	吉林	上海	湖南	广东	广西	四川	云南	西藏	甘肃	青海	宁夏	新疆
年龄	44.74	43.4	49.64	45.3	39.894	41.48	45.53	44.16	36.62	33.26	42.12	37.81	47.18	39.12

图1-1 各省（市、区）的样本年龄情况

1.3.2 年龄结构

本次调查涵盖了不同年龄段的人群。调查结果显示，受访居民中18~45周岁的成人有3971人，所占比例最高，为44.53%。样本中，7~18周岁的儿童占比为7.37%，而60周岁以上老年人的占比为18.59%。详见表1-8。

表 1-8　　　　　　　　　年龄结构情况

年龄段（周岁）	人数（人）	占比（%）
0~7	302	3.39
7~18	657	7.37
18~45	3971	44.53
45~60	2329	26.12
60以上	1658	18.59
合计	8917	100.00

注：剔除191个缺失值、拒绝回答及年龄小于0岁或大于100岁的样本后所得。

1.3.3 按民族分平均年龄

调查发现，调查样本中不同民族的平均年龄存在显著差异，其中，藏族的平均年龄较小，为34.44周岁；其次是维吾尔族，为34.89周岁；苗族和朝鲜族的平均年龄分别为50.39周岁和54.21周岁。详见表1-9。

表 1-9　　　　　　　　按民族分平均年龄情况

民族	样本量（人）	平均年龄（周岁）	标准差（周岁）
汉族	4997	43.86	18.58
朝鲜族	136	54.21	19.38
东乡族	54	40.24	16.24
侗族	435	38.37	17.27
哈萨克族	13	41.85	13.25
回族	1226	43.05	18.83
满族	53	46.92	18.08
蒙古族	90	36.69	16.24
苗族	31	50.39	15.05
土家族	20	37.75	14.69
土族	50	39.00	15.94
维吾尔族	105	34.89	15.28
瑶族	21	41.00	14.45

续表

民族	样本量（人）	平均年龄（周岁）	标准差（周岁）
彝族	325	36.16	17.20
壮族	270	44.59	21.53
藏族	788	34.44	19.31

注：剔除494个缺失值、民族缺失、拒绝回答和年龄小于0周岁或大于100周岁的样本后所得。其中，阿昌族、保安族、布依族、俄罗斯族、高山族、哈尼族、京族、傈僳族、仫佬族、纳西族、塔吉克族、乌孜别克族、锡伯族样本量只有1个。白族、布朗族、达翰尔族、哈萨克族、满族、蒙古族、苗族、土家族、土族、瑶族调查样本小于10个，不具代表性，故删除。

1.3.4 按民族聚居区分平均年龄

调查显示，调查样本中民族聚居区和相邻社区的平均年龄存在差异，民族聚居区的平均年龄为41.47周岁，低于相邻社区的平均年龄，详见表1-10。

表1-10　　　　　　按民族聚居区分平均年龄情况

调查点	样本量（人）	平均年龄（周岁）	标准差（周岁）
民族聚居区	4310	41.47	18.91
相邻社区	4607	42.64	19.04
合计	8917	42.07	18.98

注：剔除191个缺失值、民族缺失、拒绝回答和年龄小于0周岁或大于100周岁的样本后所得。

1.4 政治面貌

1.4.1 政治面貌概况

调查发现，样本中政治面貌为群众的占比相对最大，为77.49%，而政治面貌为民主党派的占比人数最少，为0.21%，详见表1-11。

表1-11　　　　　　调查样本个体的政治面貌分布情况

政治面貌	人数（人）	占比（%）
共产党员	1168	12.98

续表

政治面貌	人数（人）	占比（%）
民主党派	19	0.21
共青团员	839	9.32
群众	6973	77.49
合计	8999	100.00

注：剔除109个缺失值、拒绝回答和不合理值的样本后所得。

1.4.2 按民族分政治面貌

调查发现，与汉族居民相比，少数民族中政治面貌为群众的占比为77.82%。汉族中政治面貌为群众的占比为77.30%，与少数民族相应的群众比例没有显著差异。汉族中共青团员的占比为8.67%，小于少数民族相应的共青团员比例（10.10%）。少数民族与汉族中民主党派的占比均较低，仅为0.08%和0.29%。详见表1-12。

表1-12　　　　　　按民族分政治面貌分布情况

政治面貌	汉族 样本量（人）	汉族 占比（%）	少数民族 样本量（人）	少数民族 占比（%）
共产党员	707	13.74	459	12.01
民主党派	15	0.29	3	0.08
共青团员	446	8.67	386	10.10
群众	3977	77.30	2975	77.82
合计	5145	100.00	3823	100.00

注：剔除140个缺失值、民族缺失、拒绝回答和不合理值的样本后所得。

1.4.3 按省份分政治面貌

政治面貌也呈现出较为明显的区域分布。其中，样本中宁夏的共产党员所占比例最大，为20.94%；广西相应的占比为18.49%，位居第二；上海相应的占比为16.72%，位居第三；而西藏的共产党员所占比例最小，仅为4.49%。云南政治面貌为群众的比例在各省中最高，达到83.79%；其次是西藏,为 83.40%。湖南政治面貌为共青团员的占比在各省中最高,达到 13.15%。详见表 1-13。

表 1-13　　　　按省份分政治面貌分布情况

省（市、区）	共产党员 人数（人）	共产党员 占比（%）	共青团员 人数（人）	共青团员 占比（%）	群众 人数（人）	群众 占比（%）	合计（人）
北京	105	15.15	29	4.18	559	80.66	693
内蒙古	53	8.26	83	12.93	506	78.82	642
吉林	77	13.70	33	5.87	452	80.43	562
上海	111	16.72	63	9.49	490	73.80	664
湖南	106	14.83	94	13.15	515	72.03	715
广东	81	14.78	72	13.14	395	72.08	548
广西	115	18.49	44	7.07	463	74.44	622
四川	83	11.56	48	6.69	587	81.75	718
云南	46	7.46	54	8.75	517	83.79	617
西藏	33	4.49	89	12.11	613	83.40	735
甘肃	58	10.94	38	7.17	434	81.89	530
青海	77	10.24	80	10.64	595	79.12	752
宁夏	147	20.94	45	6.41	510	72.65	702
新疆	76	15.83	67	13.96	337	70.21	480

注：剔除 128 个缺失值、拒绝回答和不合理值的样本后所得。
其中,民主党派调查样本小于 10 个,不具代表性,故删除。

1.4.4　按民族聚居区分政治面貌分布

调查显示,民族聚居区中政治面貌为群众的占比为 76.88%,政治面貌为共产党员的占比为 13.21%;相邻社区中政治面貌为群众的占比为 78.05%,政治面貌为共产党员的占比为 12.76%。详见表 1-14。

表 1-14　　　　　　按民族聚居区分政治面貌情况

政治面貌	民族聚居区 人数（人）	占比（%）	相邻社区 人数（人）	占比（%）
共产党员	575	13.21	593	12.76
民主党派	6	0.14	13	0.28
共青团员	425	9.77	414	8.91
群众	3346	76.88	3627	78.05
合计	4352	100.00	4647	100.00

注：剔除 109 个缺失值、拒绝回答和不合理值的样本后所得。

1.5 受教育程度

1.5.1 受教育程度概况

调查显示，没上过学的居民占比为 9%；教育水平为初中的居民占比最高，为 24.56%；中专或职业学校的占比最低，仅为 5.79%，其次是大专的占比，为 7.92%；教育水平为高中、大学及以上的居民占比差距较小。详见图 1-2。

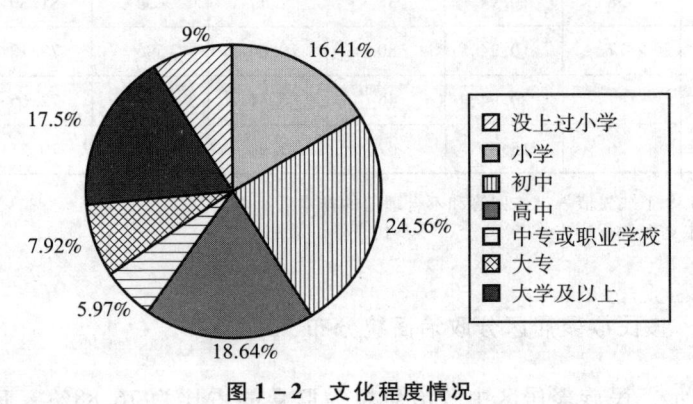

图 1-2　文化程度情况

1.5.2 按民族分受教育程度

调查显示，汉族的受教育程度为初中、高中的占比明显较高，分别是 25.09%、20.49%；而少数民族的文化程度为小学、初中的占比相对较高，分别为 19.05%、23.89%。详见表 1-15。

表 1-15　　　　　　　按民族分文化程度情况

文化程度	汉族		少数民族	
	人数（人）	占比（%）	人数（人）	占比（%）
没上过小学	242	4.77	542	14.44
小学	734	14.48	715	19.05
初中	1272	25.09	897	23.89
高中	1039	20.49	609	16.22
中专或职业学校	366	7.22	163	4.34
大专	446	8.80	254	6.77
大学及以上	971	19.15	574	15.29
合计	5070	100.00	3754	100.00

注：剔除 284 个缺失值、民族缺失、拒绝回答和不合理值的样本后所得。

1.5.3 按民族聚居区分文化程度分布

调查显示，民族聚居区中有 25.00% 的居民文化水平为初中，有 17.59% 的居民文化水平为小学，文化水平为中专或职业学校的居民占比为 4.98%；相邻社区中有 24.15% 的居民文化水平为初中，有 17.45% 的居民文化水平为大学及以上。详见表 1-16。

表 1-16　　　　　　　按民族聚居区分文化程度情况

文化程度	民族聚居区		相邻社区	
	人数（人）	占比（%）	人数（人）	占比（%）
没上过小学	426	9.96	371	8.10
小学	752	17.59	701	15.31
初中	1069	25.00	1106	24.15
高中	738	17.26	913	19.94
中专或职业学校	213	4.98	316	6.90
大专	328	7.67	373	8.15

续表

文化程度	民族聚居区		相邻社区	
	人数（人）	占比（%）	人数（人）	占比（%）
大学及以上	750	17.54	799	17.45
合计	4276	100.00	4579	100.00

注：剔除253个缺失值、拒绝回答和不合理值的样本后所得。

1.5.4 按省份分文化程度分布

调查显示，不同区域的文化程度存在显著差异，广东、上海、新疆三个地区的文化程度为大学及以上的居民占比较高，分别为30.33%、28.61%、25.52%。样本中，西藏文化程度为没上小学的占比为42.02%。详见表1-17。

表1-17　　　　按省份分文化程度情况

省（市、区）	文化程度	没上过小学	小学	初中	高中	中专或职业学校	大专	大学及以上	合计
北京	人数（人）	40	78	205	151	44	67	107	692
	占比（%）	5.78	11.27	29.62	21.82	6.36	9.68	15.46	100.00
内蒙古	人数（人）	26	71	170	150	47	58	117	639
	占比（%）	4.07	11.11	26.60	23.47	7.36	9.08	18.31	100.00
吉林	人数（人）	36	76	169	128	38	37	77	561
	占比（%）	6.42	13.55	30.12	22.82	6.77	6.60	13.73	100.00
上海	人数（人）	27	76	143	133	41	49	188	657
	占比（%）	4.11	11.57	21.77	20.24	6.24	7.46	28.61	100.00
湖南	人数（人）	33	77	190	156	29	82	142	709
	占比（%）	4.65	10.86	26.80	22.00	4.09	11.57	20.03	100.00
广东	人数（人）	27	74	88	101	45	44	165	544
	占比（%）	4.96	13.60	16.18	18.57	8.27	8.09	30.33	100.00
广西	人数（人）	25	92	137	86	54	71	130	595
	占比（%）	4.20	15.46	23.03	14.45	9.08	11.93	21.85	100.00

续表

省（市、区）	文化程度	没上过小学	小学	初中	高中	中专或职业学校	大专	大学及以上	合计
四川	人数（人）	49	145	182	138	44	48	98	704
	占比（%）	6.96	20.60	25.85	19.60	6.25	6.82	13.92	100.00
云南	人数（人）	52	155	193	121	47	15	35	618
	占比（%）	8.41	25.08	31.23	19.58	7.61	2.43	5.66	100.00
西藏	人数（人）	295	205	93	61	5	4	39	702
	占比（%）	42.02	29.20	13.25	8.69	0.71	0.57	5.56	100.00
甘肃	人数（人）	53	120	167	79	7	39	62	527
	占比（%）	10.06	22.77	31.69	14.99	1.33	7.40	11.76	100.00
青海	人数（人）	84	143	198	119	34	52	107	737
	占比（%）	11.40	19.40	26.87	16.15	4.61	7.06	14.52	100.00
宁夏	人数（人）	30	91	150	123	66	72	160	692
	占比（%）	4.34	13.15	21.68	17.77	9.54	10.40	23.12	100.00
新疆	人数（人）	20	50	90	105	28	63	122	478
	占比（%）	4.18	10.46	18.83	21.97	5.86	13.18	25.52	100.00

注：剔除253个缺失值、拒绝回答和不合理值的样本后所得。

1.6 宗教信仰

1.6.1 宗教信仰概况

调查发现，样本中无宗教信仰的居民占比为68.49%，信仰伊斯兰教的居民占比为16.2%，信仰藏传佛教的居民占比为8.56%，信仰佛教的居民占比为4.5%，信仰天主教的居民占比最低，为0.1%，民间信仰的居民占比为0.74%。详见表1-18。

表1-18　　　　　　调查样本个体的宗教信仰情况

宗教信仰	样本量（人）	占比（%）
无宗教信仰	6211	68.49

续表

宗教信仰	样本量（人）	占比（%）
佛教	408	4.5
道教	30	0.33
伊斯兰教	1469	16.2
藏传佛教	776	8.56
基督教	67	0.74
天主教	9	0.1
民间信仰	67	0.74
其他	31	0.34
合计	9068	100.00

注：剔除40个缺失值、拒绝回答和不合理值的样本后所得。

1.6.2 按民族分宗教信仰概况

进一步按民族划分可以发现，少数民族和汉族居民在宗教信仰上有显著区别。少数民族中，无宗教信仰的居民占比为39.48%，而汉族中，无宗教信仰的居民占比为90.34%；少数民族中，分别有37.04%和19.09%的居民信仰伊斯兰教和藏传佛教，而汉族中，信仰伊斯兰教和藏传佛教占比分别为0.83%、0.37%。详见表1-19。

表1-19　　　　　　　　按民族分宗教信仰情况

宗教信仰	汉族		少数民族	
	人数（人）	占比（%）	人数（人）	占比（%）
无宗教信仰	4686	90.34	1520	39.48
佛教	325	6.27	79	2.05
道教	20	0.39	10	0.26
伊斯兰教	43	0.83	1426	37.04
藏传佛教	19	0.37	735	19.09
基督教	55	1.06	12	0.31
天主教	8	0.15	1	0.03

续表

宗教信仰	汉族		少数民族	
	人数（人）	占比（%）	人数（人）	占比（%）
民间信仰	6	0.12	61	1.58
其他	25	0.48	6	0.16
合计	5187	100.00	3850	100.00

注：剔除71个缺失值、民族缺失、拒绝回答和不合理值的样本后所得。

1.6.3 按民族聚居区分宗教信仰分布情况

调查显示，相邻社区中无宗教信仰的居民占比相对较高，为73.10%，其次是信仰伊斯兰教的居民，占比为12.43%；民族聚居区中无宗教信仰的居民占比为63.56%，信仰藏传佛教的居民占比为9.44%。详见表1-20。

表1-20　　　　　　　按民族聚居区分宗教信仰情况

宗教信仰	民族聚居区		相邻社区	
	人数（人）	占比（%）	人数（人）	占比（%）
无宗教信仰	2782	63.56	3429	73.10
佛教	176	4.02	232	4.95
道教	14	0.32	16	0.34
伊斯兰教	886	20.24	583	12.43
藏传佛教	413	9.44	363	7.74
基督教	34	0.78	33	0.70
天主教	0	0.00	9	0.19
民间信仰	60	1.37	7	0.15
其他	12	0.27	19	0.41
合计	4377	100.00	4691	100.00

注：剔除40个缺失值、拒绝回答和不合理值的样本后所得。

1.7 户籍状况

1.7.1 户籍类型概况

调查显示，样本中有 72% 的居民户口仍在本地，28% 的居民户口所在地为外地。详见图 1-3。

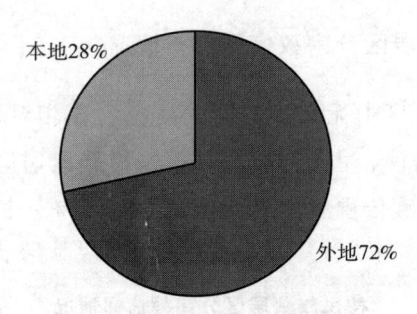

图 1-3 居民户籍所在地比例

1.7.2 按省份分户籍所在地情况

调查显示，居民户籍在本地的占比最高的是甘肃，高达 97.18%，其次是云南与湖南，占比分别为 91.76%、89.40%；而户籍是外地的占比位居前列的三省（市、区）分别是四川、北京、广东。详见表 1-21。

表 1-21　　　　　　　　按省份分户籍所在地情况

省（市、区）	本地户籍 人数（人）	本地户籍 占比（%）	外地户籍 人数（人）	外地户籍 占比（%）
北京	354	51.01	340	48.99
内蒙古	496	76.90	149	23.10
吉林	406	71.60	161	28.40
上海	374	55.57	299	44.43
湖南	641	89.40	76	10.60
广东	295	52.96	262	47.04

续表

省（市、区）	本地户籍 人数（人）	本地户籍 占比（%）	外地户籍 人数（人）	外地户籍 占比（%）
广西	436	69.43	192	30.57
四川	350	48.01	379	51.99
云南	568	91.76	51	8.24
西藏	449	60.35	295	39.65
甘肃	517	97.18	15	2.82
青海	682	89.27	82	10.73
宁夏	610	86.40	96	13.60
新疆	326	67.22	159	32.78
合计	6504	71.79	2556	28.21

注：剔除48个缺失值、拒绝回答和不合理值的样本后所得。

1.7.3 按民族分户籍所在地情况

调查显示，汉族中有67.21%的居民户籍为本地户籍，32.79%的居民户籍为外地户籍；少数民族中有77.79%的居民户籍为本地户籍，22.21%的居民户籍为外地户籍。详见表1-22。

表1-22　　　　　　　　按民族分户籍所在地情况

户籍所在地	汉族 人数（人）	汉族 占比（%）	少数民族 人数（人）	少数民族 占比（%）
本地	3479	67.21	2998	77.79
外地	1697	32.79	856	22.21
合计	5176	100.00	3854	100.00

注：剔除78个缺失值、民族缺失、拒绝回答和不合理值的样本后所得。

1.7.4 按民族聚居区分户籍所在地情况

调查显示，民族聚居区中户籍为本地的居民占比为71.05%，户籍为外地的居民占比为28.95%；相邻社区中户籍为本地的居民占比为72.47%，户籍为外地的居民占比为 27.53%。详见表 1-23。

表 1-23　　　　　　　按民族聚居区分户籍所在地情况

户籍所在地	民族聚居区		相邻社区	
	人数（人）	占比（%）	人数（人）	占比（%）
本地	3105	71.05	3399	72.47
外地	1265	28.95	1291	27.53
合计	4370	100.00	4690	100.00

注：剔除 48 个缺失值、拒绝回答和不合理值的样本后所得。

1.8　户口类型

1.8.1　户口类型概况

本次调查抽取样本中，户口类型为农业户口的居民占比为 34.41%，非农业户口的居民占比为 65.59%。详见表 1-24。

表 1-24　　　　　　　调查样本个体的户口类型情况

户口类型	人数（人）	占比（%）
农业户口	3121	34.41
非农业户口	5948	65.59
合计	9069	100.00

注：剔除 3914 个缺失值、拒绝回答和不合理值的样本后所得。

1.8.2　按民族分户口类型

调查显示，汉族居民中农业户口的占比为 30.60%，少数民族居民中农业户口的占比为 39.49%；汉族居民中非农业户口的占比为 69.40%，少数民族居民中非农业户口的占比为 60.51%。详见表 1-25。

表 1-25　　　　　　　　　按民族分户口类型情况

户口类型	汉族 人数（人）	汉族 占比（%）	少数民族 人数（人）	少数民族 占比（%）
农业户口	1583	30.60	1526	39.49
非农业户口	3591	69.40	2338	60.51
合计	5174	100.00	3864	100.00

注：剔除 70 个缺失值、民族缺失、拒绝回答和不合理值的样本后所得。

1.8.3　按省份分户口类型

调查发现，云南的农业户口占比最高，为 67.09%，其次是西藏，农业户口占比为 49.46%；非农业户口比例位居前列的三省（市、区）分别为宁夏、甘肃、广东，占比最高达 91.78%。详见表 1-26。

表 1-26　　　　　　　　　按省份分户口类型情况

省（市、区）	农业户口 人数（人）	农业户口 占比（%）	非农业户口 人数（人）	非农业户口 占比（%）
北京	265	38.13	430	61.87
内蒙古	143	22.17	502	77.83
吉林	133	23.46	434	76.54
上海	206	30.52	469	69.48
湖南	320	44.38	401	55.62
广东	118	21.18	439	78.82
广西	173	27.59	454	72.41
四川	305	41.78	425	58.22
云南	418	67.09	205	32.91
西藏	369	49.46	377	50.54
甘肃	72	13.53	460	86.47
青海	364	48.08	393	51.92
宁夏	58	8.22	648	91.78
新疆	177	36.27	311	63.73

注：剔除 39 个缺失值、拒绝回答和不合理值的样本后所得。

1.8.4 按民族聚居区分户口类型分布情况

调查显示,民族聚居区中户口为农业户口的居民占比为 36.56%,非农业户口的居民占比为 63.44%;相邻社区中户口为农业户口的居民占比为 32.41%,非农业户口的居民占比为 67.59%。详见表 1-27。

表 1-27　　　　　　　按民族聚居区分户口类型情况

户口类型	民族聚居区 人数（人）	民族聚居区 占比（%）	相邻社区 人数（人）	相邻社区 占比（%）
农业户口	1600	36.56	1521	32.41
非农业户口	2776	63.44	3172	67.59
合计	4376	100.00	4693	100.00

注：剔除 39 个缺失值、拒绝回答和不合理值的样本后所得。

1.9 居住时间

1.9.1 按省（市、区）分平均居住时间概况

调查显示,甘肃居民在本地的平均居住时间最长,为 31.79 年,其次是云南,为 31.36 年;而西藏的平均居住时间最短,为 16.05 年。详见图 1-4。

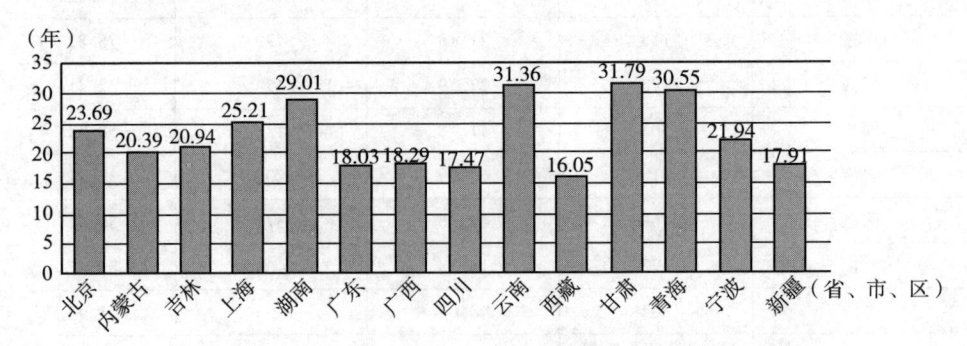

省（市、区）	年数
北京	23.69
内蒙古	20.39
吉林	20.94
上海	25.21
湖南	29.01
广东	18.03
广西	18.29
四川	17.47
云南	31.36
西藏	16.05
甘肃	31.79
青海	30.55
宁波	21.94
新疆	17.91

图 1-4　按省（市、区）分的平均居住时间情况

1.9.2 按民族分平均居住时间分布情况

调查显示，不同民族的居民在本地居住的平均时间存在较大的差异，其中，彝族居民平均居住的时间最长，为 32.64 年，其次是苗族和东乡族，分别为 31.94 年和 30.69 年。详见表 1-28。

表 1-28　　　　　　　按民族分平均居住时间情况

民族	样本量（人）	均值（年）
汉族	5072	21.75
白族	11	21.27
朝鲜族	138	22.91
东乡族	54	30.69
侗族	438	29.69
哈萨克族	13	17.08
回族	1251	29.22
满族	54	25.06
蒙古族	92	21.58
苗族	32	31.94
土家族	20	13.40
土族	51	28.84
维吾尔族	109	13.84
瑶族	21	13.90
彝族	326	32.64
壮族	273	18.32
藏族	811	17.24

注：剔除 342 个缺失值、民族缺失、拒绝回答的样本后所得。

其中，阿昌族、保安族、布依族、俄罗斯族、高山族、哈尼族、京族、傈僳族、仫佬族、纳西族、塔吉克族、乌孜别克族、锡伯族样本量只有 1 个。白族、布朗族、达斡尔族、哈萨克族、满族、蒙古族、苗族、土家族、土族、瑶族调查样本小于 10 个，不具代表性，故删除。

1.9.3 按民族聚居区分平均居住时间分布情况

本次调查抽取样本中，民族聚居区的居民在本地平均居住的时间为 24.68

年，相邻社区的居民在本地平均居住的时间为 23.38 年。详见表 1-29。

表 1-29　　　　　　按民族聚居区分平均居住时间情况

调查点	样本量（人）	均值（年）
民族聚居区	4079	24.68
相邻社区	4461	23.38
合计	8540	24.00

注：剔除 568 个缺失值、拒绝回答和不合理值的样本后所得。

1.10　从事职业状况

1.10.1　职业结构概况

调查显示，样本中，大部分的居民为个体工商户和离休或退休人员，极少部分的居民是军人。详见图 1-5。

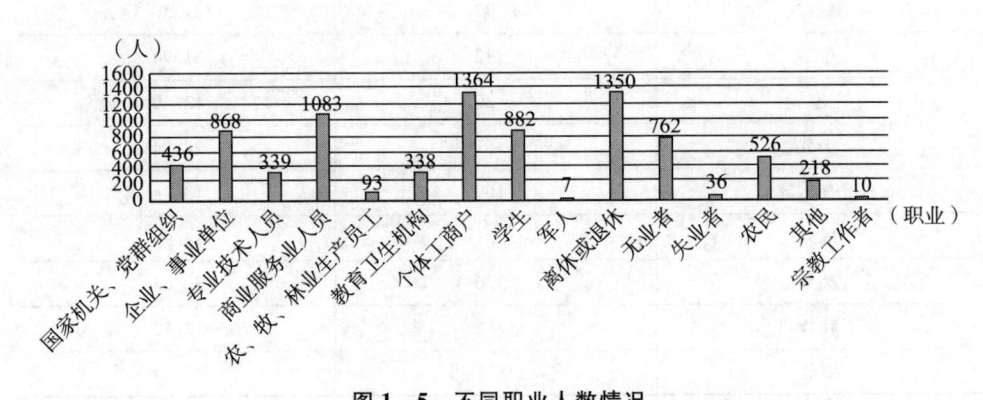

图 1-5　不同职业人数情况

1.10.2　按民族分职业类型

调查显示，汉族居民中离休或退休的占比最高，为 19.87%，少数民族居民中个体工商户的占比最高，为 17.04%；汉族居民中从事个体工商业的比例为 15.96%，汉族居民中从事农业劳动的比例比少数民族低 3.97%；汉族居民中专业技术人员的占比为4.81%,少数民族居民中专业技术人员的占比为3.07%,汉族比少数民族居民高1.74%。详见表1-30。

表1-30　　　　　　　　　按民族分职业类型情况

职业类型	汉族 人数（人）	汉族 占比（%）	少数民族 人数（人）	少数民族 占比（%）
国家机关、党群组织	217	4.50	219	6.28
企业、事业单位	568	11.77	300	8.61
专业技术人员	232	4.81	107	3.07
商业服务业人员	746	15.46	337	9.67
农、牧、林业生产员工	41	0.85	52	1.49
教育卫生机构	196	4.06	142	4.07
个体工商户	770	15.96	594	17.04
学生	414	8.58	468	13.43
军人	7	0.15	0	0.00
离休或退休	959	19.87	391	11.22
无业者	276	5.72	486	13.94
失业者	18	0.37	18	0.52
农民	225	4.66	301	8.63
其他	157	3.25	61	1.75
宗教工作者	0	0.00	10	0.29
合计	4826	100.00	3486	100.00

注：剔除796个缺失值、民族缺失、拒绝回答和不合理值的样本后所得。

1.10.3 按省（市、区）分职业类型分布情况

调查显示,云南的调查样本中有39.80%的居民为农民;西藏的调查样本中,无业者的占比较大,为41.72%;北京的样本中有30.52%的居民为离休或退休人员,有24.17%的居民为商业服务业人员。详见表1-31。

表 1-31　　　　　　　　按省份分职业类型情况　　　　　　　　单位：%

省（市、区）	国家机关、党群组织	企业、事业单位	专业技术人员	商业服务业人员	教育卫生机构	个体工商户	学生	离休或退休	无业者	农民	其他	合计
北京	4.13	11.76	3.66	24.17	0.95	8.59	5.25	30.52	3.97	4.45	2.54	100.00
内蒙古	1.51	9.23	3.36	8.05	6.21	22.82	12.75	22.65	7.55	0.67	5.20	100.00
吉林	1.51	11.51	3.96	11.32	2.64	19.25	6.60	28.87	5.28	8.87	0.19	100.00
上海	4.23	12.03	9.59	21.14	3.74	6.34	8.78	24.23	4.07	2.60	3.25	100.00
湖南	5.74	12.54	3.02	6.04	6.04	31.42	16.01	5.59	6.04	7.10	0.45	100.00
广东	5.79	12.38	4.79	21.76	4.99	10.78	10.18	15.97	6.59	2.99	3.79	100.00
广西	7.75	11.97	4.58	13.91	3.35	10.39	10.76	26.94	6.51	1.23	2.64	100.00
四川	2.53	12.93	3.71	17.38	4.75	18.28	5.50	19.02	9.51	3.71	2.67	100.00
云南	2.21	3.57	2.04	13.27	0.51	13.27	15.31	5.61	2.55	39.80	1.87	100.00
西藏	5.24	2.20	3.04	3.89	1.52	13.34	22.97	1.86	41.72	2.36	1.86	100.00
甘肃	12.13	3.78	3.38	14.71	2.78	18.09	10.74	0.60	31.41	0.80	1.59	100.00
青海	6.94	8.68	4.10	10.73	8.83	27.76	9.62	6.31	3.00	8.99	5.05	100.00
宁夏	6.72	17.40	5.19	6.41	5.95	11.76	6.41	31.91	4.89	2.44	0.92	100.00
新疆	10.63	18.55	3.17	14.25	4.75	20.81	11.31	6.33	1.13	2.71	6.33	100.00

注：剔除 920 个缺失值、拒绝回答和不合理值的样本后所得。
其中，农、牧、林业生产员工、军人、失业者和宗教工作者所占的比例均小于 10%，故已剔除。

1.10.4　按民族聚居区分职业类型分布情况

调查显示，民族聚居区中居民为个体工商户的占比最大，为 16.79%，其次是离休或退休人员，占比为 14.15%；相邻社区中居民为离休或退休人员的占比最大，为 18.09%，其次是个体工商户，占比为 16.04%。详见表 1-32。

表 1-32　　　　　　　　按民族聚居区分职业类型情况

职业类型	民族聚居区 人数（人）	民族聚居区 占比（%）	相邻社区 人数（人）	相邻社区 占比（%）
国家机关、党群组织	235	5.86	202	4.66
企业、事业单位	405	10.10	463	10.68
专业技术人员	144	3.59	195	4.50

续表

职业类型	民族聚居区 人数（人）	民族聚居区 占比（%）	相邻社区 人数（人）	相邻社区 占比（%）
商业服务业人员	531	13.25	552	12.74
农、牧、林业生产员工	53	1.32	48	1.11
教育卫生机构	148	3.69	190	4.38
个体工商户	673	16.79	695	16.04
学生	451	11.25	435	10.04
军人	1	0.02	6	0.14
离休或退休	567	14.15	784	18.09
无业者	404	10.08	369	8.51
失业者	12	0.30	24	0.55
农民	296	7.39	230	5.31
其他	83	2.07	136	3.14
宗教工作者	5	0.12	5	0.12
合计	4008	100.00	4334	100.00

注：剔除766个缺失值、拒绝回答和不合理值的样本后所得。

1.11 职业获取途径

1.11.1 获取途径概况

调查发现，大部分人都是通过个人直接申请以获得工作，通过顶替父母或者亲属而获得岗位的占比为4.94%，有15.12%的居民是通过国家的分配或组织调动来获取职业的，与自我雇佣14.44%的占比大致相当，另外仅0.90%的居民是通过就业广告获取工作的。详见表1-33。

表1-33　　　　各种获取职业途径情况

职业获得途径	人数（人）	占比（%）
顶替父母/亲属	330	4.94
国家分配/组织调动	1009	15.12

续表

职业获得途径	人数（人）	占比（%）
个人直接申请	2094	31.37
职业机构介绍	61	0.91
人才交流会	93	1.39
托人推荐介绍	290	4.34
自雇	964	14.44
就业广告	60	0.90
报纸/电视台/电台等媒体	27	0.40
其他	1747	26.17

注：剔除2433个缺失值、拒绝回答和不合理值的样本后所得。

1.11.2 按省（市、区）分职业获取途径分析

有数据可知，北京、吉林、上海、广东、四川、青海、宁夏七个地区的居民通过个人申请的方式获得职业的占比较高，广西居民通过个人申请获得职业的占比最高，为48.86%；42.54%的内蒙古居民是自雇；云南通过顶替父母或者亲属来获取职业的居民占32.82%；宁夏与新疆居民通过人才交流会找到工作的比例相对其他地区较高，分别达到3.52%和5.83%。详见表1-34。

表1-34　　按省份分职业获取途径情况　　单位：%

省（市、区）	顶替父母/亲属	国家分配/组织调动	个人直接申请	职业机构介绍	人才交流会	托人推荐介绍	自雇	广告、媒体	其他	合计
北京	2.11	21.14	34.67	0.85	0.42	9.30	10.57	0.21	20.72	100.00
内蒙古	0.85	15.49	25.07	1.13	1.41	3.94	42.54	1.13	8.45	100.00
吉林	2.22	22.78	36.11	0.28	0.56	2.22	4.17	3.33	28.33	100.00
上海	2.00	35.27	37.44	0.33	0.33	3.49	3.99	2.33	14.81	100.00
湖南	1.90	11.23	20.41	0.00	0.16	1.42	25.16	0.00	39.72	100.00
广东	2.84	7.82	28.20	3.55	6.87	7.11	12.80	4.98	25.83	100.00
广西	0.51	21.77	48.86	0.51	0.76	3.29	13.67	1.77	8.86	100.00
四川	1.48	8.05	40.89	0.99	0.33	7.88	15.60	0.33	24.47	100.00

续表

省（市、区）	顶替父母/亲属	国家分配/组织调动	个人直接申请	职业机构介绍	人才交流会	托人推荐介绍	自雇	广告媒体	其他	合计
云南	32.82	2.21	29.93	0.51	0.51	3.74	2.89	0.00	27.38	100.00
西藏	6.53	4.41	16.12	0.19	0.19	0.96	9.40	1.73	60.46	100.00
甘肃	2.88	23.96	21.73	1.60	0.32	8.63	26.52	0.64	13.74	
青海	2.29	13.03	30.81	1.58	0.53	2.29	20.60	0.53	28.35	100.00
宁夏	0.94	19.72	43.43	0.47	3.52	1.64	13.62	0.00	16.67	100.00
新疆	2.18	12.62	26.21	1.70	5.83	7.04	9.22	2.91	32.28	100.00

注：剔除2433个缺失值、拒绝回答和不合理值的样本后所得。

1.11.3 按民族分职业获取途径

调查显示，汉族中通过个人直接申请获得职业的占比为35.62%，少数民族中通过个人直接申请获取职业的占比为25.74%，比汉族低9.88%；汉族中2.86%的居民是顶替父母或亲属获取职业的，少数民族中有7.66%的居民通过顶替父母或亲属获取职业。详见表1-35。

表1-35　　　　　　　按民族分职业获取途径情况

职业获得途径	汉族 人数（人）	汉族 占比（%）	少数民族 人数（人）	少数民族 占比（%）
顶替父母/亲属	110	2.86	216	7.66
国家分配/组织调动	602	15.67	406	14.40
个人直接申请	1368	35.62	726	25.74
职业机构介绍	45	1.17	16	0.57
人才交流会	75	1.95	18	0.64
托人推荐介绍	186	4.84	103	3.65
自雇	538	14.01	426	15.11
就业广告	41	1.07	18	0.64
报纸/电视台/电台等媒体	17	0.44	10	0.35
其他	859	22.36	881	31.24
合计	3841	100.00	2820	100.00

注：剔除2447个缺失值、拒绝回答和不合理值的样本后所得。

1.11.4 按民族聚居区分职业获取途径分布情况

调查显示，民族聚居区中的居民通过顶替父母或亲属获取职业的为 6.28%，高于相邻社区相应的占比，通过个人直接申请获取职业的为 30.02%；相邻社区中的居民通过国家分配或组织调动获取职业的占比为 15.43%，高于民族聚居区相应的占比。详见表 1-36。

表 1-36　　　　　　　　按民族聚居区分职业获取途径情况

职业获得途径	民族聚居区 人数（人）	民族聚居区 占比（%）	相邻社区 人数（人）	相邻社区 占比（%）
顶替父母/亲属	201	6.28	129	3.71
国家分配/组织调动	473	14.78	536	15.43
个人直接申请	961	30.02	1133	32.61
职业机构介绍	23	0.72	38	1.09
人才交流会	40	1.25	53	1.53
托人推荐介绍	146	4.56	144	4.15
自雇	450	14.06	514	14.80
就业广告	30	0.94	30	0.86
报纸/电视台/电台等媒体	17	0.53	10	0.29
其他	860	26.87	887	25.53
合计	3201	100.00	3474	100.00

注：剔除 2433 个缺失值、拒绝回答和不合理值的样本后所得。

1.12 婚姻状况

1.12.1 婚姻概况

本次调查抽取样本中，婚姻状况为已婚的占比为 73.12%，未婚的占比为 21.26%。详见表 1-37。

表 1-37　　　　　　　　　　调查样本个体的婚姻情况

婚姻状况	人数（人）	占比（%）
未婚	1788	21.26
已婚	6149	73.12
同居	22	0.26
分居	11	0.13
离婚	136	1.62
丧偶	304	3.61
合计	8410	100.00

注：剔除698个缺失值、拒绝回答和不合理值的样本后所得。

1.12.2　按民族分婚姻状况

调查显示，汉族的未婚占比为20.08%，比少数民族低2.8%；汉族的已婚占比最大，为74.18%；汉族的同居占比为0.34%，少数民族的同居占比为0.14%。详见表1-38。

表 1-38　　　　　　　　　　按民族分婚姻情况

婚姻状况	汉族 人数（人）	汉族 占比（%）	少数民族 人数（人）	少数民族 占比（%）
未婚	990	20.08	792	22.88
已婚	3658	74.18	2479	71.63
同居	17	0.34	5	0.14
分居	7	0.14	4	0.12
离婚	74	1.50	62	1.79
丧偶	185	3.75	119	3.44
合计	4931	100	3461	100

注：剔除716个缺失值、民族缺失、拒绝回答和不合理值的样本后所得。

1.12.3　按省份分婚姻状况

调查显示，调查样本中吉林的居民婚姻状况为未婚的占比较小，为

13.26%，西藏相应的占比较大，为29.69%，其次是广东，相应的占比为28.38%；宁夏的居民婚姻状况为已婚的占比较大，为80.12%；广东和上海的居民婚姻状况为同居的占比分别为1.32%和1.10%。详见表1-39。

表1-39　　　　　　　　按省份分婚姻情况　　　　　　　　单位：%

省（市、区）	未婚	已婚	同居	分居	离婚	丧偶	合计
北京	18.56	77.17	0.15	0.00	1.47	2.65	100.00
内蒙古	21.74	73.27	0.00	0.16	1.45	3.38	100.00
吉林	13.26	71.09	0.37	0.74	3.68	10.87	100.00
上海	21.54	71.23	1.10	0.00	1.89	4.25	100.00
湖南	24.18	68.51	0.00	0.00	3.73	3.58	100.00
广东	28.38	64.66	1.32	0.56	1.69	3.38	100.00
广西	22.34	72.25	0.51	0.00	1.02	3.89	100.00
四川	17.08	77.37	0.00	0.15	1.17	4.23	100.00
云南	24.66	74.32	0.00	0.00	0.17	0.85	100.00
西藏	29.69	66.09	0.00	0.00	1.15	3.07	100.00
甘肃	19.37	75.15	0.20	0.00	1.37	3.91	100.00
青海	21.12	77.16	0.00	0.00	1.01	0.72	100.00
宁夏	13.30	80.12	0.15	0.15	1.20	5.08	100.00
新疆	25.91	71.09	0.00	0.21	1.71	1.07	100.00

注：剔除698个缺失值、拒绝回答和不合理值的样本后所得。

1.12.4　按民族聚居区分婚姻状况

调查显示，民族聚居区中居民婚姻状况为已婚的占比为72.77%，低于相邻社区中居民相应的占比；相邻社区中居民婚姻状况为离婚的占比为1.58%，低于民族聚居区中居民相应的占比。详见表1-40。

表1-40　　　　　　　　按民族聚居区分的婚姻情况

婚姻状况	民族聚居区 人数（人）	民族聚居区 占比（%）	相邻社区 人数（人）	相邻社区 占比（%）
未婚	871	21.52	917	21.02

续表

婚姻状况	民族聚居区 人数（人）	民族聚居区 占比（%）	相邻社区 人数（人）	相邻社区 占比（%）
已婚	2945	72.77	3204	73.44
同居	5	0.12	17	0.39
分居	3	0.07	8	0.18
离婚	67	1.66	69	1.58
丧偶	156	3.85	148	3.39
合计	4047	100.00	4363	100.00

注：剔除698个缺失值、拒绝回答和不合理值的样本后所得。

第2章 健康与社会保障*

2.1 身高状况

2.1.1 按民族分成年男女身高

调查发现，成年男性的平均身高是171.5cm，成年女性的平均身高为161.8cm。按民族分，汉族成年男性的平均身高为171.8cm，少数民族成年男性平均身高为171.2cm，汉族成年男性平均身高高于少数民族成年男性；汉族成年女性的平均身高为161.7cm，少数民族成年女性平均身高为161.8cm，少数民族成年女性平均身高略高于汉族成年女性。[①] 详见表2-1。

表2-1　按民族分成年男女平均身高　　　　　　　　　　单位：cm

民族	成年男性平均身高	标准差	成年女性平均身高	标准差
汉族	171.8	6.013	161.7	5.650
少数民族	171.2	6.417	161.8	6.339
合计	171.5	6.187	161.8	5.961

注：剔除213个民族信息缺失、年龄信息缺失、身高信息缺失等不符合条件的数据后所得。

2.1.2 按省份分成年男女身高

调查发现，成年男性平均身高位居前三的省（市、区）是宁夏、新疆和

---

* 本章由宁航伟、肖倩负责。
① 报告将成年界定为男性18~60岁，女性18~55岁。

上海，分别为173.9cm、173.8cm、173.3cm，平均身高都超过了170cm；成年男性平均身高相对较低的为云南、湖南、广西、四川，分别为168.5m、168.7cm、169.8cm、169.8cm；而成年女性平均身高位居前三的分别为宁夏、新疆、上海，分别为164.1cm、163.3cm、163.2cm，平均身高都超过了160cm；成年女性平均身高相对较低的省（市、区）则为湖南、广西、四川，平均身高分别为158.4cm、159.0cm、160.4cm。详见表2-2。

表2-2　　　　　　　　按省份分成人平均身高　　　　　　　　单位：cm

省（市、区）	成年男性平均身高	标准差	成年女性平均身高	标准差
北京	172.3	6.807	163.0	5.623
内蒙古	173.3	6.010	162.2	7.001
吉林	172.0	6.232	160.9	5.527
上海	173.3	5.651	163.2	5.160
湖南	168.7	5.306	158.4	4.880
广东	172.4	6.297	161.7	5.711
广西	169.8	6.127	159.0	4.670
四川	169.8	5.400	160.4	5.840
云南	168.5	4.990	161.5	4.456
西藏	170.8	6.010	162.1	6.745
甘肃	172.6	6.042	162.4	6.032
青海	171.6	5.767	162.7	6.991
宁夏	173.9	5.724	164.1	5.766
新疆	173.8	6.814	163.3	4.932
合计	171.5	6.188	161.7	5.970

注：剔除181个年龄信息缺失、身高信息缺失等不符合条件的样本后所得。

2.1.3　按民族聚居区分成年男女身高

调查发现，民族聚居区和相邻社区成年男女的平均身高存在一定的差异，民族聚居区的成年男性、女性的平均身高均略高于相邻社区相应的平均身高。民族聚居区成年男性平均身高为171.7cm，相邻社区成年男性平均身高为171.3cm；民族聚居区成年女性平均身高为161.8cm，相邻社区成年女性平均身高为 161.6cm。详见表 2-3。

表 2-3　　　　　按民族聚居区分成年男女平均身高　　　　　单位：cm

调查点	成年男性平均身高	标准差	成年女性平均身高	标准差
民族聚居区	171.7	6.023	161.8	6.021
相邻社区	171.3	6.335	161.6	5.920
合计	171.5	6.188	161.7	5.970

注：剔除 181 个民族信息缺失、年龄信息缺失、身高信息缺失等不符合条件的样本后所得。

2.1.4　按民族分老年男女身高

调查发现，汉族老年男性的平均身高为 169.3cm，少数民族老年男性平均身高为 168.2cm，汉族老年男性的平均身高略高于少数民族老年男性；汉族老年女性的平均身高为 159.1cm，少数民族老年女性平均身高为 158.1cm，少数民族老年女性的平均身高略低于汉族老年女性。详见表 2-4。

表 2-4　　　　　　　按民族分老年男女身高　　　　　　　单位：cm

民族	老年男性平均身高	标准差	老年女性平均身高	标准差
汉族	169.3	5.835	159.1	6.375
少数民族	168.2	6.326	158.1	6.409
合计	168.9	6.036	158.8	6.403

注：剔除 213 个民族信息缺失、年龄信息缺失、身高信息缺失等不符合条件的样本后所得。

2.1.5　按省份分老年男女身高

调查发现，在老年男性中，平均身高高于 170cm 的省（市、区）有北京、内蒙古、上海、宁夏和新疆，平均身高分别为 171.1cm、170.6cm、170.1cm、171.5cm、171.8cm，其中，新疆老年男性平均身高最高；而在老年女性中，仅有北京、宁夏和新疆平均身高高于 160cm，平均身高分别为 160.2cm、162.3cm、161.8cm，其中宁夏老年女性身高最高。详见表 2-5。[①]

---

① 报告将老年人界定为男性 60 岁以上，女性 55 岁以上。

表 2-5　　　　　　　　按省（市、区）分老年男女身高　　　　　　　单位：cm

省（市、区）	老年男性平均身高	标准差	老年女性平均身高	标准差
北京	171.1	6.106	160.2	5.141
内蒙古	170.6	5.931	158.5	6.339
吉林	168.8	5.287	158.6	5.637
上海	170.1	5.030	159.9	5.740
湖南	164.1	6.527	154.1	5.358
广东	168.9	7.309	159.3	6.138
广西	166.9	5.229	156.7	4.663
四川	167.0	5.449	155.9	7.327
云南	164.4	4.925	157.4	6.121
西藏	169.7	5.710	158.7	6.146
甘肃	167.8	5.788	157.5	7.296
青海	167.8	5.218	159.3	7.186
宁夏	171.5	5.676	162.3	6.567
新疆	171.8	6.952	161.8	5.925
合计	168.9	6.043	158.8	6.409

注：剔除181个民族信息缺失、年龄信息缺失、身高信息缺失等样本后所得。

2.1.6　按民族聚居区分老年男女身高

调查发现，民族聚居区和相邻社区的老年男性、老年女性的平均身高存在一定的差异。民族聚居区的老年男性平均身高略高于相邻社区。民族聚居区的老年男性平均身高为169.1cm，相邻社区的老年男性平均身高为168.7cm。然而，民族聚居区的老年女性平均身高略低于相邻社区，民族聚居区的老年女性平均身高为158.4cm，相邻社区的老年女性平均身高为159.1cm。详见表2-6。

表 2-6　　　　　　　　按民族聚居区分老年男女身高　　　　　　　单位：cm

调查点	老年男性平均身高	标准差	老年女性平均身高	标准差
民族聚居区	169.1	5.688	158.4	6.354
相邻社区	168.7	6.307	159.1	6.434
合计	168.9	6.043	158.8	6.409

注：剔除181个民族信息缺失、年龄信息缺失、身高信息缺失等不符合条件的样本后所得。

2.2 体重状况

2.2.1 按民族分成年男女体重

调查发现,在 9108 个调查样本中,有 8837 人提供了体重信息,14 省(市、区)中汉族成年男性的平均体重为 67.89kg,少数民族成年男性平均体重为 67.74kg,两者相差 0.19kg;汉族成年女性的平均体重为 56.34kg,少数民族成年女性平均体重为 56.18kg,两者相差 0.17kg。详见表 2 - 7。

表 2 - 7　　　　　　　　按民族分成年男女体重　　　　　　　　单位：kg

民族	成年男性平均体重	标准差	成年女性平均体重	标准差
汉族	67.89	10.035	56.34	8.815
少数民族	67.74	10.553	56.18	9.364
合计	67.83	10.249	56.27	9.059

注：剔除 271 个体重缺失、出生时间信息缺失、民族信息缺失等样本后所得。

2.2.2 按省份分成年男女体重分布

调查显示,成年男性平均体重为 67.81kg,成年女性平均体重为 56.26kg;根据调查显示,成年男性平均体重最重的省(市、区)是新疆,为 72.31kg;成年女性平均体重最重的省(市、区)是北京,为 59.42kg;而成年男性体重最轻的省(市、区)是云南,平均体重为 62.74kg;成年女性平均体重最轻的省(市、区)同样为云南,平均体重为 53.29kg。详见表 2 - 8。

表 2 - 8　　　　　　　　按省份分成年男女体重　　　　　　　　单位：kg

省(市、区)	成年男性平均体重	标准差	成年女性平均体重	标准差
北京	70.52	12.050	59.42	10.140
内蒙古	70.85	11.030	57.53	8.901
吉林	70.57	11.430	58.75	8.805
上海	70.26	10.740	57.33	9.160

续表

省（市、区）	成年男性平均体重	标准差	成年女性平均体重	标准差
湖南	65.33	9.147	53.99	6.980
广东	66.56	9.866	56.04	9.503
广西	65.71	8.172	53.99	7.510
四川	66.00	9.117	54.95	7.119
云南	62.74	7.258	53.29	7.957
西藏	65.75	10.670	58.35	10.240
甘肃	69.08	9.014	55.76	9.663
青海	65.97	9.735	54.89	8.262
宁夏	69.72	9.339	57.74	8.686
新疆	72.31	10.380	58.50	11.140
合计	67.81	10.246	56.26	9.057

注：剔除239个数据缺失、出生时间信息缺失的样本后所得。

2.2.3 按民族聚居区分成年男女体重

调查发现，民族聚居区和相邻社区成年男女的平均体重不存在显著的差异，民族聚居区的成年男性平均体重和成年女性平均体重均略高于相邻社区相应的平均体重。民族聚居区成年男性平均体重为67.96kg，相邻社区成年男性平均体重为67.66kg；民族聚居区成年女性平均体重为56.27kg，相邻社区成年女性平均体重为56.25kg。详见表2-9。

表2-9　　　　　按民族聚居区分成年男女体重　　　　　单位：kg

调查点	成年男性平均体重	标准差	成年女性平均体重	标准差
民族聚居区	67.96	10.100	56.27	8.751
相邻社区	67.66	10.380	56.25	9.346
合计	67.81	10.246	56.26	9.057

注：剔除239个体重缺失、出生时间信息缺失的样本后所得。

2.2.4 按民族分老年男女体重

调查发现，14省（市、区）中的汉族老年男性平均体重为66.09kg，少数民族老年男性平均体重为66.17kg，汉族老年男性的平均体重略低于少数民族老年男性；汉族老年女性的平均体重为59.04kg，少数民族老年女性平均体重为57.79kg，少数民族老年女性平均体重略低于汉族老年女性。详见表2–10。

表2–10　　　　　　汉族和少数民族老年人平均体重　　　　　　单位：kg

民族	老年男性平均体重	标准差	老年女性平均体重	标准差
汉族	66.09	9.5945	59.04	9.936
少数民族	66.17	10.444	57.79	9.261
合计	66.76	9.913	58.58	9.708

注：剔除271个民族信息缺失、年龄信息缺失、身高信息缺失等不符合条件的样本后所得。

2.2.5 按省（市、区）分老年男女体重

调查发现，在老年男性中，平均体重大于70kg的省（市、区）有北京和新疆，平均体重分别71.92kg、73.36kg，其中，新疆老年男性平均体重最高；而在老年女性中，新疆、北京、内蒙古和吉林平均体重高于60kg，平均体重分别为65.00kg、63.53kg、61.20kg、60.39kg，其中新疆老年女性平均体重最高。详见表2–11。[①]

表2–11　　　　　按省（市、区）分老年男女体重　　　　　　单位：kg

省（市、区）	老年男性平均体重	标准差	老年女性平均体重	标准差
北京	71.92	9.027	63.53	8.785
内蒙古	69.18	8.980	61.20	8.570
吉林	67.20	8.155	60.39	12.36
上海	69.13	13.490	58.14	8.905
湖南	60.66	9.315	54.94	9.118

---

① 报告将老年人界定为男性60岁以上，女性55岁以上。

续表

省（市、区）	老年男性平均体重	标准差	老年女性平均体重	标准差
广东	65.42	9.469	59.67	10.44
广西	65.03	10.200	54.73	7.617
四川	62.46	7.791	56.66	9.119
云南	61.96	6.630	52.44	7.758
西藏	64.96	11.700	56.98	9.894
甘肃	65.48	8.326	55.80	8.393
青海	62.07	7.282	54.03	7.254
宁夏	69.30	8.700	59.64	8.327
新疆	73.36	5.826	65.00	9.735
合计	66.74	9.913	58.58	9.708

注：剔除239个民族信息缺失、年龄信息缺失、体重信息缺失等样本后所得。

2.2.6 按民族聚居区分老年男女体重

调查发现，民族聚居区和相邻社区中的老年男性、老年女性的平均体重存在一定的差异。民族聚居区的老年男性平均体重略低于相邻社区。民族聚居区老年男性平均体重为66.43kg，相邻社区老年男性平均体重为67.00kg。同样，民族聚居区的老年女性平均体重略低于相邻社区，民族聚居区老年女性平均体重为57.66kg，相邻社区老年女性平均体重为59.35kg。详见表2-12。

表2-12　　　　　　按民族聚居区分老年男女体重　　　　　　单位：kg

调查点	老年男性平均体重	标准差	老年女性平均体重	标准差
民族聚居区	66.43	10.840	57.66	9.966
相邻社区	67.00	9.097	59.35	9.425
合计	66.74	9.913	58.58	9.708

注：剔除239个民族信息缺失、年龄信息缺失、体重信息缺失等不符合条件的样本后所得。

2.3 过去 4 周内生病状况

2.3.1 按民族分过去 4 周内生病

调查发现，在 9108 个调查样本中，有 9027 人提供了过去 4 周是否生过病的信息，一共有 872 人在过去 4 周生过病，其中，汉族有 465 人，占比为 8.99%，少数民族有 407 人，占比为 10.56%，汉族生病人数多于少数民族人数。详见表 2-13。

表 2-13　　按民族分过去 4 周内生病的人数与比例

民族	人数（人）	占比（%）
汉族	465	8.99
少数民族	407	10.56
合计	872	9.66

注：剔除 81 个数据缺失、民族信息缺失的样本后所得。

2.3.2 按省份分过去 4 周内生病

在 9108 个调查样本中，有 9059 人提供了过去 4 周是否生过病的信息，其中，有 876 人在过去 4 周内生过病，从表 2-14 中可知，西藏、广西、北京在过去 4 周内生病的比例相对较高，占比分别为 18.30%、16.29%、11.19%；甘肃、青海、湖南在过去 4 周内生病的比例相对较低，占比分别为 5.44%、5.45%、6.66%。详见表 2-14。

表 2-14　　按省（市、区）分过去 4 周内生病的人数与比例

省（市、区）	人数（人）	占比（%）
北京	77	11.19
内蒙古	62	9.61
吉林	54	9.57
上海	65	9.62

续表

省（市、区）	人数（人）	占比（%）
湖南	48	6.66
广东	56	10.09
广西	102	16.29
四川	66	9.04
云南	51	8.12
西藏	131	18.30
甘肃	29	5.44
青海	41	5.45
宁夏	51	7.22
新疆	43	8.83
合计	876	9.70

注：剔除49个数据缺失的样本后所得。

2.3.3 按民族聚居区分过去4周内生病

调查发现，在民族聚居区中，有444人在过去4周内生过病，占比为10.16%；在相邻社区中，有432人在过去4周内生过病，占比为9.21%。详见表2-15。

表 2-15　按民族聚居区分过去4周内生病的人数与比例

调查点	人数（人）	占比（%）
民族聚居区	444	10.16
相邻社区	432	9.21
合计	876	9.70

注：剔除49个数据缺失的样本后所得。

2.4 过去4周内受伤状况

2.4.1 按民族分过去4周内受伤

调查发现，在9108个调查样本中，有9021人提供了样本信息，在过去4

周内共有 230 人受过伤,其中,汉族有 135 人,少数民族有 95 人。详见表 2-16。

表 2-16   汉族和少数民族过去 4 周内受伤情况

民族	人数(人)	占比(%)
汉族	135	2.47
少数民族	95	2.61
合计	230	2.55

注:剔除 87 个数据缺失、民族信息缺失的样本后所得。

2.4.2　按省份分过去 4 周内受伤

调查显示,各省(市、区)受访居民在过去 4 周内受伤的情况存在较大的差异。其中,广东、新疆、上海在过去 4 周内受过伤的人数比例相对较高,分别占比为 5.41%、4.30%、3.40%;西藏、四川、青海在过去 4 周内受过伤的人数比例相对较低,占比分别为 0.27%、1.37%、1.86%。详见表 2-17。

表 2-17   按省(市、区)分过去 4 周内受伤

省(市、区)	人数(人)	占比(%)
北京	23	3.34
内蒙古	15	2.33
吉林	14	2.47
上海	23	3.40
湖南	17	2.36
广东	30	5.41
广西	18	2.88
四川	10	1.37
云南	12	1.91
西藏	2	0.27
甘肃	12	2.25
青海	14	1.86

续表

省（市、区）	人数（人）	占比（%）
宁夏	19	2.69
新疆	21	4.30
合计	230	2.54

注：剔除55个数据缺失的样本后所得。

2.4.3 按民族聚居区分过去4周内受伤

调查发现，在民族聚居区中，有122人在过去4周内受过伤，占比为2.80%；在相邻社区中，有108人在过去4周内受过伤，占比为2.30%。详见表2-18。

表2-18　　　　按民族聚居区分过去4周内受伤人数情况

调查点	人数（人）	占比（%）
民族聚居区	122	2.80
相邻社区	108	2.30
合计	230	2.55

注：剔除55个数据缺失的样本后所得。

2.5 患慢性病状况

2.5.1 按民族分患慢性病

在9108个调查样本中，有9024人提供了慢性病信息。调查发现，有1457人患有慢性病，其中，汉族有859人，占比为16.61%；少数民族有598人，占比为15.29%。汉族和少数民族之间存在一定的差异。详见表2-19。

表2-19　　　　按民族分患慢性病人数及比例

民族	人数（人）	占比（%）
汉族	859	16.61

续表

民族	人数（人）	占比（％）
少数民族	598	15.29
合计	1457	16.15

注：剔除84个数据缺失、民族信息缺失的样本后所得。

2.5.2 按省份分患慢性病

调查发现，在9108个调查样本中，有9056人提供了样本信息，各省（市、区）患慢性病的情况存在较大差异。根据调查显示，吉林、宁夏、北京患慢性病的人数最多，占比分别为31.63%、23.80%、22.97%；患慢性病人数较少的三个地区分别是湖南、广东、青海，占比分别为7.36%、7.97%、7.97%。详见表2-20。

表2-20　　　　按省（市、区）分患慢性病人数及比例

省（市、区）	人数（人）	占比（％）
北京	158	22.97
内蒙古	102	15.81
吉林	179	31.63
上海	115	16.99
湖南	53	7.36
广东	44	7.97
广西	122	19.49
四川	113	15.48
云南	79	12.58
西藏	135	18.12
甘肃	81	15.20
青海	60	7.97
宁夏	168	23.80
新疆	51	10.47
合计	1460	16.12

注：剔除52个数据缺失的样本后所得。

2.5.3 按民族聚居区分患慢性病

民族聚居区和相邻社区患慢性病的人数也存在一定的差异。在民族聚居区，患慢性病人数为 702 人，占比为 7.75%；在相邻社区，患慢性病人数为 758 人，占比为 8.37%。详见表 2-21。

表 2-21　　　　　　按民族聚居区分患慢性病人数及比例

调查点	人数（人）	占比（%）
民族聚居区	702	7.75
相邻社区	758	8.37
合计	1460	16.12

注：剔除 52 个数据缺失的样本后所得。

2.6 健康状况的自我感知状况

2.6.1 健康概况

在 9108 个调查样本中，有 9062 人提供了自身健康状况的相关信息。提供信息的受访者中，有 2423 人认为自己的身体状况很好，占总样本的 26.74%；认为自己身体状况好的人共有 3906 人，占比为 43.10%；2369 人认为自己的身体健康状况一般，占总样本的 26.14%；337 人认为自己的身体健康状况很差，占比为 3.72%；仅有 27 人认为自己的身体健康状况非常差，占比为 0.30%。详见表 2-22。

表 2-22　　　　　　居民自评身体健康状况分布情况

健康状况	人数（人）	占比（%）
很好	2423	26.74
好	3906	43.10
一般	2369	26.14
很差	337	3.72

续表

健康状况	人数（人）	占比（%）
非常差	27	0.30
合计	9062	100

注：剔除46个数据缺失的样本后所得。

2.6.2 按民族分健康状况的自我感知

汉族与少数民族居民对健康自评的结果存在较大差异。汉族居民自评身体健康状况为很好的比例高于少数民族，占比分别为28.61%和24.31%；汉族居民身体健康状况自评为好的比例低于少数民族，占比分别为41.50%和45.08%；汉族居民中自评身体健康状况为一般的比例为26.99%，少数民族的相应比例为25.09%；汉族居民中身体健康状况自评为很差和非常差的比例明显低于少数民族，占比分别为2.71%、0.19%，而少数民族居民的对应占比则分别为5.08%、0.44%。详见表2-23。

表2-23　　　　　　　　按民族分居民自评身体健康状况

健康状况	汉族 人数（人）	汉族 占比（%）	少数民族 人数（人）	少数民族 占比（%）
很好	1480	28.61	938	24.31
好	2147	41.50	1739	45.08
一般	1396	26.99	968	25.09
很差	140	2.71	196	5.08
非常差	10	0.19	17	0.44
合计	5173	100	3858	100

注：剔除77个数据缺失、民族信息缺失的样本后所得。

2.6.3 按省（市、区）分健康状况的自我感知

受访居民的健康自评结果在各省（市、区）也有不同。如表2-24所示，自评身体健康状况为很好的占比最高的省份为内蒙古，占比为48.22%；其次为新疆的44.47%和广东的42.16%；比例最低的为广西和宁夏，占比分别为

8.31%、12.46%。自评身体健康状况为好的占比最高的省份是云南，占比为60.77%；其次是甘肃，所占比例为53.85%；比例较低的三个省份分别为内蒙古、广东和上海，所占比例分别为30.70%、34.23%、34.72%。自评身体健康状况为一般的占比最高的省份为广西，占比达48.24%；紧随其后的为北京，占比为35.02%，宁夏为34.99%；比例最低的省份为青海，占比为14.57%。自评身体健康状况为很差的占比最高的为西藏，占比达9.26%；其次为吉林和广西，占比分别为8.13%和5.11%；比例较低的地区分别为新疆和四川，占比分别为0.20%、1.64%。自评身体健康状况为非常差的情况在一些省份的比例都较低，如内蒙古、上海、四川、云南、甘肃均为0；其中，比例较高的为北京，占比为1.16%。详见表2-24。

表2-24　　　　按省（市、区）分居民自评身体健康状况　　　　单位：%

省（市、区）	很好	好	一般	很差	非常差
北京	20.84	39.36	35.02	3.62	1.16
内蒙古	48.22	30.70	19.07	2.02	0.00
吉林	24.56	35.34	31.80	8.13	0.18
上海	36.94	34.72	25.37	2.97	0.00
湖南	31.07	41.61	24.55	2.50	0.28
广东	42.16	34.23	20.36	2.70	0.54
广西	8.31	38.18	48.24	5.11	0.16
四川	19.59	52.33	26.44	1.64	0.00
云南	16.11	60.77	21.05	2.07	0.00
西藏	18.66	44.16	26.98	9.26	0.94
甘肃	26.08	53.85	15.01	5.07	0.00
青海	32.19	50.60	14.57	2.52	0.13
宁夏	12.46	48.30	34.99	3.82	0.42
新疆	44.47	35.04	20.08	0.20	0.20

注：剔除46个数据缺失的样本后所得。

2.6.4　按民族聚居区分健康状况的自我感知

民族聚居区和相邻社区居民对健康自评的结果存在较大差异。民族聚居区居民身体健康状况自评为很好的比例低于相邻社区居民,占比分别为 26.68% 和 26.79%;而民族聚居区居民身体健康状况自评为好的比例高于相邻社区居民,占比分别为 43.57% 和 42.67%;民族聚居区居民中自评身体健康状况为一般的占比为 25.45%,相邻社区的对应比例为 26.79%;民族聚居区居民中身体健康状况自评为很差的比例明显高于相邻社区,占比分别为 4.05% 和 3.41%;民族聚居区居民中身体健康状况自评为非常差的比例明显低于相邻社区,占比分别为 0.25% 和 0.34%。详见表 2-25。

表 2-25　　　　　按民族聚居区分居民自评身体健康状况

健康状况	民族聚居区 人数(人)	民族聚居区 占比(%)	相邻社区 人数(人)	相邻社区 占比(%)
很好	1166	26.68	1257	26.79
好	1904	43.57	2002	42.67
一般	1112	25.45	1257	26.79
很差	177	4.05	160	3.41
非常差	11	0.25	16	0.34
合计	4370	100.00	4692	100

注:剔除 46 个数据缺失的样本后所得。

2.7　参加医疗保险状况

2.7.1　参加医疗保险类型概况

社会医疗保险类型包括三类:新型农村合作医疗保险、城镇职工医疗保险、城镇居民医疗保险。在 9108 个调查样本中,有 9054 人提供了参加医疗保险类型的相关信息。由表 2-26 可知,在提供信息的受访者中,有 1203 人没有参加医疗保险,占总样本的 13.29%;参加新型农村合作医疗保险的共有 2404 人,占比 26.55%;2598 人参加了城镇职工医疗保险,占总样本的 28.69%;2618 人参加了城镇居民医疗保险,占比为 28.92%;仅有 231 人参加了其他类型的医疗保险,占比为 2.55%。详见表 2-26。

表 2-26　　　　　　　参加各项医疗保险的人数及比例

参加医疗保险类型	人数（人）	占比（%）
没有参加	1203	13.29
新型农村合作医疗保险	2404	26.55
城镇职工医疗保险	2598	28.69
城镇居民医疗保险	2618	28.92
其他	231	2.55
合计	9054	100

注：剔除 54 个数据缺失的样本后所得。

2.7.2　按民族分参加医疗保险

调查显示，在提供信息的受访者中，少数民族居民没有参加医疗保险的比例高于汉族居民；汉族有 631 人没有参加医疗保险，占比为 12.22%；少数民族有 566 人没有参加医疗保险，占比为 14.67%。汉族居民参加新型农村合作医疗保险共有 1222 人，占比为 23.66%；1706 人参加了城镇职工医疗保险，占总样本的 33.04%；1442 人参加了城镇居民医疗保险，占比为 27.92%；仅有 163 人参加了其他类型的医疗保险，占比为 3.16%。少数民族居民参加新型农村合作医疗保险共有 1177 人，占比为 30.50%；883 人参加了城镇职工医疗保险，占总样本的 22.88%；1165 人参加了城镇居民医疗保险，占比为 30.19%；仅有 68 人参加了其他类型的医疗保险，占比为 1.76%。详见表 2-27。

表 2-27　　　　　按民族分参加各项医疗保险的人数及比例

参加医疗保险类型	汉族 人数（人）	汉族 占比（%）	少数民族 人数（人）	少数民族 占比（%）
没有参加	631	12.22	566	14.67
新型农村合作医疗保险	1222	23.66	1177	30.50
城镇职工医疗保险	1706	33.04	883	22.88
城镇居民医疗保险	1442	27.92	1165	30.19
其他	163	3.16	68	1.76
合计	5164	100	3859	100

注：剔除 85 个数据缺失、民族信息缺失的样本后所得。

2.7.3 按省份分参加医疗保险

调查显示,各省份参加新型农村合作医疗保险的人数比例排在前三位的为云南、青海、湖南,分别为 70.08%、60.50%、50.76%;各省份参加城镇职工医疗保险的人数比例排在前三位的为宁夏、北京、广西,占比依次为 65.88%、58.08%、48.91%;而各省份参加城镇居民医疗保险的人数比例排在前三的为西藏、甘肃、宁夏,占比依次为 56.13%、53.28%、38.66%。详见表 2-28。

表 2-28　　　　　按省份分参加各项医疗保险的人数及比例

省(市、区)	新型农村合作医疗保险 人数(人)	占比(%)	城镇职工医疗保险 人数(人)	占比(%)	城镇居民医疗保险 人数(人)	占比(%)
北京	195	32.77	298	50.08	90	15.13
内蒙古	67	11.26	263	44.20	144	24.20
吉林	90	15.13	201	33.78	203	34.12
上海	143	24.03	195	32.77	225	37.82
湖南	302	50.76	155	26.05	195	32.77
广东	92	15.46	192	32.27	147	24.71
广西	118	19.83	291	48.91	121	20.34
四川	241	40.50	194	32.61	159	26.72
云南	417	70.08	46	7.73	126	21.18
西藏	164	27.56	21	3.53	334	56.13
甘肃	43	7.23	91	15.29	317	53.28
青海	360	60.50	145	24.37	186	31.26
宁夏	53	8.91	392	65.88	230	38.66
新疆	119	20.00	114	19.16	141	23.70
合计	2404		2598		2618	

注:剔除 54 个数据缺失的样本后所得,未报告"没有参加医疗保险"及参加"其他保险"的人数与比例。

2.7.4 按民族聚居区分参加医疗保险

调查显示,提供信息的受访者中,民族聚居区居民没有参与医疗保险的比例高于相邻社区居民。民族聚居区有618人没有参加医疗保险,占比为14.16%;相邻社区有585人没有参加医疗保险,占比为12.47%。民族聚居区参加新型农村合作医疗保险共有1218人,占比为27.91%;相邻社区有1186人参加新型农村合作医疗保险,占总样本的25.29%。民族聚居区有1195人参加了城镇职工医疗保险,占比为27.38%;相邻社区有1403人参加了城镇职工医疗保险,占比为29.91%。民族聚居区有1231人参加了城镇居民医疗保险,占比为28.21%;相邻社区有1387人参加了城镇居民医疗保险,占比为29.57%。民族聚居区有102人参加了其他类型的医疗保险,占比为2.34%;相邻社区有129人参加了其他类型的医疗保险,占比为2.75%。详见表2-29。

表2-29 按民族聚居区参与各项医疗保险的人数及比例

参加医疗保险类型	民族聚居区 人数(人)	民族聚居区 占比(%)	相邻社区 人数(人)	相邻社区 占比(%)
没有参加	618	14.16	585	12.47
新型农村合作医疗保险	1218	27.91	1186	25.29
城镇职工医疗保险	1195	27.38	1403	29.91
城镇居民医疗保险	1231	28.21	1387	29.57
其他	102	2.34	129	2.75
合计	4364	100	4690	100

2.8 上年实际的医疗保险缴费金额状况

2.8.1 按民族分医疗保险缴费金额

调查中共有9108人接受访问,剔除缺失值、民族信息缺失以及拒绝回答后的有效样本量为5006人。调查显示,对于新型农村合作医疗保险,汉族居民上年实际平均缴纳的医疗保险金额为224元,少数民族居民上年实际平均缴纳的医疗保险金额为222元;对于城镇职工医疗保险,汉族居民上年实际平均缴纳的医疗保险金额为1669元,少数民族居民上年实际平均缴纳的医疗保险金额为1272元;对于城镇居民医疗保险,汉族居民上年实际平均缴纳的医疗保险金额为975元,少数民族居民上年实际平均缴纳的医疗保险金额为406

元；对于其他类型的保险，汉族居民上年实际平均缴纳的医疗保险金额为1337元，少数民族居民上年实际平均缴纳的医疗保险金额为1476元。详见表2-30。

表2-30　　　　　　　按民族分平均医疗保险缴费　　　　　　　单位：元

参加医疗保险类型	汉族 缴费金额	汉族 标准差	少数民族 缴费金额	少数民族 标准差
新型农村合作医疗保险	224	633	222	857
城镇职工医疗保险	1669	2486	1272	1670
城镇居民医疗保险	975	2283	406	1919
其他	1337	2806	1476	4856
合计	862	1997	479	1658

注：剔除4102个数据缺失、样本数据小于0、民族信息缺失的样本后所得。

2.8.2 按省（市、区）分医疗保险缴费金额

调查发现，各地实际缴纳的医疗保险缴费金额存在显著差异，其中最低为云南，缴纳金额的平均值为142元/年；而新疆最高，平均缴纳金额为2493元/年。标准差最大的省份为新疆，标准差最小的省份为云南。详见表2-31。

表2-31　　　　　　　按省份分平均医疗保险缴费　　　　　　　单位：元

省（市、区）	平均医疗保险缴费金额	标准差
北京	1033	3073
内蒙古	1494	2469
吉林	333	655
上海	898	1942
湖南	283	602
广东	1277	2776
广西	552	1112
四川	1187	1889
云南	142	300

续表

省（市、区）	平均医疗保险缴费金额	标准差
西藏	158	725
甘肃	346	502
青海	240	553
宁夏	974	2448
新疆	2493	4036

注：剔除4082个数据缺失、样本数据小于0的样本后所得。

2.8.3 按民族聚居区分医疗保险缴费金额

调查发现，民族聚居区平均医疗保险缴费金额低于相邻社区，民族聚居区每年平均需缴纳676元医疗保险费，相邻社区每年平均需缴纳677元。两者之间没有显著差异。详见表2-32。

表2-32　　　　　按民族聚居区分平均医疗保险缴费　　　　单位：元

调查点	平均医疗保险缴费金额	标准差
民族聚居区	676	1757
相邻社区	677	1941

注：剔除4082个数据缺失、样本数据小于0的样本后所得。

2.9 实际医疗报销金额

2.9.1 按民族分实际医疗报销金额

调查显示，各民族中实际医疗报销金额均值位居前三的民族分别是满族（11300元）、壮族（8447元）、藏族（8299元），实际报销金额均值最小的民族是彝族，仅为758元。详见表2-33。

表2-33　　　　　　　按民族分实际医疗报销金额

民族	样本量（户）	均值（元/年）	标准差（元）
汉族	485	4897	9180

续表

民族	样本量（户）	均值（元/年）	标准差（元）
朝鲜族	19	5628	7522
侗族	41	3381	7169
回族	122	7205	9968
满族	11	11300	14551
彝族	24	758	1515
壮族	27	8447	12626
藏族	66	8299	15957

注：剔除3163个缺失值、民族缺失、民族样本量小于10和拒绝回答的样本后所得。

其中，保安族、布依族、达斡尔族、东乡族、独龙族、哈萨克族、京族、蒙古族、苗族、土家族、土族、佤族、维吾尔族调查样本量小于10个。不具代表性，故删除。

2.9.2 按省份分实际医疗报销金额

调查显示，14省份实际医疗报销金额均值为5526元，标准差为10118元。14省份实际医疗报销金额位居前三的省份分别是北京（11187元）、西藏（9265元）、内蒙古（7706元）。其中，甘肃、四川、湖南、青海、广东、上海、云南未达到14省份平均水平。云南（848元）排名最后。详见表2-34。

表2-34　　　　按省（市、区）分实际医疗报销金额

省（市、区）	样本量（人）	均值（元/年）	标准差（元）	排序
北京	92	11187	10128	1
内蒙古	38	7706	12302	3
吉林	62	5585	7890	7
上海	71	2380	6712	13
湖南	54	3491	6427	10
广东	38	2720	3920	12
广西	54	6546	10008	6
四川	109	3770	5718	9
云南	42	848	1464	14
西藏	56	9265	17216	2

续表

省（市、区）	样本量（人）	均值（元/年）	标准差（元）	排序
甘肃	34	3981	5949	8
青海	58	2774	5665	11
宁夏	62	6746	11437	5
新疆	62	7015	16710	4
合计	832	5526	10118	

注：剔除3172个缺失值、拒绝回答样本后所得。

2.9.3 按聚居区分汉族和少数民族实际医疗报销金额

调查显示，汉族实际医疗报销金额均值为4897元，标准差为9180元；少数民族实际医疗报销金额均值为6419元，标准差为11290元。民族聚居区实际医疗报销金额均值为4791元，标准差为8778元；相邻社区实际医疗报销金额均值为6294元，标准差为11324元。民族聚居区的汉族实际医疗报销金额均值为4400元，标准差为7860元；民族聚居区的少数民族实际医疗报销金额均值为5147元，标准差为9541元。相邻社区的汉族实际医疗报销金额均值为5250元，标准差为10008元；相邻社区的少数民族实际医疗报销金额均值为8704元，标准差为13638元。详见表2-35。

表2-35　　　　　按聚居区分汉族和少数民族实际医疗报销金额

民族	民族聚居区 均值（元/年）	民族聚居区 标准差（元）	相邻社区 均值（元/年）	相邻社区 标准差（元）	合计 均值（元/年）	合计 标准差（元）
汉族	4400	7860	5250	10008	4897	9180
少数民族	5147	9541	8704	13638	6419	11290
合计	4791	8778	6294	11324		

注：剔除3175个缺失值、民族缺失和拒绝回答样本后所得。

2.10 未报销前医疗花费总额

2.10.1 按省份分未报销前医疗花费总额

调查显示,14省份未报销前医疗花费总额排名位居前三的省份分别是北京(10425元)、宁夏(9436元)、内蒙古(7231元);排名最后的是广东,仅为1207元。其中,青海、新疆、西藏、湖南、甘肃、四川、云南、广东未达到14省份均值。详见表2-36。

表2-36　　　　按省(市、区)分实际医疗花费总额

省(市、区)	样本量(户)	均值(元/年)	标准差(元)	排序
北京	149	10425	11530	1
内蒙古	54	7231	10498	3
吉林	182	5854	10261	5
上海	119	5756	10285	6
湖南	133	3251	8771	10
广东	108	1207	1978	14
广西	98	6393	11753	4
四川	147	2896	3686	12
云南	27	2756	2902	13
西藏	380	4804	10868	9
甘肃	85	3241	7814	11
青海	58	5177	8526	7
宁夏	65	9436	15074	2
新疆	97	5093	9352	8
合计	1702	5225	9982	

注:剔除2257个缺失值、拒绝回答样本后所得。

2.10.2 按聚居区分汉族和少数民族未报销前医疗花费总额

调查显示,汉族未报销前医疗花费均值为4752元,标准差为8416元;少

数民族未报销前医疗花费均值为5821元，标准差为11458元。民族聚居区未报销前医疗花费均值为5299元，标准差为10506元；相邻社区未报销前医疗花费均值为5252元，标准差为9580元。民族聚居区的汉族未报销前医疗花费均值为4182元，标准差为7012元；民族聚居区少数民族未报销前医疗花费均值为6084元，标准差为12332元。相邻社区汉族未报销前医疗花费均值为5110元，标准差为9176元；相邻社区少数民族未报销前医疗花费均值为5467元，标准差为10169元。详见表2-37。

表2-37　　按聚居区分汉族和少数民族未报销前医疗花费总额

民族	民族聚居区 均值（元/年）	民族聚居区 标准差（元）	相邻社区 均值（元/年）	相邻社区 标准差（元）	合计 均值（元/年）	合计 标准差（元）
汉族	4182	7012	5110	9176	4752	8416
少数民族	6084	12332	5467	10169	5821	11458
合计	5299	10506	5252	9580		

注：剔除2279个缺失值、民族缺失和拒绝回答样本后所得。

2.10.3　按民族分未报销前医疗花费总额

调查显示，未报销前医疗花费均值排名位居前三的民族分别是满族（9758元/年）、朝鲜族（8673元/年）、壮族（7384元/年），未报销前医疗花费最小的民族是仫佬族，仅为607元/年。详见表2-38。

表2-38　　按民族分未报销前医疗花费总额

民族	样本量（户）	均值（元/年）	标准差（元）
汉族	859	4752	8416
朝鲜族	51	8673	15466
侗族	70	4990	11349
回族	195	6859	11357
满族	12	9758	7696
蒙古族	10	3890	4002
仫佬族	10	607	571

续表

民族	样本量（户）	均值（元/年）	标准差（元）
维吾尔族	13	5815	7573
彝族	11	2470	2956
壮族	45	7384	15024
藏族	368	5041	10993

注：剔除2315个缺失值、民族缺失、民族样本量小于10和拒绝回答样本后所得。

阿昌族、白族、保安族、布依族、布朗族、达斡尔族、东乡族、独龙族、鄂温克族、哈萨克族、苗族、土族、乌孜别克族、瑶族调查样本量小于10个，不具代表性，故删除。

2.11 参加养老保险情况

2.11.1 按参加养老保险类型分样本分布情况

社会养老保险类型主要包括三类：新型农村社会养老保险、城镇职工社会养老保险、城镇居民社会养老保险。在提供信息的受访者中，有3972人没有参加养老保险，占总样本的44.27%；参加新型农村社会养老保险的共有1042人，占总样本的11.61%；参加城镇职工社会养老保险的共有2517人，占总样本的28.05%；参加城镇居民社会养老保险的共有1347人，占总样本的15.01%；仅有94人参加其他类型的养老保险，占总样本的1.05%。详见表2-39。

表2-39　　　　　　　　参加养老保险情况

参加养老保险类型	人数（人）	占比（%）
没有参加	3972	44.27
新型农村社会养老保险	1042	11.61
城镇职工社会养老保险	2517	28.05
城镇居民社会养老保险	1347	15.01
其他	94	1.05
合计	8972	100

注：剔除136个缺失值、拒绝回答样本后所得。

2.11.2 按省份分参加养老保险情况

调查显示,各省份参加新型农村社会养老保险的人数比例排在前三的分别是云南(39.42%)、青海(31.83%)、新疆(11.58%);各省份参加城镇职工社会养老保险的人数比例排在前三的分别是宁夏(47.88%)、广西(47.29%)、北京(43.10%);各省份参加城镇居民社会养老保险的人数比例排名前三的分别是甘肃(31.14%)、上海(25.57%)、新疆(18.95%)。详见表2-40。

表2-40　　　　　按省份分参加养老保险情况

省 (市、区)	新型农村社会养老保险 人数(人)	新型农村社会养老保险 占比(%)	城镇职工社会养老保险 人数(人)	城镇职工社会养老保险 占比(%)	城镇居民社会养老保险 人数(人)	城镇居民社会养老保险 占比(%)
北京	76	10.92	300	43.10	53	7.61
内蒙古	15	2.33	245	37.98	68	10.54
吉林	28	5.05	206	37.12	64	11.53
上海	51	7.81	196	30.02	167	25.57
湖南	77	10.68	159	22.05	52	7.21
广东	26	4.75	197	36.01	103	18.83
广西	43	6.85	297	47.29	56	8.92
四川	81	11.10	186	25.48	133	18.22
云南	244	39.42	42	6.79	62	10.02
西藏	63	8.61	15	2.05	110	15.03
甘肃	22	4.13	91	17.07	166	31.14
青海	233	31.83	146	19.95	97	13.25
宁夏	28	3.97	338	47.88	126	17.85
新疆	55	11.58	99	20.84	90	18.95
合计	1042		2517		1347	

注:剔除136个缺失值及拒绝回答样本后所得。
未报告"没有参加养老保险"及"参加其他保险"的人数比例。

2.11.3 按聚居区分参加养老保险情况

调查显示,在提供信息的受访者中,民族聚居区有 1968 人未参加养老保险,所占比例为 45.50%;相邻社区有 2004 人未参加养老保险,所占比例为 43.12%。民族聚居区有 550 人参加新型农村社会养老保险,所占比例为 12.72%;相邻社区有 492 人参加新型农村社会养老保险,所占比例为 10.59%。民族聚居区有 1106 人参加城镇职工社会养老保险,所占比例为 25.57%;相邻社区有 1411 人参加城镇职工社会养老保险,所占比例为 30.36%。民族相邻社区有 653 人参加城镇居民社会养老保险,所占比例为 15.10%;相邻社区有 694 人参加城镇居民社会养老保险,所占比例为 14.93%。民族相邻社区有 48 人参加其他社会养老保险,所占比例为 1.11%;相邻社区有 46 人参加其他社会养老保险,所占比例为 0.99%。详见表 2-41。

表 2-41 按聚居区分参加养老保险情况

参加养老保险类型	民族聚居区 人数(人)	民族聚居区 占比(%)	相邻社区 人数(人)	相邻社区 占比(%)
没有参加	1968	45.50	2004	43.12
新型农村社会养老保险	550	12.72	492	10.59
城镇职工社会养老保险	1106	25.57	1411	30.36
城镇居民社会养老保险	653	15.10	694	14.93
其他	48	1.11	46	0.99

注:剔除 136 个缺失值及拒绝回答样本后所得。

2.11.4 按民族分参加养老保险情况

调查显示,在提供信息的受访者中,汉族有 2033 人没有参加养老保险,所占比例为 39.74%;少数民族有 1915 人没有参加养老保险,所占比例为 50.01%。汉族有 513 人参加新型农村社会养老保险,所占比例为 10.03%;少数民族有 529 人参加新型农村社会养老保险,所占比例为 13.82%。汉族有 1662 人参加城镇职工社会养老保险,所占比例为 32.49%;少数民族有 854 人参加城镇职工社会养老保险,所占比例为 22.30%。汉族有 844 人参加城镇居民社会养老保险，所占比例为 16.50%；少数民族有 501 人参加城镇居民社会养老保险，所占比例为 13.08%。汉族有 64 人参加其他类型社会养老保险，所占比例为 1.25%；少数民族有 30 人参加其他类型社会养老保险，所占比例为 0.78%。详见表 2-42。

表 2-42　　　　　　　　　　按民族分参加养老保险情况

参加养老保险类型	汉族 人数（人）	汉族 占比（%）	少数民族 人数（人）	少数民族 占比（%）
没有参加	2033	39.74	1915	50.01
新型农村社会养老保险	513	10.03	529	13.82
城镇职工社会养老保险	1662	32.49	854	22.30
城镇居民社会养老保险	844	16.50	501	13.08
其他	64	1.25	30	0.78
合计	5116		3829	

注：剔除 163 个缺失值、民族缺失和拒绝回答样本后所得。

2.12　养老保险费缴纳方式

2.12.1　按省份分养老保险费缴纳方式情况

调查可知，各省份趸缴养老保险比例位居前三的分别是青海（0.23%）、新疆（0.14%）、广西（0.11%）；各省份年缴养老保险比例位居前三的分别是西藏（0.99%）、云南（0.98%）、湖南（0.97%）。详见表 2-43。

表 2-43　　　　　　　　　　按省份分养老保险费缴纳方式

省（市、区）	趸缴 人数（人）	趸缴 占比（%）	年缴 人数（人）	年缴 占比（%）
北京	21	0.05	419	0.95
内蒙古	29	0.09	308	0.91
吉林	18	0.06	272	0.94

续表

省（市、区）	趸缴 人数（人）	趸缴 占比（％）	年缴 人数（人）	年缴 占比（％）
上海	19	0.05	401	0.95
湖南	9	0.03	282	0.97
广东	30	0.10	270	0.90
广西	43	0.11	355	0.89
四川	42	0.10	363	0.90
云南	6	0.02	341	0.98
西藏	1	0.01	180	0.99
甘肃	26	0.09	254	0.91
青海	109	0.23	359	0.77
宁夏	37	0.07	461	0.93
新疆	31	0.14	195	0.86
合计	421		4460	

注：剔除4227个缺失值和拒绝回答样本后所得。

2.12.2 按聚居区分养老保险费缴纳方式情况

调查显示，民族聚居区有195人趸缴养老保险，所占比例为46.32％，有226人年缴养老保险，所占比例为53.68％；相邻社区有2109人趸缴养老保险，所占比例为47.32％，有2348人年缴养老保险，所占比例为52.68％。详见表2-44。

表2-44　　　　　　　　按聚居区分养老保险费缴纳方式

养老保险费缴费方式	民族聚居区 人数（人）	民族聚居区 占比（％）	相邻社区 人数（人）	相邻社区 占比（％）
趸缴	195	46.32	2109	47.32
年缴	226	53.68	2348	52.68
合计	421	100	4457	100

注：剔除4227个缺失值和拒绝回答样本后所得。

2.12.3 按民族分养老保险费缴纳方式情况

调查显示，汉族有 280 人趸缴养老保险，所占比例为 9.36%，汉族有 2710 人年缴养老保险，所占比例为 90.64%；少数民族有 141 人趸缴养老保险，所占比例为 7.47%，少数民族有 1747 人年缴养老保险，所占比例为 92.53%。详见表 2-45。

表 2-45　　　　　　　按民族分养老保险费缴纳方式情况

养老保险费缴费方式	汉族 人数（人）	汉族 占比（%）	少数民族 人数（人）	少数民族 占比（%）
趸缴	280	9.36	141	7.47
年缴	2710	90.64	1747	92.53
合计	2990	100	1888	100

注：剔除 4230 个缺失值、民族缺失样本后所得。

2.13　养老保险缴纳金额

2.13.1　按省份分养老保险缴纳金额

调查显示，各省份中趸缴养老保险金额排名前三的分别是四川（35198 元）、广西（30769 元）、内蒙古（29809 元），排名最后的是西藏，仅为 100 元。各省份中年缴养老保险金额排名前三的分别是广东（5668 元）、内蒙古（5517 元）、广西（4908 元），排名最后的是西藏，仅为 156 元。见表 2-46。

表 2-46　　　　　　　按省（市、区）分养老保险缴纳金额

省（市、区）	趸缴 样本量（人）	趸缴 均值（元）	趸缴 标准差（元）	年缴 样本量（人）	年缴 均值（元）	年缴 标准差（元）
北京	11	3073	4903	129	3073	7498
内蒙古	11	29809	20179	72	5517	4316
吉林	8	9538	9073	116	3422	2763

续表

省（市、区）	趸缴 样本量（人）	趸缴 均值（元）	趸缴 标准差（元）	年缴 样本量（人）	年缴 均值（元）	年缴 标准差（元）
上海	8	17134	14989	106	3715	8353
湖南	9	11427	16309	264	2111	2134
广东	20	5756	10689	160	5668	4163
广西	9	30769	15473	81	4908	7940
四川	42	35198	31480	253	4704	4174
云南	3	15100	13969	344	578	1618
西藏	1	100	0	148	156	277
甘肃	26	20114	8794	247	762	1012
青海	62	1423	2502	206	967	2704
宁夏	13	19138	15377	152	2949	5013
新疆	23	7914	11986	132	4057	4095
合计	246	14779	20319	2410	2585	4403

注：剔除 1303 个缺失值和拒绝回答样本后所得。

趸缴养老保险金额中，14 省份调查样本量过小，数据仅供参考。

2.13.2 按聚居区分养老保险缴纳金额

调查显示，民族聚居区趸缴养老保险金额均值为 15375 元，标准为 23554 元；年缴养老保险金额均值为 2501 元，标准差为 4326 元。相邻社区趸缴养老保险金额均值为 14173 元，标准差为 16471 元；年缴养老保险金额均值为 2679 元，标准差为 4488 元。养老保险趸缴金额均值为 14779 元，标准差为 20319 元；养老保险年缴金额均值为 2585 元，标准差为 4403 元。详见表 2-47。

表 2-47　　　　按聚居区分养老保险缴纳金额　　　　单位：元

调查点	趸缴 均值	趸缴 标准差	年缴 均值	年缴 标准差
民族聚居区	15375	23554	2501	4326

续表

调查点	趸缴 均值	趸缴 标准差	年缴 均值	年缴 标准差
相邻社区	14173	16471	2679	4488
合计	14779	20319	2585	4403

注：剔除1303个缺失值和拒绝回答样本后所得。

2.13.3　按民族分养老保险缴纳金额

调查显示，汉族趸缴养老保险金额均值为16756元，标准差为21800元；年缴养老保险金额均值为3515元，标准差为5086元。少数民族趸缴养老保险金额均值为9387元，标准差为14391元；年缴养老保险金额均值为1517元，标准差为3138元。趸缴养老保险金额均值为14779元，标准差为20319元；年缴养老保险金额均值为2586元，标准差为4405元。详见表2-48。

表2-48　　　　　　按民族分养老保险缴纳金额　　　　　　单位：元

民族	趸缴 均值	趸缴 标准差	年缴 均值	年缴 标准差
汉族	16756	21800	3515	5086
少数民族	9387	14391	1517	3138
合计	14779	20319	2586	4405

注：剔除1303个缺失值、民族缺失样本后所得。

2.14　2016年领取养老金情况

2.14.1　按省份分2016年已经领取养老金情况

调查显示，14省份中，2016年已经领取养老金占比最高的三个省份分别是吉林（57.79%）、广西（44.20%）、上海（43.95%）。2016年已经领取养老金占比最低的是湖南，占比仅为10.27%。详见表2-49。

表 2-49　　按省（市、区）分 2016 年已经领取养老金情况

省（市、区）	样本量（人）	占比（%）	排序
北京	191	43.41	5
内蒙古	141	41.84	6
吉林	178	57.79	1
上海	189	43.95	3
湖南	30	10.27	14
广东	91	26.30	8
广西	179	44.20	2
四川	163	39.85	7
云南	50	13.44	12
西藏	37	22.29	9
甘肃	37	13.17	13
青海	72	13.48	11
宁夏	217	43.57	4
新疆	37	14.34	10
合计	1612		

注：剔除 4032 个缺失值及拒绝回答样本后所得。
未报告 2016 年 3464 人未领取养老金。

2.14.2　按聚居区分汉族和少数民族 2016 年已经领取养老金情况

调查显示，民族聚居区 2016 年已经领取养老金的占比为 29.88%，相邻社区 2016 年已经领取养老金的占比为 33.42%；汉族 2016 年已经领取养老金的占比为 34.98%，少数民族 2016 年已经领取养老金的占比为 26.45%。民族聚居区中汉族 2016 年已经领取养老金的占比为 34.58%，民族聚居区中少数民族 2016 年已经领取养老金的占比为 24.78%；相邻社区汉族 2016 年已经领取养老金的占比为 35.24%，相邻社区少数民族 2016 年已经领取养老金的占比为 28.96%。详见表 2-50。

表 2-50　按聚居区分汉族和少数民族 2016 年已经领取养老金情况

民族	民族聚居区		相邻社区		合计	
	样本量（人）	占比（%）	样本量（人）	占比（%）	样本量（人）	占比（%）
汉族	435	34.58	665	35.24	1100	34.98
少数民族	287	24.78	223	28.96	510	26.45
合计	722	29.88	888	33.42		

注：剔除 4035 个缺失值、民族缺失样本后所得。

2.15　每月领取养老金金额

2.15.1　按省份分每月领取养老金金额情况

调查显示，14 省份每月领取养老金均值是 2280 元，标准差是 1492 元。14 省份中每月领取养老金排名前三的分别是上海（3311 元）、北京（3222 元）、广西（2791 元），排名最后的是西藏，仅为 125 元。详见表 2-51。

表 2-51　按省（市、区）分每月领取养老金金额情况

省（市、区）	样本量（人）	均值（元）	标准差（元）	排序
北京	179	3222	978	2
内蒙古	130	2368	1014	7
吉林	178	2232	1085	8
上海	169	3311	1378	1
湖南	30	1566	1256	10
广东	77	2521	1283	6
广西	153	2791	1614	3
四川	166	1787	1418	9
云南	59	268	602	13
西藏	42	125	182	14
甘肃	37	679	859	11
青海	82	631	1126	12

续表

省（市、区）	样本量（人）	均值（元）	标准差（元）	排序
宁夏	207	2552	1159	4
新疆	33	2543	1426	5
合计	1542	2280	1492	

注：剔除70个缺失值和拒绝回答样本后所得。

2.15.2 按聚居区分汉族和少数民族领取养老金情况

民族聚居区领取养老金金额均值为2255元，标准差为1564元；相邻社区领取养老金金额均值为2301元，标准差为1434元，汉族领取养老金金额均值为2411元，标准差为1426元。少数民族领取养老金金额均值为2009元，标准差为1591元。民族聚居区中汉族领取养老金金额均值为2468元，标准差为1414元。民族聚居区中少数民族领取养老金金额均值为1937元，标准差为1718元。相邻社区中汉族领取养老金金额均值为2374元，标准差为1433元。相邻社区中少数民族领取养老金金额均值为2096元，标准差为1421元。详见表2-52。

表2-52　　　　按聚居区分汉族和少数民族领取养老金情况　　　　单位：元

民族	民族聚居区		相邻社区		全部样本社区	
	均值	标准差	均值	标准差	均值	标准差
汉族	2468	1414	2374	1433	2411	1426
少数民族	1937	1718	2096	1421	2009	1591
合计	2255	1564	2301	1434		

注：剔除71个缺失值、民族缺失样本后所得。

2.16 享有低保情况

2.16.1 按省份分享有低保情况

调查显示，14省份中，享有低保占比前三的是甘肃（22.89%）、西藏

(13.73%)、吉林（6.72%），排名最后的是广东，仅占0.36%。详见表2-53。

表2-53　　　　　　　　按省份分享有低保情况

省（市、区）	样本量（人）	总样本量（人）	占比（%）	排序
北京	9	696	1.29	10
内蒙古	7	645	1.09	13
吉林	37	551	6.72	3
上海	22	657	3.35	6
湖南	33	721	4.58	4
广东	2	550	0.36	14
广西	17	628	2.71	7
四川	17	729	2.33	9
云南	7	618	1.13	11
西藏	98	714	13.73	2
甘肃	122	533	22.89	1
青海	26	715	3.64	5
宁夏	8	706	1.13	12
新疆	12	477	2.52	8
合计	417	8940	0.05	

注：剔除168个缺失值及拒绝回答样本后所得。
未报告2016年8523人没有享受低保。

2.16.2　按聚居区分汉族和少数民族享有低保的情况

调查显示，民族聚居区享有低保的占比为4.94%，相邻社区享有低保的占比为4.39%；汉族享有低保的占比为2.89%，少数民族享有低保的占比为7.03%。民族聚居区中汉族享有低保的占比为2.28%，民族聚居区中少数民族享有低保的占比为7.39%；相邻社区中汉族享有低保的占比为3.31%，相邻社区少数民族享有低保的占比为6.5%。详见表2-54。

表 2-54　　　　　按聚居区分汉族和少数民族享有低保的情况

民族	民族聚居区 样本量（户）	占比（%）	相邻社区 样本量（户）	占比（%）	全部样本社区 样本量（户）	占比（%）
汉族	47	2.28	101	3.31	148	2.89
少数民族	166	7.39	101	6.5	267	7.03
合计	213	4.94	202	4.39		

注：剔除197个缺失值、民族缺失及拒绝回答样本后所得。

2.17 每月低保领取金额

2.17.1 按省份分每月领取低保额情况

调查显示，14省份中每月领取低保额排名前三的分别是上海（817元）、广东（600元）、北京（540元），每月领取低保额排名最后的是湖南，仅136元。详见表2-55。

表 2-55　　　　　按省份分每月领取低保额情况

省（市、区）	样本量（户）	均值（元/月）	标准差（元）	排序
北京	6	540	438	3
内蒙古	5	511	167	4
吉林	34	503	442	5
上海	19	817	1561	1
湖南	32	136	120	14
广东	2	600	71	2
广西	8	314	321	8
四川	17	156	125	12
云南	5	148	48	13
西藏	92	390	246	6
甘肃	115	361	186	7
青海	24	215	106	10

续表

省（市、区）	样本量（户）	均值（元/月）	标准差（元）	排序
宁夏	6	167	125	11
新疆	10	267	269	9
合计	375	363	438	

注：剔除42个缺失值及拒绝回答样本后所得。

2.17.2 按聚居区分汉族和少数民族每月领取低保额情况

调查显示，民族聚居区领取低保额均值为394元，标准差为536元；相邻社区领取低保额均值为318元，标准差为256元。汉族领取低保额均值为327元，标准差为283元。少数民族领取低保额均值为372元，标准差为480元。民族聚居区中汉族领取低保额均值为391元，标准差为409元。民族聚居区中少数民族领取低保额均值为394元，标准差为561元。相邻社区中汉族领取低保额均值为300元，标准差为206元。相邻社区中少数民族领取额均值为335元，标准差为295元。详见表2-56。

表2-56　　　　按聚居区分汉族和少数民族每月领取低保额情况　　　　单位：元

民族	民族聚居区 均值	民族聚居区 标准差	相邻社区 均值	相邻社区 标准差	全部样本社区 均值	全部样本社区 标准差
汉族	391	409	300	206	327	283
少数民族	394	561	335	295	372	480
合计	394	536	318	256		

注：剔除43个缺失值、民族缺失及拒绝回答样本后所得。

第3章　基本公共服务[*]

调查从职业技能培训、就业信息、免费体检、当地医疗资源、就医过程中遇到的困难、孩子上学难易程度、公共教育质量、学龄儿童在九年义务教育期间支付择校费情况、公租房服务、公共健身设施、公共交通等方面反映了基本公共服务。

3.1 职业技能培训知晓率情况

3.1.1 按省份分职业技能培训知晓率

调查显示，共计 2929 人不知道政府组织过职业技能培训，占比为 75.53%；949 人知道政府组织的职业技能培训，占比为 24.47%。其中，在各省份中，职业技能培训知晓率位居前三的省份是青海、新疆以及广西，占比分别为 37.76%、35.91%、34.65%。不知道职业培训技能的人数知晓率位居前三的省份是西藏、甘肃、吉林，分别为 89.10%、87.80%、86.31%，均高于 80%。详见表 3-1。

表 3-1　　　　　　　按省份分职业技能培训知晓率

省（市、区）	知道		不知道	
	人数（人）	占比（%）	人数（人）	占比（%）
北京	76	27.34	202	72.66
内蒙古	48	16.49	243	83.51

---

[*] 本章由朱伊帆、张莹负责。

续表

省（市、区）	知道 人数（人）	知道 占比（%）	不知道 人数（人）	不知道 占比（%）
吉林	36	13.69	227	86.31
上海	65	21.81	233	78.19
湖南	73	24.17	229	75.83
广东	86	34.13	166	65.87
广西	88	34.65	166	65.35
四川	41	14.96	233	85.04
云南	93	32.63	192	67.37
西藏	23	10.90	188	89.10
甘肃	35	12.20	252	87.80
青海	111	37.76	183	62.24
宁夏	67	23.02	224	76.98
新疆	107	35.91	191	64.09
合计	949	24.47	2929	75.53

注：剔除81个信息缺失的样本所得。

3.1.2 按聚居区分职业技能培训知晓率

调查显示，受访人员对各省份政府组织的职业技能培训的知晓情况在城市民族聚居区与相邻社区并没有存在明显差异。样本人群中，处于城市民族聚居区的有24.42%的人知道政府组织的职业技能培训，75.58%的人不知道政府组织的职业技能培训；相邻社区中有24.52%的人知道政府组织的职业技能培训，75.48%的人不知道政府组织的职业技能培训。详见表3-2。

表3-2　　　　　　　　　按聚居区分职业技能培训知晓率

调查点	知道 人数（人）	知道 占比（%）	不知道 人数（人）	不知道 占比（%）
民族聚居区	450	24.42	1393	75.58
相邻社区	499	24.52	1536	75.48
合计	949	24.47	2929	75.53

注：剔除了81个信息缺失的样本所得。

3.1.3 按民族分职业技能培训知晓率

调查结果显示,少数民族中,知道政府组织的职业技能培训人数比例位居前三位的少数民族是彝族、壮族、维吾尔族,知晓率分别为38.71%、36.36%、31.88%;不知道政府组织的职业技能培训人数比例位居前三位的少数民族是朝鲜族、藏族和回族,知晓率分别为91.43%、85.88%、76.90%。详见表3-3。

表3-3　　　　　　　按民族分职业技能培训知晓率

民族	知道 人数(人)	知道 占比(%)	不知道 人数(人)	不知道 占比(%)
汉族	567	24.19	1777	75.81
朝鲜族	6	8.57	64	91.43
侗族	44	25.43	129	74.57
回族	128	23.10	426	76.90
维吾尔族	22	31.88	47	68.12
彝族	48	38.71	76	61.29
壮族	40	36.36	70	63.64
藏族	36	14.12	219	85.88
合计	891	24.09	2808	75.91

注:剔除了260个缺失值、拒答,以及受访人数<1%的少数民族所得。

3.2 职业技能培训参与率情况

3.2.1 按省份分职业技能培训参与率

调查结果显示,共有394名受访者表示参与过政府组织的职业技能培训,占比为33.39%;而有786名受访者表示没有参与过政府组织的职业技能培训,占比为66.61%。各省份职业技能培训参与率有较大差异。参加职业技能培训人数比例位居前三的省份分别为北京、内蒙古、青海,占比分别为54.55%、54.17%、50.83%;未参加职业技能培训的人数比例位居前三的省份是四川、广西、吉林，占比分别为 90.91%、88.64%、81.08%，均高于样本均值 66.61%。详见表 3-4。

表 3-4　　　　　　　　按省份分职业技能培训参与率

省（市、区）	参加 人数（人）	参加 占比（%）	未参加 人数（人）	未参加 占比（%）
北京	42	54.55	35	45.45
内蒙古	26	54.17	22	45.83
吉林	7	18.92	30	81.08
上海	23	29.87	54	70.13
湖南	33	45.21	40	54.79
广东	40	46.51	46	53.49
广西	10	11.36	78	88.64
四川	5	9.09	50	90.91
云南	52	19.77	211	80.23
西藏	11	28.21	28	71.79
甘肃	16	45.71	19	54.29
青海	61	50.83	59	49.17
宁夏	23	33.33	46	64.67
新疆	45	39.82	68	60.18
合计	394	33.39	786	66.61

注：剔除了 2779 个信息缺失的样本所得。

3.2.2　按聚居区分职业技能培训参与率

调查结果显示，城市民族聚居区参加职业技能培训比例为 29.62%，低于相邻社区参加职业技能培训的 36.76%。详见表 3-5。

表 3-5　　　　　　　　按聚居区分职业技能培训参与率

调查点	参加 人数（人）	参加 占比（%）	未参加 人数（人）	未参加 占比（%）
民族聚居区	165	29.62	392	70.38

续表

调查点	参加		未参加	
	人数（人）	占比（%）	人数（人）	占比（%）
相邻社区	229	36.76	394	63.24
合计	394	33.39	786	66.61

注：剔除了2779个信息缺失的样本所得。

3.2.3 按民族区分职业技能培训参与率

调查结果显示，在少数民族中，参加职业技能培训的人数比例排名前三位的民族分别为蒙古族、回族、侗族，占比分别为69.23%、46.15%、43.18%；未参加职业技能培训的人数比例排名前三的民族分别为壮族、彝族、维吾尔族，占比分别为87.50%、80.36%、72.00%。详见表3-6。

表3-6　　　　　　　按民族分职业技能培训参与率

民族	参加		未参加	
	人数（人）	占比（%）	人数（人）	占比（%）
汉族	228	33.09	461	66.91
侗族	19	43.18	25	56.82
回族	66	46.15	77	53.85
蒙古族	9	69.23	4	30.77
维吾尔族	7	28.00	18	72.00
彝族	22	19.64	90	80.36
壮族	5	12.50	35	87.50
藏族	20	39.22	31	60.78
合计	376	33.66	741	66.34

注：剔除了2842个缺失值、拒答以及受访人数<1%的少数民族所得。

3.3 职业技能培训效果满意程度调查情况

3.3.1 按省份分职业技能培训满意程度

调查显示，受访者对培训效果的满意程度大多集中在一般和好两个指标。

其中，吉林认为培训效果非常差的受访者所占比例明显高于其他省份，占比为25%；北京和上海认为培训效果非常好的受访者所占比例高于其他省份，占比分别为16.28%和12.50%。详见表3－7。

表3－7　　　　　　　　　按省份分职业技能培训满意程度

省（市、区）	指标	非常差	差	一般	好	非常好	合计
北京	人数（人）	1	0	15	20	7	43
	占比（％）	2.33	0.00	34.88	46.51	16.28	100.00
内蒙古	人数（人）	1	3	9	12	1	26
	占比（％）	3.85	11.54	34.62	46.15	3.85	100.00
吉林	人数（人）	2	1	4	1	0	8
	占比（％）	25.00	12.50	50.00	12.50	0.00	100.00
上海	人数（人）	0	1	10	10	3	24
	占比（％）	0	4.17	41.67	41.67	12.50	100
湖南	人数（人）	0	1	13	20	1	35
	占比（％）	0	2.86	37.14	57.14	2.86	100
广东	人数（人）	5	4	15	12	4	40
	占比（％）	12.50	10.00	37.50	30.00	10.00	100.00
广西	人数（人）	0	0	7	2	1	10
	占比（％）	0	0	70.00	20.00	10.00	100
四川	人数（人）	0	0	6	2	0	8
	占比（％）	0	0	75.00	25.00	0	100
云南	人数（人）	3	1	32	26	2	64
	占比（％）	4.69	1.56	50.00	40.63	3.13	100.00
西藏	人数（人）	1	0	4	5	1	11
	占比（％）	9.09	0.00	36.36	45.45	9.09	100.00
甘肃	人数（人）	1	2	4	6	1	14
	占比（％）	7.14	14.29	28.57	42.86	7.14	100.00
青海	人数（人）	9	2	34	27	8	80
	占比（％）	11.25	2.50	42.50	33.75	10.00	100.00
宁夏	人数（人）	1	2	12	7	2	24
	占比（％）	4.17	8.33	50.00	29.17	8.33	100.00
新疆	人数（人）	3	0	22	21	3	49
	占比（％）	6.12	0.00	44.90	42.86	6.12	100.00

注：剔除了3523个信息缺失的样本所得。

3.3.2 按聚居区分职业技能培训满意程度

调查结果显示，城市民族聚居区和相邻社区对政府组织的职业技能培训结果的满意程度大多集中在一般和好两个指标。城市民族聚居区认为职业技能培训效果一般的人数占比为43.68%，认为职业技能培训效果好的人数占比为38.42%；相邻社区认为职业技能培训效果一般的人数占比为42.28%，认为职业技能培训效果好的人数占比为39.22%。其中，城市民族聚居区认为职业技能培训效果非常好的人数比例大于相邻社区的人数比例，而城市民族聚居区认为职业技能培训效果非常差和差的人数比例低于相邻社区的人数比例，城市民族聚居区认为职业技能培训效果非常差的人数占比为4.74%，认为职业技能培训效果差的人数占比为4.74%；而相邻社区认为职业技能培训效果非常差的人数占比为7.32%，认为职业技能培训效果差的人数比例为3.25%。详见表3-8。

表3-8　　　　　　　　按聚居区分职业技能培训满意程度

调查点	指标	非常差	差	一般	好	非常好	合计
民族聚居区	人数（人）	9	9	83	73	16	190
	占比（%）	4.74	4.74	43.68	38.42	8.42	100.00
相邻社区	人数（人）	18	8	104	98	18	246
	占比（%）	7.32	3.25	42.28	39.22	7.32	100.00

注：剔除了3523个信息缺失的样本所得。

3.3.3 按民族分职业技能培训效果满意程度

调查结果显示，汉族居民受访者中，有14人认为培训效果非常差，所占比例为5.69%；13人认为培训效果差，所占比例为5.28%；113人认为培训效果一般，所占比例为45.93%；90人认为培训效果好，所占比例为36.59%；16人认为培训效果非常好，所占比例为6.50%。少数民族居民受访者中，有13人认为培训效果非常差，所占比例为6.88%；4人认为培训效果差，所占比例为2.12%；73人认为培训效果一般，所占比例为38.62%；81人认为培训效果好，所占比例为42.86%；18人认为培训效果非常好，所占比例为

9.52%。详见表3-9。

表3-9　　　　　　按民族分职业技能培训效果满意程度

民族	指标	非常差	差	一般	好	非常好	合计
汉族	人数（人）	14	13	113	90	16	246
	占比（%）	5.69	5.28	45.93	36.59	6.50	100.00
少数民族	人数（人）	13	4	73	81	18	189
	占比（%）	6.88	2.12	38.62	42.86	9.52	100.00

注：剔除了3524个信息缺失的样本所得。

3.4　就业信息情况

3.4.1　按省份分当地政府颁布就业信息的知晓率

调查结果显示，共有1275人知道当地政府颁布的就业信息，而2569人不知道当地政府颁布的就业信息。其中，知道当地政府颁布的就业信息人数比例位居前三位的省份是青海、新疆、广东，知晓率分别为47.80%、45.08%、43.78%；不知道当地政府颁布的就业信息人数比例位居前三位的省份是甘肃、四川、内蒙古，占比分别为85.66%、81.41%、77.78%。详见表3-10。

表3-10　　　　　按省份分当地政府颁布就业信息的知晓率

省（市、区）	知道		不知道	
	人数（人）	占比（%）	人数（人）	占比（%）
北京	81	29.35	195	70.65
内蒙古	64	22.22	224	77.78
吉林	78	30.35	179	69.65
上海	98	33.11	198	66.89
湖南	108	35.76	194	64.24
广东	109	43.78	140	56.22
广西	96	37.94	157	62.06
四川	50	18.59	219	81.41

续表

省（市、区）	知道 人数（人）	知道 占比（%）	不知道 人数（人）	不知道 占比（%）
云南	117	40.77	170	59.23
西藏	55	26.83	150	73.17
甘肃	41	14.34	245	85.66
青海	141	47.80	154	52.20
宁夏	104	36.36	182	63.64
新疆	133	45.08	162	54.92
合计	1275	33.17	2569	66.83

注：剔除了115个信息缺失的样本所得。

3.4.2 按聚居区分当地政府颁布的就业信息知晓率

调查结果显示，城市民族聚居区与相邻社区对当地政府颁布的就业信息知晓率差异不大，分别为34.16%、32.28%。详见表3-11。

表3-11　　　　按聚居区分当地政府颁布的就业信息知晓率

调查点	知道 人数（人）	知道 占比（%）	不知道 人数（人）	不知道 占比（%）
民族聚居区	623	34.16	1201	65.84
相邻社区	652	32.28	1368	67.72
合计	1275	33.17	2569	66.83

注：剔除了115个信息缺失的样本所得。

3.4.3 按民族分当地政府颁布的就业信息知晓率

调查结果显示，少数民族中，知道当地政府颁布的就业信息人数比例位居前三位的民族分别为壮族、彝族、维吾尔族，占比分别为45.45%、44.80%、39.71%；不知道当地政府颁布的就业信息人数比例位居前三位的民族分别是朝鲜族、回族、藏族，占比分别为70.15%、69.57%、69.20%。详见表3-12。

表 3-12　　　　　按民族分当地政府颁布的就业信息知晓率

民族	知道		不知道	
	人数（人）	占比（%）	人数（人）	占比（%）
汉族	740	31.88	1581	68.12
朝鲜族	20	29.85	47	70.15
侗族	58	33.53	115	66.47
回族	168	30.43	384	69.57
维吾尔族	27	39.71	41	60.29
彝族	56	44.80	69	55.20
壮族	50	45.45	60	54.55
藏族	77	30.80	173	69.20
合计	1196	32.62	2470	67.38

注：剔除了293个缺失值、拒答以及受访人数<1%的少数民族所得。

3.5　社区组织免费体检

3.5.1　按省份分社区组织免费体检

调查结果显示，共有1848位受访者表示其所在社区组织过免费体检，占比为47.78%；而2020位受访者表示其所在社区没有组织过免费体检，占比为52.22%。其中，受访者所在社区组织免费体检比例位居前三位的省份分别是吉林、广西和宁夏，占比分别为62.65%、60.64%、60.34%；受访者所在社区组织免费体检比例位居倒数第一位的省份是甘肃省，占比为14.98%，远远低于其他省份。详见表3-13。

表 3-13　　　　　按省份分社区组织免费体检

省（市、区）	知道		不知道	
	人数（人）	占比（%）	人数（人）	占比（%）
北京	151	54.91	124	45.09
内蒙古	81	28.22	206	71.78
吉林	161	62.65	96	37.35

续表

省（市、区）	知道 人数（人）	知道 占比（%）	不知道 人数（人）	不知道 占比（%）
上海	147	49.83	148	50.17
湖南	100	33.22	201	66.78
广东	101	40.40	149	59.60
广西	151	60.64	98	39.36
四川	162	58.70	114	41.30
云南	136	46.74	155	53.26
西藏	125	59.81	84	40.19
甘肃	43	14.98	244	85.02
青海	140	46.98	158	53.02
宁夏	178	60.34	117	39.66
新疆	172	57.72	126	42.28
合计	1848	47.78	2020	52.22

注：剔除了91个信息缺失的样本所得。

3.5.2 按聚居区分社区组织免费体检

调查结果显示，相邻社区组织的免费体检人数占比为49.19%，略高于民族聚居区，详见表3-14。

表3-14　　　　　　按聚居区分社区组织免费体检

调查点	是 人数（人）	是 占比（%）	否 人数（人）	否 占比（%）
民族聚居区	845	46.20	984	53.80
相邻社区	1003	49.19	1036	50.81
合计	1848	47.78	2020	52.22

注：剔除了91个信息缺失的样本所得。

3.5.3 按民族分社区组织的免费体检

调查结果显示，少数民族中，参与社区组织的免费体检人数比例位居前三位的民族是朝鲜族、壮族和藏族，占比分别为 65.22%、61.11%、57.31%；没有参与社区组织的免费体检人数比例位居第一位的是侗族，占比为 71.10%，远远高于其他民族，详见表 3-15。

表 3-15　　　　　　　　按民族分社区组织免费体检

民族	是 人数（人）	是 占比（%）	否 人数（人）	否 占比（%）
汉族	1123	48.01%	1216	51.99%
朝鲜族	45	65.22%	24	34.78%
侗族	50	28.90%	123	71.10%
回族	240	43.48%	312	56.52%
维吾尔族	28	40.58%	41	59.42%
彝族	67	53.60%	58	46.40%
壮族	66	61.11%	42	38.89%
藏族	145	57.31%	108	42.69%
合计	1764	47.83%	1924	52.17%

注：剔除了 271 个缺失值、拒答以及受访人数 <1% 的少数民族所得。

3.6 当地医疗公共资源是否能满足需求的情况

3.6.1 按省份分本地公共医疗资源满足率

调查显示，受访者中有 3052 名受访者表示当地医疗公共资源能满足基本需求，占比为 79.52%；而 786 名受访者表示当地医疗公共资源不能满足基本需求，占比为 20.48%。各省份的本地医疗公共资源能满足受访者基本需求的人数比例位居前两位的省份是湖南和西藏，占比分别为 89.00%、87.44%；各省份的本地资源不能满足受访者基本需求的人数比例位居前三位的是广东、吉林、青海，占比分别为 30.95%、29.25%、25.93%。详见表 3-16。

表 3-16　　　　　　　　按省份分本地公共医疗资源满足率

省（市、区）	满足		不满足	
	人数（人）	占比（%）	人数（人）	占比（%）
北京	202	76.23	63	23.77
内蒙古	222	79.57	57	20.43
吉林	179	70.75	74	29.25
上海	240	82.76	50	17.24
湖南	267	89.00	33	11.00
广东	174	69.05	78	30.95
广西	183	74.09	64	25.91
四川	233	83.51	46	16.49
云南	238	81.51	54	18.49
西藏	181	87.44	26	12.56
甘肃	217	76.14	68	23.86
青海	220	74.07	77	25.93
宁夏	248	83.78	48	16.22
新疆	248	83.78	48	16.22
合计	3052	79.52	786	20.48

注：剔除了121个信息缺失的样本所得。

3.6.2　按聚居区分本地公共医疗资源满足率

调查结果显示，在城市民族聚居区和相邻社区对本地医疗资源是否能满足受访者基本需求的调查中，两者之间并无明显差异。城市民族聚居区的受访者中有80.59%的人认为当地医疗资源能满足基本需求，相邻社区的受访者中有78.55%的人认为当资源能满足基本需求。城市民族聚居区的比例比相邻社区高2.04%。详见表3-17。

表 3-17　　　　　　　　按聚居区分本地公共医疗资源满足率

调查点	满足		不满足	
	人数（人）	占比（%）	人数（人）	占比（%）
民族聚居区	1466	80.59	353	19.41

续表

调查点	满足		不满足	
	人数（人）	占比（%）	人数（人）	占比（%）
相邻社区	1586	78.55	433	21.45
合计	3052	79.52	786	20.48

注：剔除了121个信息缺失的样本所得。

3.6.3 按民族分本地公共医疗资源满足率

调查结果显示，少数民族与汉族对本地公共医疗资源满足率并无明显差异。其中，在少数民族中，本地公共医疗资源满足率位居第一位的民族是维吾尔族，占比为86.57%；本地公共医疗资源满足率位居最后一位的民族是朝鲜族，占比为77.27%。详见表3-18。

表3-18　　　　　　　按民族分本地公共医疗资源满足率

民族	是		否	
	人数（人）	占比（%）	人数（人）	占比（%）
汉族	1832	78.69	496	21.31
朝鲜族	51	77.27	15	22.73
侗族	147	85.47	25	14.53
回族	428	78.68	116	21.32
维吾尔族	58	86.57	9	13.43
彝族	101	80.80	24	19.20
壮族	84	77.78	24	22.22
藏族	210	82.68	44	17.32
合计	2911	79.45	753	20.55

注：剔除了295个信息缺失值、拒答以及受访人数<1%的少数民族所得。

3.7 就医过程中遇到的困难

问卷从医药费高、挂号难、在大医院住院难等方面调查了就医困难问题。

3.7.1 就医过程中遇到医药费高

3.7.1.1 按省份分就医过程中遇到医药费高

调查结果显示,共有 2003 名受访者表示在就医过程中会遇到医药费高的问题,而 1888 名受访者表示在就医中没有遇见医药费高的问题。在不同省份中,就医过程中遇到医药费高的问题的人数占比位居第一位的是西藏自治区,占比为 74.03%,远远高于其他省份;而在就医过程中没有遇到医药费高的问题的人数占比位居前三位的省份是青海、宁夏、云南,占比分别为 60.00%、54.67%、52.9%。详见表 3-19。

表 3-19   按省份分就医过程中遇到医药费高

省(市、区)	存在 人数(人)	存在 占比(%)	不存在 人数(人)	不存在 占比(%)
北京	134	48.20	144	51.80
内蒙古	150	51.37	142	48.63
吉林	140	52.43	127	47.57
上海	151	51.01	145	48.99
湖南	160	53.16	141	46.84
广东	124	49.01	129	50.99
广西	155	60.08	103	39.92
四川	167	59.01	116	40.99
云南	138	47.10	155	52.90
西藏	134	74.03	47	25.97
甘肃	147	51.04	141	48.96
青海	120	40.00	180	60.00
宁夏	136	45.33	164	54.67
新疆	147	48.84	154	51.16
合计	2003	51.48	1888	48.52

注:剔除 5217 个信息缺失的样本所得。

3.7.1.2 按聚居区分就医过程中遇到医药费高

调查结果显示,城市民族聚居区与相邻社区在就医中存在医药费高的问题的人数比例总体差异不大，城市民族聚居区的占比为52.55%，相邻社区的占比为50.51%，城市民族聚居区在就医中遇到医药费高的问题的人数比例比相邻社区高2.04%。详见表3–20。

表3–20　　　　　　　　按聚居区分就医过程中遇到医药费高

调查点	存在		不存在	
	人数（人）	占比（%）	人数（人）	占比（%）
民族聚居区	969	52.55	875	47.45
相邻社区	1034	50.51	1013	49.49
合计	2003	51.48	1888	48.52

注：剔除5217个信息缺失的样本所得。

3.7.1.3　按民族分就医过程中遇到医药费高

调查结果显示，在少数民族中，就医过程中遇到医药费高的问题的人数比例最高的民族是藏族，占比为66.52%，远远高于其他省份；而在就医过程中遇到医药费高的问题的人数比例最低的民族是朝鲜族，占比为36.62%。详见表3–21。

表3–21　　　　　　　　按民族分就医过程中遇到医药费高

民族	存在		不存在	
	人数（人）	占比（%）	人数（人）	占比（%）
汉族	1200	50.55	1174	49.45
朝鲜族	26	36.62	45	63.38
侗族	100	58.14	72	41.86
回族	283	50.72	275	49.28
维吾尔族	36	51.43	34	48.57
彝族	56	44.44	70	55.56
壮族	62	55.36	50	44.64
藏族	151	66.52	76	33.48
合计	1914	51.5	1796	48.41

注：剔除5398个信息缺失的样本值所得。

3.7.2 就医过程中存在挂号难

3.7.2.1 按省份分就医过程中遇到挂号难

调查结果显示,共有1360名受访者表示在就医过程中存在挂号难的问题,有2529名受访者表示在就医过程中不存在挂号难的问题。在不同的省份,在就医过程中存在挂号难的问题人数比例位居前三位的省份是四川、北京和西藏,其比率分别为60.67%、56.47%、55.80%;在就医过程中不存在挂号难的问题人数比例位居首位的省份是甘肃,占比为92.71%,远远超过其他省份。详见表3-22。

表3-22 按省份分就医过程中遇到挂号难

省(市、区)	存在		不存在	
	人数(人)	占比(%)	人数(人)	占比(%)
北京	157	56.47	121	43.53
内蒙古	115	39.38	177	60.62
吉林	58	21.72	209	78.28
上海	143	48.31	153	51.69
湖南	72	23.84	230	76.16
广东	99	39.13	154	60.87
广西	96	37.21	162	62.79
四川	170	60.07	113	39.93
云南	64	21.92	228	78.08
西藏	101	55.80	80	44.20
甘肃	21	7.29	267	92.71
青海	69	23.08	230	76.92
宁夏	110	36.79	189	63.21
新疆	85	28.24	216	71.76
合计	1360	34.97	2529	65.03

注:剔除5219个信息缺失的样本值所得。

3.7.2.2 按聚居区分就医过程中遇到挂号难

调查结果显示,城市民族聚居区与相邻社区受访者在就医过程中存在挂号难问题的人数比例并无明显差异。其中,城市民族聚居区的受访者在就医过程中存在挂号难问题的人数比例为35.34%,而相邻社区的受访者在就医过程中存在挂号难问题的人数比例为34.64%。详见表3-23。

表3-23　　　　　　　　按聚居区分就医过程中遇到挂号难

调查点	存在 人数（人）	存在 占比（%）	不存在 人数（人）	不存在 占比（%）
民族聚居区	651	35.34	1191	64.66
相邻社区	709	34.64	1338	65.36
合计	1360	34.97	2529	65.03

注:剔除5219个信息缺失的样本值所得。

3.7.2.3 按民族分就医过程中遇到挂号难

调查结果显示,少数民族中,在就医过程中存在挂号难的人数比例位居首位的民族是藏族,占比为52.65%,远远高于其他民族;在就医过程中不存在挂号难的人数比例位居前三的民族是彝族、维吾尔族、朝鲜族,占比分别为84.80%、81.43%、76.06%。详见表3-24。

表3-24　　　　　　　　按民族分就医过程中遇到挂号难

民族	存在 人数（人）	存在 占比（%）	不存在 人数（人）	不存在 占比（%）
汉族	896	37.76	1477	62.24
朝鲜族	17	23.94	54	76.06
侗族	48	27.75	125	72.25
回族	164	29.39	394	70.61
维吾尔族	13	18.57	57	81.43
彝族	19	15.20	106	84.80
壮族	38	33.93	74	66.07
藏族	119	52.65	107	47.35
合计	1314	35.44	2394	64.56

注:剔除5400个信息缺失的样本值所得。

3.7.3 就医过程中在大医院住院难

3.7.3.1 按省份分就医过程中在大医院住院难

调查结果显示，共有1156名受访者表示在就医过程中遇到住大医院难的问题，有2735名受访者表示在就医过程中没有遇到住大医院难的问题。其中，在不同省份，就医过程中存在住大医院难的问题比例位居首位的省份是西藏，占比为60.77%，远远高于其他省份；不存在住大医院难问题的人数比例位居前三位的省份是宁夏、湖南、云南，占比分别为81.67%、80.13%、75.43%。详见表3-25。

表3-25　　　　按省份分就医过程中在大医院住院难

省（市、区）	存在 人数（人）	存在 占比（％）	不存在 人数（人）	不存在 占比（％）
北京	88	31.65	190	68.35
内蒙古	94	32.19	198	67.81
吉林	81	30.34	186	69.66
上海	92	31.08	204	68.92
湖南	60	19.87	242	80.13
广东	76	30.04	177	69.96
广西	71	27.52	187	72.48
四川	119	42.05	164	57.95
云南	72	24.57	221	75.43
西藏	110	60.77	71	39.23
甘肃	71	24.65	217	75.35
青海	76	25.42	223	74.58
宁夏	55	18.33	245	81.67
新疆	91	30.23	210	69.77
合计	1156	29.71	2735	70.29

注：剔除5217个信息缺失的样本值所得。

3.7.3.2 按聚居区分就医过程中在大医院住院难

调查结果显示，城市民族聚居区与相邻社区的受访者在就医中遇到在大医院住院难的问题比例并无明显差异。其中，城市民族聚居区受访者在就医过程中遇到在大医院住院难的比例为30.22%，而相邻社区受访者在就医过程中遇到在大医院住院难的比例为29.25%。详见表3-26。

表3-26　　　　　　　　按聚居区分在就医过程中在大医院住院难

调查点	存在		不存在	
	人数（人）	占比（%）	人数（人）	占比（%）
民族聚居区	557	30.22	1286	69.78
相邻社区	599	29.25	1449	70.75
合计	1156	29.71	2735	70.29

注：剔除5217个信息缺失的样本值所得。

3.7.3.3　按民族分在就医过程中在大医院住院难

调查结果显示，少数民族中遇到住大医院难的问题的人数比例位居首位的民族是藏族，占比为57.08%，远远高于其他民族；少数民族中遇到住大医院难的问题的人数比例位居后三位的民族是彝族、侗族、壮族，占比分别为20.63%、21.39%、24.11%。详见表3-27。

表3-27　　　　　　　　按民族分在就医过程中在大医院住院难

民族	存在		不存在	
	人数（人）	占比（%）	人数（人）	占比（%）
汉族	697	29.36	1677	70.64
朝鲜族	23	32.39	48	67.61
侗族	37	21.39	136	78.61
回族	154	27.60	404	72.40
维吾尔族	18	25.71	52	74.29
彝族	26	20.63	100	79.37
壮族	27	24.11	85	75.89
藏族	129	57.08	97	42.92
合计	1111	29.95	2599	70.05

注：剔除5398个信息缺失的样本值所得。

3.7.4 就医过程中存在其他问题

3.7.4.1 按省份分就医过程中存在其他问题

调查结果显示，共有1080名受访者表示在就医过程中遇到过除医药费高、挂号难、在大医院住院难以外的其他问题，有2809名受访者表示在就医过程中并未遇到其他问题。其中，在不同省份中，受访者在就医过程中遇到其他问题的人数比例位居前三位的省份是甘肃、青海、新疆，占比分别为40.97%、39.80%、36.21%；在就医过程中未遇到其他问题的人数的比例位居前三位的省份是广西、西藏、吉林，占比分别为89.15%、83.98%、83.90%。详见表3-28。

表3-28　　　　　　按省份分就医过程中存在其他问题

省（市、区）	存在 人数（人）	存在 占比（%）	不存在 人数（人）	不存在 占比（%）
北京	54	19.42	224	80.58
内蒙古	55	18.84	237	81.16
吉林	43	16.10	224	83.90
上海	78	26.44	217	73.56
湖南	102	33.77	200	66.23
广东	67	26.48	186	73.52
广西	28	10.85	230	89.15
四川	73	25.80	210	74.20
云南	103	35.27	189	64.73
西藏	29	16.02	152	83.98
甘肃	118	40.97	170	59.03
青海	119	39.80	180	60.20
宁夏	102	34.00	198	66.00
新疆	109	36.21	192	63.79
合计	1080	27.77	2809	72.23

注：剔除5219个信息缺失的样本值所得。

3.7.4.2 按聚居区分就医过程中存在其他问题

调查结果显示，城市民族聚居区与相邻社区的受访者在就医过程中遇到其他问题的人数比例并无明显差异，其中，城市民族聚居区受访者在就医过程中遇到其他问题的人数比例为 26.66%，而相邻社区受访者在就医过程中遇到其他问题的人数比例为 28.77%，相邻社区比例比城市民族聚居区高 2.11%。详见表 3-29。

表 3-29　　　　　　按聚居区分就医过程中存在其他问题

调查点	存在 人数（人）	存在 占比（%）	不存在 人数（人）	不存在 占比（%）
民族聚居区	491	26.66	1351	73.34
相邻社区	589	28.77	1458	71.23
合计	1080	27.77	2809	72.23

注：剔除 5219 个信息缺失的样本值所得。

3.7.4.3 按民族分就医过程中存在其他问题

调查结果显示，不同民族在就医过程中是否存在其他问题的差异较大。在少数民族中，在就医过程中遇到其他问题的人数比例位居首位的是彝族，占比为 41.60%，远远高于其他民族；而在就医过程中没有遇到其他问题的人数的比例位居首位的民族是壮族，占比为 91.96%，远远高于其他民族。详见表 3-30。

表 3-30　　　　　　按民族分就医过程中存在其他问题

民族	存在 人数（人）	存在 占比（%）	不存在 人数（人）	不存在 占比（%）
汉族	685	28.87	1688	71.13
朝鲜族	18	25.35	53	74.65
侗族	50	28.90	123	71.10
回族	151	27.06	407	72.94
维吾尔族	18	25.71	52	74.29

续表

民族	存在 人数（人）	存在 占比（%）	不存在 人数（人）	不存在 占比（%）
彝族	52	41.60	73	58.40
壮族	9	8.04	103	91.96
藏族	47	20.80	179	79.20
合计	1030	27.78	2678	72.22

注：剔除5400个信息缺失的样本值所得。

3.8 本地上学难易情况

3.8.1 按省份分本地上学难易程度

调查显示，在调查省区中除西藏外各省区居民认为孩子在本地求学感觉难易程度适中或较为容易，而在西藏调查样本中有37.8%的居民认为孩子在当地的上学程度较为困难。详见表3－31。

表3－31　　　　　　按省份分本地上学难易程度

省（市、区）	指标	非常难	难	一般	容易	非常容易	合计
北京	人数（人）	35	44	67	48	9	203
北京	占比（%）	17.2	21.7	33.0	23.6	4.4	100.0
内蒙古	人数（人）	16	32	51	78	16	193
内蒙古	占比（%）	8.3	16.6	26.4	40.4	8.3	100.0
吉林	人数（人）	8	17	60	67	16	168
吉林	占比（%）	4.8	10.1	35.7	39.9	9.5	100.0
上海	人数（人）	13	23	46	92	26	200
上海	占比（%）	6.5	11.5	23.0	46.0	13.0	100.0
湖南	人数（人）	0	17	113	111	25	266
湖南	占比（%）	0	6.4	42.5	41.7	9.4	100.0
广东	人数（人）	25	34	87	47	10	203
广东	占比（%）	12.3	16.7	42.9	23.2	4.9	100.0

续表

省（市、区）	指标	非常难	难	一般	容易	非常容易	合计
广西	人数（人）	6	32	78	34	4	154
	占比（%）	3.9	20.8	50.6	22.1	2.6	100.0
四川	人数（人）	5	36	55	40	7	143
	占比（%）	3.5	25.2	38.5	28.0	4.9	100.0
云南	人数（人）	6	13	105	127	8	259
	占比（%）	2.3	5.0	40.5	49.0	3.1	100.0
西藏	人数（人）	7	62	39	53	3	164
	占比（%）	4.3	37.8	23.8	32.3	1.8	100.0
甘肃	人数（人）	7	37	49	120	17	230
	占比（%）	3.0	16.1	21.3	52.2	7.4	100.0
青海	人数（人）	4	8	41	187	28	268
	占比（%）	1.5	3.0	15.3	69.8	10.4	100.0
宁夏	人数（人）	3	30	76	92	7	208
	占比（%）	1.4	14.4	36.5	44.2	3.4	100.0
新疆	人数（人）	8	26	95	84	10	223
	占比（%）	3.6	11.7	42.6	37.7	4.5	100.0
合计	人数（人）	143	411	962	1180	186	2882
	占比（%）	5.0	14.3	33.4	40.9	6.5	100.0

注：剔除1031个民族信息缺失、年龄信息缺失等不符合条件的数据后所得。

3.8.2 按民族分本地上学难易程度

按民族分布情况可知，在2882个调查样本中，认为孩子在本地上学难易程度为一般的少数民族占比为31.4%，汉族占比为34.8%；认为孩子在本地上学较为容易的少数民族占比为43.2%，汉族占比为39.2%，二者无显著差异。详见表3-32。

表 3-32　　　　　　　按民族分本地上学难易程度

民族	非常难	占比(%)	难	占比(%)	一般	占比(%)	容易	占比(%)	非常容易	占比(%)	合计	
少数民族	46	3.7	190	15.5	386	31.4	531	43.2	75	6.1	1228	100
汉族	97	5.9	221	13.4	576	34.8	649	39.2	111	6.7	1654	100
合计	143	5.0	411	14.3	962	33.4	1180	40.9	186	6.5	2882	100

注：剔除1031个民族信息缺失、年龄信息缺失等不符合条件的数据后所得。

3.8.3　按调查点分本地上学难易程度

民族聚居区和相邻社区在此项调查中的调查结果并无太大差异，且两个聚居区均有40%左右的居民认为孩子在本地上学较为容易。详见表3-33。

表 3-33　　　　　　按调查点分本地上学难易程度

调查点	指标	非常难	难	一般	容易	非常容易	合计
少数民族聚居区	人数（人）	79	223	451	589	86	1428
	占比（%）	5.5	15.6	31.6	41.2	6.0	100.0
相邻社区	人数（人）	64	188	511	591	100	1454
	占比（%）	4.4	12.9	35.1	40.6	6.9	100.0
合计	人数（人）	143	411	962	1180	186	2882
	占比（%）	5.0	14.3	33.4	40.9	6.5	100.0

注：剔除1031个民族信息缺失、年龄信息缺失等不符合条件的数据后所得。

3.9　公共教育质量

3.9.1　按省份分公共教育质量

调查显示，约80%以上的居民认为该地区的公共教育质量一般或好，其中，北京占比为63.4%和28.6%；内蒙古占比为54.0%和36.4%；吉林占比为40.6%和45.3%；上海占比为25.0%和60.2%；湖南占比为56.6%和38.3%；广东占比为47.8%和36%；广西占比为58.8%和34.3%；四川占比为42.9%和41.2%；云南占比为63.3%和31.3%；西藏占比为20.6%和

73.7%；甘肃占比为 36.6% 和 41.5%；青海占比为 47.9% 和 44.4%；宁夏占比为 44.8% 和 46.1%；新疆占比为 41.4% 和 46.2%。详见表 3-34。

表 3-34　　　　　　　按省份分公共教育质量概况

省（市、区）	指标	非常差	差	一般	好	非常好	合计
北京	人数（人）	0	10	151	68	9	238
	占比（%）	0.0	4.2	63.4	28.6	3.8	100
内蒙古	人数（人）	4	11	129	87	8	239
	占比（%）	1.7	4.6	54.0	36.4	3.3	100
吉林	人数（人）	3	4	86	96	23	212
	占比（%）	1.4	1.9	40.6	45.3	10.8	100
上海	人数（人）	1	3	64	154	34	256
	占比（%）	0.4	1.2	25.0	60.2	13.3	100
湖南	人数（人）	2	2	167	113	11	295
	占比（%）	0.7	0.7	56.6	38.3	3.7	100
广东	人数（人）	11	16	109	82	10	228
	占比（%）	4.8	7.0	47.8	36.0	4.4	100
广西	人数（人）	3	6	137	80	7	233
	占比（%）	1.3	2.6	58.8	34.3	3.0	100
四川	人数（人）	1	8	76	73	19	177
	占比（%）	0.6	4.5	42.9	41.2	10.7	100
云南	人数（人）	3	9	174	86	3	275
	占比（%）	1.1	3.3	63.3	31.3	1.1	100
西藏	人数（人）	2	1	36	129	7	175
	占比（%）	1.1	0.6	20.6	73.7	4.0	100
甘肃	人数（人）	12	28	90	102	14	246
	占比（%）	4.9	11.4	36.6	41.5	5.7	100
青海	人数（人）	3	6	136	126	13	284
	占比（%）	1.1	2.1	47.9	44.4	4.6	100
宁夏	人数（人）	3	13	103	106	5	230
	占比（%）	1.3	5.7	44.8	46.1	2.2	100

续表

省（市、区）	指标	非常差	差	一般	好	非常好	合计
新疆	人数（人）	3	19	110	123	11	266
	占比（%）	1.1	7.1	41.4	46.2	4.1	100
合计	人数（人）	51	136	1568	1425	174	3354
	占比（%）	1.5	4.1	46.8	42.5	5.2	100

注：剔除565个民族信息缺失、年龄信息缺失等不符合条件的数据后所得。

3.9.2 按民族分公共教育质量情况

按民族分布情况可知，少数民族居民认为当地公共教育质量一般占总调查样本的44.3%，汉族占比为48.5%；少数民族居民认为当地公共教育质量好占总调查样本的46.2%，汉族占比39.9%。此外，少数民族和汉族认为当地公共教育质量非常差的比例均小于2%；认为当地公共教育质量非常好的比例约为5%。详见表3-35。

表3-35　　　　按民族分公共教育质量概况

民族	非常差	占比（%）	差	占比（%）	一般	占比（%）	好	占比（%）	非常好	占比（%）	合计	
少数民族	19	1.4	47	3.4	606	44.3	633	46.2	64	4.7	1369	100
汉族	32	1.6	89	4.5	962	48.5	792	39.9	110	5.5	1985	100
合计	51	1.5	136	4.1	1568	46.8	1425	42.5	174	5.2	3354	100

注：剔除565个民族信息缺失、年龄信息缺失等不符合条件的数据后所得。

3.9.3 按调查点分公共教育质量情况

在民族聚居区和相邻社区的公共教育资源质量对比过程中发现，两社区教育资源分配较为一致，仅有极少数人认为本地的公共教育质量差，占比小于6%。详见表3-36。

表 3-36 按调查点分公共教育质量概况

调查点	指标	非常差	差	一般	好	非常好	合计
少数民族聚居区	人数（人）	16	56	735	708	95	1610
	占比（％）	1.0	3.5	45.7	44.0	5.9	100
相邻社区	人数（人）	35	80	833	717	79	1744
	占比（％）	2.0	4.6	47.8	41.1	4.5	100
合计	人数（人）	51	136	1568	1425	174	3354
	占比（％）	1.5	4.1	46.8	42.5	5.2	100

注：剔除565个民族信息缺失、年龄信息缺失等不符合条件的数据后所得。

3.10 择校费与建校费

3.10.1 按省份分择校费与建校费情况

调查显示，在调查的省份中对于"您的子女或家中学龄儿童在九年义务教育期间是否支付过择校费或建校费"这一问题上有超过50％的居民在此期间未支付过该费用。其中，湖南省和青海省尤为明显，未支付过择校费或建校费的情况分别占总调查人数的95.1％和94.4％。此外，支付费用在5000元以下~20000元以上的情况均较少。详见表3-37。

表 3-37 按省份分择校费与建校费情况

省（市、区）	指标	否	5000元以下	5000~10000元	10000~15000元	15000~20000元	20000元以上	合计
北京	人数（人）	162	11	5	4	2	5	189
	占比（％）	85.7	5.8	2.6	2.1	1.1	2.6	100
内蒙古	人数（人）	160	7	6	11	3	15	202
	占比（％）	79.2	3.5	3.0	5.4	1.5	7.4	100
吉林	人数（人）	141	16	3	4	5	1	170
	占比（％）	82.9	9.4	1.8	2.4	2.9	0.6	100
上海	人数（人）	196	11	7	0	2	5	221
	占比（％）	88.7	5.0	3.2	0.0	0.9	2.3	100

续表

省（市、区）	指标	否	5000元以下	5000~10000元	10000~15000元	15000~20000元	20000元以上	合计
湖南	人数（人）	270	12	2	0	0	0	284
	占比（%）	95.1	4.2	0.7	0.0	0.0	0.0	100
广东	人数（人）	120	14	13	13	8	43	211
	占比（%）	56.9	6.6	6.2	6.2	3.8	20.4	100
广西	人数（人）	159	10	7	3	1	3	183
	占比（%）	86.9	5.5	3.8	1.6	0.5	1.6	100
四川	人数（人）	131	10	7	2	5	3	158
	占比（%）	82.9	6.3	4.4	1.3	3.2	1.9	100
云南	人数（人）	228	23	6	3	4	0	264
	占比（%）	86.4	8.7	2.3	1.1	1.5	0.0	100
西藏	人数（人）	152	7	2	3	1	4	169
	占比（%）	89.9	4.1	1.2	1.8	0.6	2.4	100
甘肃	人数（人）	187	16	8	2	1	0	214
	占比（%）	87.4	7.5	3.7	0.9	0.5	0.0	100
青海	人数（人）	235	8	3	2	1	0	249
	占比（%）	94.4	3.2	1.2	0.8	0.4	0.0	100
宁夏	人数（人）	182	7	5	4	1	6	205
	占比（%）	88.8	3.4	2.4	2.0	0.5	2.9	100
新疆	人数（人）	183	19	12	6	4	3	227
	占比（%）	80.6	8.4	5.3	2.6	1.8	1.3	100
合计	人数（人）	2506	171	86	57	38	88	2946
	占比（%）	85.1	5.8	2.9	1.9	1.3	3.0	100

注：剔除945个民族信息缺失、年龄信息缺失等不符合条件的数据后所得。

3.10.2 按民族分择校费与建校费情况

在按民族分布中，少数民族和汉族中均有超过80%的居民未为自己的子女支付过择校费或建校费；均有约5%的居民为其子女支付过5000元以下的费用；少数民族和汉族中均有约3%的居民为其子女支付过5000~10000元的费用；均有约2%的居民为其子女支付过10000~15000元的费用；少数民族中有0.7%的居民为其子女支付过该项费用，汉族中有1.7%的居民为其子女支付过该项费用；而在支付过20000元以上择校费或建校费的情况中，少数民族占比为2%，汉族占比为3.7%。详见表3-38。

表3-38　　　　　　按民族分择校费与建校费情况

民族	指标	否	5000元以下	5000~10000元	10000~15000元	15000~20000元	20000元以上	合计
少数民族	人数（人）	1071	72	33	21	9	24	1230
	占比（%）	87.1	5.9	2.7	1.7	0.7	2.0	100.0
汉族	人数（人）	1435	99	53	36	29	64	1716
	占比（%）	83.6	5.8	3.1	2.1	1.7	3.7	100.0
合计	人数（人）	2506	171	86	57	38	88	2946
	占比（%）	85.1	5.8	2.9	1.9	1.3	3.0	100.0

注：剔除945个民族信息缺失、年龄信息缺失等不符合条件的数据后所得。

3.10.3　按调查点分择校费与建校费情况

按聚居区分布情况可得，在民族聚居区和相邻社区中均有85.1%的居民未为子女支付过择校费或建校费；约5%的居民为其子女支付过5000元以下的择校费或建校费；而支付过5000~20000元或20000元以上费用的分布较少，为2%~3%。详见表3-39。

表3-39　　　　　　按调查点分择校费与建校费情况

调查点	指标	否	5000元以下	5000~10000元	10000~15000元	15000~20000元	20000元以上	合计
民族聚居区	人数（人）	1213	89	40	32	14	38	1426
	占比（%）	85.1	6.2	2.8	2.2	1.0	2.7	100
相邻社区	人数（人）	1293	82	46	25	24	50	1520
	占比（%）	85.1	5.4	3.0	1.6	1.6	3.3	100
合计	人数（人）	2506	171	86	57	38	88	2946
	占比（%）	85.1	5.8	2.9	1.9	1.3	3.0	100

注：剔除945个民族信息缺失、年龄信息缺失等不符合条件的数据后所得。

3.11 公租房服务情况

3.11.1 按省份分公租房服务情况

调查显示,大部分省份对当地目前公租房服务持中立态度,其中,湖南省、云南省各有超过50%的居民认为此项服务一般。其他各省份有少部分居民认为当地的公租房服务不满意。详见表3-40。

表3-40　　　　　　　　按省份分公租房服务满意概况

省（市、区）	指标	非常不满意	不满意	一般	满意	非常满意	合计
北京	人数（人）	14	53	99	33	1	200
	占比（%）	7.0	26.5	49.5	16.5	0.5	100
内蒙古	人数（人）	2	14	57	13	1	87
	占比（%）	2.3	16.1	65.5	14.9	1.1	100
吉林	人数（人）	8	20	22	17	2	69
	占比（%）	11.6	29.0	31.9	24.6	2.9	100
上海	人数（人）	12	40	86	53	1	192
	占比（%）	6.3	20.8	44.8	27.6	0.5	100
湖南	人数（人）	2	12	158	68	5	245
	占比（%）	0.8	4.9	64.5	27.8	2.0	100
广东	人数（人）	24	27	106	38	10	205
	占比（%）	11.7	13.2	51.7	18.5	4.9	100
广西	人数（人）	3	21	80	13	0	117
	占比（%）	2.6	17.9	68.4	11.1	0.0	100
四川	人数（人）	4	20	71	46	3	144
	占比（%）	2.8	13.9	49.3	31.9	2.1	100
云南	人数（人）	8	12	149	49	2	220
	占比（%）	3.6	5.5	67.7	22.3	0.9	100
西藏	人数（人）	0	9	37	59	3	108
	占比（%）	0.0	8.3	34.3	54.6	2.8	100

续表

省（市、区）	指标	非常不满意	不满意	一般	满意	非常满意	合计
甘肃	人数（人）	3	7	54	107	7	178
	占比（%）	1.7	3.9	30.3	60.1	3.9	100
青海	人数（人）	7	19	117	75	5	223
	占比（%）	3.1	8.5	52.5	33.6	2.2	100
宁夏	人数（人）	4	14	49	28	0	95
	占比（%）	4.2	14.7	51.6	29.5	0.0	100
新疆	人数（人）	13	34	86	66	12	211
	占比（%）	6.2	16.1	40.8	31.3	5.7	100
合计	人数（人）	104	302	1171	665	52	2294
	占比（%）	4.5	13.2	51.0	29.0	2.3	100

注：剔除1619个民族信息缺失、年龄信息缺失等不符合条件的数据后所得。

3.11.2 按民族分公租房服务情况

在按民族分布情况中，对公租房服务水平调查中，有47.7%的少数民族居民认为该项服务较为一般，有53.4%的汉族居民认为该项服务较为一般；少数民族和汉族对该项服务持满意观点的居民占比分别为34.9%和24.8%；均有约2%的居民对此项服务非常满意；分别有11.3%和14.5%的少数民族居民和汉族居民对此项服务不满意；分别有3.7%和5.1%的少数民族居民和汉族居民对此项服务非常不满意。详见表3-41。

表3-41　　　　　按民族分公租房服务满意概况

民族	非常不满意	占比（%）	不满意	占比（%）	一般	占比（%）	满意	占比（%）	非常满意	占比（%）	合计	
少数民族	35	3.7	107	11.3	453	47.7	331	34.9	23	2.4	949	100
汉族	69	5.1	195	14.5	718	53.4	334	24.8	29	2.2	1345	100
合计	104	4.5	302	13.2	1171	51.0	665	29.0	52	2.3	2294	100

注：剔除1619个民族信息缺失、年龄信息缺失等不符合条件的数据后所得。

3.11.3 按调查点分公租房服务情况

在民族聚居区和相邻社区中,有超过50%的居民认为当地的公租房服务一般;在两类民族聚居区中均约有13%的居民对当地的公租房服务不满意,有4%~5%的居民对当地公租房服务非常不满意。详见表3-42。

表3-42　　　　按调查点分公租房服务满意概况

调查点	指标	非常不满意	不满意	一般	满意	非常满意	合计
民族聚居区	人数（人）	45	149	583	317	30	1124
	占比（%）	4.0	13.3	51.9	28.2	2.7	100
相邻社区	人数（人）	59	153	588	348	22	1170
	占比（%）	5.0	13.1	50.3	29.7	1.9	100
合计	人数（人）	104	302	1171	665	52	2294
	占比（%）	4.5	13.2	51.0	29.0	2.3	100

注：剔除1619个民族信息缺失、年龄信息缺失等不符合条件的数据后所得。

3.12 健身锻炼设施分布情况

3.12.1 按省份分健身锻炼设施分布情况

调查显示,在对"当地的公共健身、锻炼设施是否能满足日常需求"一问中,均有超过85%的居民认为当地的公共健身、锻炼设施能够满足日常需求。可见,当地政府在健身锻炼这一基础设施方面还是十分重视的。详见表3-43。

表3-43　　　　按省份分健身锻炼设施分布情况

省（市、区）	是	占比（%）	否	占比（%）	合计	
北京	240	86.6	37	13.4	277	100
内蒙古	257	88.6	33	11.4	290	100
吉林	246	91.8	22	8.2	268	100

续表

省（市、区）	是	占比（%）	否	占比（%）	合计	
上海	280	94.6	16	5.4	296	100
湖南	281	93.4	20	6.6	301	100
广东	212	83.8	41	16.2	253	100
广西	210	83	43	17	253	100
四川	267	94.4	16	5.7	283	100
云南	254	87.9	35	12.1	289	100
西藏	189	89.6	22	10.4	211	100
甘肃	260	90.3	28	9.7	288	100
青海	257	86	42	14.1	299	100
宁夏	285	95.6	13	4.4	298	100
新疆	260	86.4	41	13.6	301	100
合计	3498	89.5	409	10.5	3907	100

注：剔除19个民族信息缺失、年龄信息缺失等不符合条件的数据后所得。

3.12.2 按民族分健身锻炼设施分布情况

按民族分布情况中，少数民族居民和汉族居民认为当地健身及公共设施可以满足个人需求的占比分别为67.6%和70.6%。详见表3-44。

表3-44　　　　　　　按民族分健身锻炼设施分布情况

民族	是	占比（%）	否	占比（%）	合计	
少数民族	995	67.6	476	32.4	1471	100
汉族	1642	70.6	683	29.4	2325	100
合计	2637	69.5	1159	30.5	3796	100

注：剔除19个民族信息缺失、年龄信息缺失等不符合条件的数据后所得。

3.12.3 按调查点分健身锻炼设施分布情况

在按聚居区分布情况中，民族聚居区和相邻社区居民认为当地健身及公共设施可以满足个人需求的占比分别为67.5%和71.2%。详见表3-45。

表 3-45　　　　　　　　按调查点分健身锻炼设施分布情况

调查点	是	占比（%）	否	占比（%）	合计	
民族聚居区	1204	67.5	580	32.5	1784	100
相邻社区	1433	71.2	579	28.8	2012	100
合计	2637	69.5	1159	30.5	3796	100

注：剔除19个民族信息缺失、年龄信息缺失等不符合条件的数据后所得。

3.13　公共交通情况

3.13.1　按省份分公共交通情况

调查显示，在调查省份中均有超过80%的居民认为居住地附近的公共交通能够满足日常需求。可见，各省（市、区）当地政府在完善公共交通设施方面所做甚多。详见表3-46。

表 3-46　　　　　　　　按省份分公共交通状况

省（市、区）	是	占比（%）	否	占比（%）	合计	
北京	240	86.6	37	13.4	277	100
内蒙古	257	88.6	33	11.4	290	100
吉林	246	91.8	22	8.2	268	100
上海	280	94.6	16	5.4	296	100
湖南	281	93.4	20	6.6	301	100
广东	212	83.8	41	16.2	253	100
广西	210	83	43	17	253	100
四川	267	94.4	16	5.7	283	100
云南	254	87.9	35	12.1	289	100
西藏	189	89.6	22	10.4	211	100
甘肃	260	90.3	28	9.7	288	100
青海	257	86	42	14.1	299	100
宁夏	285	95.6	13	4.4	298	100
新疆	260	86.4	41	13.6	301	100
合计	3498	89.5	409	10.5	3907	100

注：剔除21个民族信息缺失、年龄信息缺失等不符合条件的数据后所得。

3.13.2 按民族分公共交通情况

在按民族分布情况中,分别有67.6%和70.6%的少数民族居民和汉族居民认为当地的公共交通服务可以满足基本日常需求;分别有32.4%和29.4%的少数民族居民和汉族居民认为此项服务无法满足基本日常需求。详见表3-47。

表3-47　　　　　　　　按民族分公共交通状况

民族	是	占比(%)	否	占比(%)	合计	
少数民族	995	67.6	476	32.4	1471	100
汉族	1642	70.6	683	29.4	2325	100
合计	2637	69.5	1159	30.5	3796	100

注:剔除21个民族信息缺失、年龄信息缺失等不符合条件的数据后所得。

3.13.3 按调查点分公共交通情况

在按聚居区分布情况中,民族聚居区和相邻社区中均有约89%的居民认为当地的公共交通服务可以满足个人日常需求,仅有约10%的居民认为此项服务无法满足个人日常需求。详见表3-48。

表3-48　　　　　　　　按调查点分公共交通状况

调查点	是	占比(%)	否	占比(%)	合计	
民族聚居区	1658	89.8	189	10.2	1847	100
相邻社区	1840	89.3	220	10.7	2060	100
合计	3498	89.5	409	10.5	3907	100

注:剔除21个民族信息缺失、年龄信息缺失等不符合条件的数据后所得。

第4章 经济情况和价格水平[*]

4.1 家庭年总收入

4.1.1 按省份分家庭年总收入

调查显示，2015年14省（市、区）中，居民家庭年总收入均值为79149元，标准差为185960元。2015年城市居民家庭年总收入排名前三的地区分别是广东（174387元）、上海（125074元）、四川（107641元）。其中，北京市、内蒙古、吉林、湖南、广西、云南、西藏、甘肃、青海、宁夏、新疆11个地区未达到14省（市、区）家庭年总收入的平均值，西藏自治区平均家庭年收入最低，为33608元。详见表4-1。

表4-1　　　　　　　　按省份分家庭年总收入

省（市、区）	样本量（户）	均值（元/年）	标准差（元）	排序
北京	198	78828	66441	4
内蒙古	79	63608	69000	11
吉林	219	70800	204928	8
上海	169	125074	263257	2
湖南	192	76549	95513	5
广东	83	174387	571253	1
广西	119	75082	72143	6

[*] 本章由肖倩、李欣然、商铎、杨皓妍负责。

续表

省（市、区）	样本量（户）	均值（元/年）	标准差（元）	排序
四川	252	107641	245234	3
云南	98	43198	41374	13
西藏	125	33608	39525	14
甘肃	200	46640	48035	12
青海	60	65130	49132	9
宁夏	109	64552	46667	10
新疆	115	73991	52736	7
合计	2018	79149	185960	

注：剔除1941个缺失值、拒绝回答和家庭年总收入小于1000的样本后所得。

4.1.2 按聚居区分汉族和少数民族家庭年总收入

调查显示，汉族家庭年总收入均值为89510元，标准差为217726元，少数民族家庭年总收入均值为63909元，标准差为123658元；民族聚居区家庭年总收入均值为74201元，标准差为131173元，相邻社区家庭年总收入均值为84134元，标准差为227158元。民族聚居区的汉族家庭年总收入为90349元，标准差为172759元。民族聚居区的少数民族家庭年总收入均值为58724元，标准差为68092元；相邻社区的汉族家庭年总收入均值为88945元，标准差为243494元，相邻社区的少数民族家庭年总收入的均值为72626元，标准差为182089元。汉族家庭年总收入均值均大于少数民族家庭年总收入均值，标准差也明显大于少数民族。详见表4-2。

表4-2　　　　按聚居区分汉族和少数民族家庭年总收入

民族	民族聚居区		相邻社区		合计	
	均值（元/年）	标准差（元）	均值（元/年）	标准差（元）	均值（元/年）	标准差（元）
汉族	90349	172759	88945	243494	89510	217726
少数民族	58724	68092	72626	182089	63909	123658
合计	74201	131173	84134	227158		

注：剔除1979个缺失值、民族缺失、拒绝回答和家庭年总收入小于1000的样本后所得。

4.1.3 按民族分家庭年总收入

调查显示,各民族中家庭年总收入均值排在前三位的分别是朝鲜族(131170 元)、汉族(89510 元)、壮族(79836 元),家庭年总收入均值排在最后的民族是彝族(36748 元)。详见表 4-3。

表 4-3　　　　　　　　按民族分家庭年总收入

民族	样本量（户）	均值（元/年）	标准差（元）	排序
汉族	1205	89510	217726	2
朝鲜族	53	131170	407463	1
东乡族	19	78442	84669	4
侗族	114	65680	81216	6
回族	288	56203	61655	7
维吾尔族	39	66615	49549	5
彝族	46	36748	19708	9
壮族	50	79836	100719	3
藏族	141	44317	51867	8

注：剔除 1979 个缺失值、民族缺失、拒绝回答和家庭年总收入低于 1000 的样本后所得。
其中,阿昌族、保安族、布依族、俄罗斯族、高山族、哈尼族、京族、傈僳族、仫佬族、纳西族、塔吉克族、乌孜别克族、锡伯族样本量只有 1 个。白族、布朗族、达斡尔族、哈萨克族、满族、蒙古族、苗族、土家族、土族、瑶族调查样本小于 10 个,不具代表性,故删除。

4.2 家庭年人均收入

4.2.1 按省份分家庭年人均收入

调查显示,2015 年 14 省（市、区）居民家庭年人均收入为 41072 元,标准差为 125527 元。2015 年 14 省（市、区）居民家庭年人均收入排名前三的省份分别为广东（88480 元）、上海（69490 元）、新疆（53325 元）。湖南、北京、宁夏、内蒙古、广西、甘肃、云南、青海、西藏未能达到 14 省（市、区）的平均水平,其中,西藏家庭年人均收入最低,仅为 9862 元。详见表 4-4。

表 4-4　　　　　　　　　按省份分家庭年平均收入

省（市、区）	样本量（户）	均值（元/年）	标准差（元）	排序
北京	198	37340	34368	7
内蒙古	79	33396	30548	9
吉林	219	41320	201976	5
上海	169	69490	241577	2
湖南	192	38122	62648	6
广东	83	88480	282147	1
广西	119	32965	35955	10
四川	252	50537	127518	4
云南	98	26419	30214	12
西藏	125	9862	11226	14
甘肃	200	27263	29346	11
青海	60	24971	18303	13
宁夏	109	35156	42018	8
新疆	115	53325	42015	3
合计	2018	41072	125527	

注：剔除1941个缺失值、拒绝回答和家庭年总收入小于1000的样本后所得。

4.2.2 按聚居区分汉族与少数民族家庭年人均收入

调查显示，汉族家庭年人均收入为46323元，标准差为134568元；少数民族家庭年人均收入为33438元，标准差为110786元。民族聚居区家庭年人均收入为38547元，标准差为108580元；相邻社区的家庭年人均收入为43687元，标准差为140344元。民族聚居区的汉族家庭年人均收入为48608元，标准差为149398元；民族聚居区的少数民族家庭年人均收入为28903元，标准差为39118元。相邻社区的汉族家庭年人均收入为44784元，标准差为123664元；相邻社区的少数民族家庭年人均收入为41062元，标准差为174087元。详见表4-5。

表 4-5　　　　　　按聚居区分汉族与少数民族家庭年人均收入

民族	民族聚居区 均值（元/年）	民族聚居区 标准差（元）	相邻社区 均值（元/年）	相邻社区 标准差（元）	合计 均值（元/年）	合计 标准差（元）
汉族	48608	149398	44784	123664	46323	134568
少数民族	28903	39118	41062	174087	33438	110786
合计	38547	108580	43687	140344		

注：剔除 1979 个缺失值、民族缺失、拒绝回答和家庭年总收入小于 1000 的样本后所得。

4.2.3　按民族分家庭人均收入

调查显示，家庭年人均收入排名前三位的民族分别是朝鲜族（97879 元）、维吾尔族（49590 元）、汉族（46323 元），排名最后的民族是藏族（15461 元）。详见表 4-6。

表 4-6　　　　　　　　按民族分家庭人均收入

民族	样本量（户）	均值（元/年）	标准差（元）	排序
汉族	1205	46323	134568	3
朝鲜族	53	97879	407504	1
东乡族	19	35463	29049	5
侗族	114	29450	29170	6
回族	288	28446	31801	7
维吾尔族	39	49590	41632	2
彝族	46	19084	15139	8
壮族	50	36732	49445	4
藏族	141	15461	26327	9

注：剔除 1979 个缺失值、民族缺失、拒绝回答和家庭年总收入小于 1000 的样本后所得。
其中，阿昌族、保安族、布依族、俄罗斯族、高山族、哈尼族、京族、傈僳族、仫佬族、纳西族、塔吉克族、乌孜别克族、锡伯族样本量只有 1 个。白族、布朗族、达斡尔族、哈萨克族、满族、蒙古族、苗族、土家族、土族、瑶族调查样本小于 10 个，不具代表性，故删除。

4.3 家庭年总收入范围

针对拒绝回答具体收入的居民,调查询问了其收入区间。收入区间包括 0~1万元、1万~5万元、5万~10万元、10万元以上。

4.3.1 按省份分家庭年总收入范围情况

调查显示,收入范围在0~1万元占比最高的地区是西藏(46.20%),收入范围在1~5万元占比最高的地区是云南(56.99%),收入范围在5~10万元占比最高的地区是宁夏(40.07%),收入范围在10万元以上占比最高的地区是广东省(40.08%)。内蒙古、吉林、湖南、云南、西藏、甘肃、青海七个地区收入范围占比最高的是1~5万元;北京、广西、四川、宁夏、新疆五个地区收入范围占比最高的是5~10万元;上海、广东两个地区收入范围占比最高的是10万元以上。全国收入范围占比最高的是1~5万元(37.31%)。详见表4-7。

表4-7　　　　　　　　按省份分家庭年总收入范围情况

省(市、区)	0~1万(元)	1~5万(元)	5~10万(元)	10万元以上	合计
北京	16	83	106	63	268
占比(%)	5.97	30.97	39.55	23.51	100
内蒙古	26	112	94	37	269
占比(%)	9.67	41.64	34.94	13.75	100
吉林	31	120	71	40	262
占比(%)	11.84	45.80	27.10	15.27	100
上海	14	71	84	102	271
占比(%)	5.17	26.20	31.00	37.64	100
湖南	20	117	76	56	269
占比(%)	7.43	43.49	28.25	20.82	100
广东	20	60	62	95	237
占比(%)	8.44	25.32	26.16	40.08	100

续表

省（市、区）	0~1万（元）	1~5万（元）	5~10万（元）	10万元以上	合计
广西	22	81	90	55	248
占比（%）	8.87	32.66	36.29	22.18	100
四川	9	93	93	85	280
占比（%）	3.22	33.21	33.21	30.36	100
云南	49	159	61	10	279
占比（%）	17.56	56.99	21.86	3.58	100
西藏	91	77	25	4	197
占比（%）	46.20	39.09	12.69	2.03	100
甘肃	40	77	24	29	170
占比（%）	23.53	45.29	14.12	17.06	100
青海	28	112	67	46	253
占比（%）	11.07	44.27	26.48	18.18	100
宁夏	16	89	117	70	292
占比（%）	5.48	30.48	40.07	23.97	100
新疆	16	84	97	86	283
占比（%）	5.65	29.68	34.28	30.39	100
合计	398	1335	1067	778	3578
占比（%）	11.13	37.31	29.82	21.74	100

注：调查问卷包括0~0.5万元和0.5万~1万元两个组别，本报告将此两项合并为0~1万元一组。

剔除212个缺失值和拒绝回答样本后所得。

4.3.2 按民族聚居区分家庭年总收入范围情况

调查显示，民族聚居区家庭收入范围占比最高的是1万~5万元（37.12%），相邻社区家庭收入范围占比最高的是1万~5万元（37.49%）。详见表4-8。

表 4 – 8　　　　　　　按民族聚居区分家庭年总收入范围情况

调查点	0~1 万元	1 万~5 万元	5 万~10 万元	10 万元以上	合计
民族聚居区（户）	210	631	508	351	1700
占比（%）	12.36	37.12	29.88	20.65	100
相邻社区（户）	188	704	559	427	1878
占比（%）	10.01	37.49	29.77	22.74	100

注：剔除 212 个缺失值和拒绝回答样本后所得。

4.4　家庭经营性收入

4.4.1　经营性收入概况

据调查显示，14 省（市、区）经营性收入均值为 105499 元，标准差为 445010 元，详见表 4 – 9。

表 4 – 9　　　　　　　全国经营性收入概况

项目	样本量（户）	均值（元/年）	标准差（元）
经营性收入	603	105499	445010

注：剔除 3356 个缺失值、拒绝回答和经营性收入为 0 的样本后所得。

4.4.2　按省份分经营性收入

调查显示，14 省（市、区）的经营性收入排名前三位的地区分别是广东（705250 元）、四川（130556 元）、吉林（129138 元），云南省排名最后，仅为 32278 元。详见表 4 – 10。

表 4 – 10　　　　　　　按省份分经营性收入

省（市、区）	样本量（户）	均值（元/年）	标准差（元）	排序
北京	39	72821	50094	8
内蒙古	42	67690	64009	9

续表

省（市、区）	样本量（户）	均值（元/年）	标准差（元）	排序
吉林	46	129138	436062	3
上海	32	122656	192543	4
湖南	76	73362	85407	7
广东	24	705250	1857756	1
广西	25	60996	83585	11
四川	68	130556	433268	2
云南	54	32278	32778	14
西藏	46	37794	47276	13
甘肃	48	98344	369079	5
青海	39	63615	46482	10
宁夏	21	60048	45831	12
新疆	43	74860	84079	6
合计	603	105499	445010	

注：剔除3356个缺失值、拒绝回答和经营性收入为0的样本后所得。

4.4.3 按聚居区分少数民族和汉族经营性收入

调查显示，汉族经营性收入均值为131060元，标准差为558334元；少数民族经营性收入均值为70699元，标准差为204150元。民族聚居区经营性收入均值为68822元，标准差为87940元；相邻社区经营性收入均值为143851元，标准差为628152元。民族聚居区的汉族经营性收入均值为82945元，标准差为109008元；民族聚居区的少数民族经营性收入均值为55243元，标准差为58448元；相邻社区的汉族经营性收入为167510元，标准差为732813元，相邻社区的少数民族经营性收入均值为95556元，标准差为320740元。详见表4-11。

表4-11　　　　　按聚居区分少数民族和汉族经营性收入

| 民族 | 民族聚居区 || 相邻社区 || 合计 ||
	均值（元/年）	标准差（元）	均值（元/年）	标准差（元）	均值（元/年）	标准差（元）
汉族	82945	109008	167510	732813	131060	558334

续表

民族	民族聚居区 均值（元/年）	民族聚居区 标准差（元）	相邻社区 均值（元/年）	相邻社区 标准差（元）	合计 均值（元/年）	合计 标准差（元）
少数民族	55243	58448	95556	320740	70699	204150
合计	68822	87940	143851	628152		

注：剔除3358个缺失值、民族缺失、拒绝回答和经营性收入为0的样本后所得。

4.5 家庭收入中寄回家乡

4.5.1 家庭收入中寄回家乡的概况

调查显示，14省（市、区）寄回家费用均值为14670元，标准差为19050元。详见表4-12。

表4-12　　　　　　家庭收入中寄回家乡的概况

项目	样本量（户）	均值（元/年）	标准差（元）
寄回家费用	565	14670	19050

注：剔除3394个缺失值和拒绝回答的样本后所得。

4.5.2 按聚居区分汉族和少数民族寄回家收入

调查显示，汉族寄回家收入均值为14527元，标准差为20419元；少数民族寄回家收入均值为15047元，标准差为16062元。民族聚居区寄回家收入均值为14996元，标准差为18868元；相邻社区寄回家收入均值为14330元，标准差为19404元。民族聚居区的汉族寄回家收入均值为14423元，标准差为20434元，民族聚居区的少数民族寄回家收入均值为15886元，标准差为16180元；相邻社区的汉族寄回家收入均值为14628元，标准差为20458元，相邻社区的少数民族寄回家收入均值为13410元，标准差为15831元。详见表4-13。

表 4-13　　　　　按聚居区分汉族和少数民族寄回家收入

民族	民族聚居区 均值（元/年）	民族聚居区 标准差（元）	相邻社区 均值（元/年）	相邻社区 标准差（元）	合计 均值（元/年）	合计 标准差（元）
汉族	14423	20434	14628	20458	14527	20419
少数民族	15886	16180	13410	15831	15047	16062
合计	14996	18868	14330	19404		

注：剔除3396个缺失值、民族缺失和拒绝回答的样本后所得。

4.6　饮食支出

4.6.1　饮食支出概况

调查显示，14省（市、区）饮食支出均值为21841元，标准差为38866元。详见表4-14。

表 4-14　　　　　　　　饮食支出概况

项目	样本量（户）	均值（元/年）	标准差（元）
饮食支出	3509	21841	38866

注：剔除450个缺失值和拒绝回答的样本后所得。

4.6.2　按省份分饮食支出金额

调查显示，饮食支出排名前三的地区分别是广东（35857元）、上海（32872元）、北京（26988元）；甘肃（11506元）的饮食支出最小。详见表4-15。

表 4-15　　　　　　按省份分饮食支出金额

省（市、区）	样本量（户）	均值（元/年）	标准差（元）	排序
北京	253	26988	18850	3
内蒙古	259	24029	18657	4

续表

省（市、区）	样本量（户）	均值（元/年）	标准差（元）	排序
吉林	261	19416	18052	11
上海	234	32872	37631	2
湖南	298	19633	12809	9
广东	216	35857	139559	1
广西	235	22385	11767	5
四川	280	22103	15520	6
云南	258	14951	11382	13
西藏	184	19544	15682	10
甘肃	260	11506	10807	14
青海	216	15842	10691	12
宁夏	283	21842	14207	7
新疆	272	21082	13365	8
合计	3509	21841	38866	

注：剔除450个缺失值和拒绝回答的样本后所得。

4.6.3 按聚居区分汉族和少数民族饮食支出金额

调查显示，汉族饮食支出均值为22898元，标准差为47388元；少数民族饮食支出均值为20208元，标准差为19729元。民族聚居区饮食支出均值为20608元，标准差为19217元。相邻社区饮食支出均值为22937元，标准差为50405元。民族聚居区的汉族饮食支出均值为21667元，标准差为18128元；民族聚居区的少数民族饮食支出均值为19504元，标准差为20243元。相邻社区的汉族饮食支出均值为23721元，标准差为59391元；相邻社区的少数民族饮食支出均值为21205元，标准差为18950元。详见表4-16。

表4-16　　　　按聚居区分汉族和少数民族饮食支出金额

民族	民族聚居区		相邻社区		合计	
	均值（元/年）	标准差（元）	均值（元/年）	标准差（元）	均值（元/年）	标准差（元）
汉族	21667	18128	23721	59391	22898	47388

续表

民族	民族聚居区		相邻社区		合计	
	均值（元/年）	标准差（元）	均值（元/年）	标准差（元）	均值（元/年）	标准差（元）
少数民族	19504	20243	21205	18950	20208	19729
合计	20608	19217	22937	50405		

注：剔除 455 个缺失值、民族缺失和拒绝回答的样本后所得。

4.7 人情支出

4.7.1 按省份分人情支出金额

调查显示，14 省（市、区）人情支出均值为 7451 元，标准差为 14740 元。人情支出均值排在前三位的地区分别为上海（9905 元）、湖南（9779 元）、北京（9449 元），西藏人情支出均值最低，仅为 2378 元。详见表 4-17。

表 4-17　　　　　　　　按省份分人情支出金额

省（市、区）	样本量（户）	均值（元/年）	标准差（元）	排序
北京	199	9449	12579	3
内蒙古	203	9024	9131	4
吉林	202	7757	10723	7
上海	190	9905	8958	1
湖南	270	9779	10871	2
广东	143	7695	13213	8
广西	165	8436	46470	5
四川	228	5913	7004	11
云南	255	5571	7733	12
西藏	140	2378	4636	14
甘肃	232	5114	7584	13
青海	205	7901	8593	6

续表

省（市、区）	样本量（户）	均值（元/年）	标准差（元）	排序
宁夏	181	6959	11919	10
新疆	216	7494	10462	9
合计	2829	7451	14740	

注：剔除1130个缺失值和拒绝回答的样本后所得。

4.7.2 按聚居区分汉族和少数民族人情支出金额

调查显示，汉族人情支出均值为7461元，标准差为15274元；少数民族人情支出均值为7456元，标准差为13983元。民族聚居区人情支出均值为7491元，标准差为18538元；相邻社区人情支出均值为7430元，标准差为10263元。民族聚居区的汉族人情支出均值为7732元，标准差为21374元；民族聚居区的少数民族人情支出均值为7270元，标准差为15493元。相邻社区的汉族人情支出均值为7293元，标准差为9741元；相邻社区的少数民族人情支出均值为7735元，标准差为11347元。详见表4-18。

表4-18　按聚居区分汉族和少数民族人情支出金额

民族	民族聚居区 均值（元/年）	民族聚居区 标准差（元）	相邻社区 均值（元/年）	相邻社区 标准差（元）	合计 均值（元/年）	合计 标准差（元）
汉族	7732	21374	7293	9741	7461	15274
少数民族	7270	15493	7735	11347	7456	13983
合计	7491	18538	7430	10263		

注：剔除1137个缺失值、民族缺失和拒绝回答的样本后所得。

4.7.3 按民族分人情支出金额

调查显示，人情支出均值排名前三的民族分别是土族（12950元）、蒙古族（12853元）、侗族（9694元），人情支出最少的民族是藏族（4281元），详见表4-19。

表 4-19　　　　　　　　按民族分人情支出金额

民族	样本量（户）	均值（元/年）	标准差（元）	排序
汉族	1667	7461	15274	8
朝鲜族	59	9217	12007	4
东乡族	19	4868	4459	10
侗族	152	9694	9750	3
回族	409	7537	10710	7
蒙古族	27	12853	18298	2
土族	10	12950	9353	1
维吾尔族	43	7907	9349	6
彝族	111	5875	8888	9
壮族	70	8124	39272	5
藏族	175	4281	8393	11

注：剔除1217个缺失值、民族缺失、民族样本量小于10和拒绝回答的样本后所得。
阿昌族、白族、保安族、布依族、布朗族、达斡尔族、鄂温克族、高山族、哈尼族、哈萨克族、赫哲族、京族、柯尔克孜族、满族、苗族、仫佬族、纳西族、撒拉族、畲族、土家族、佤族、乌孜别克族、锡伯族、瑶族、裕固族调查样本量小于10个，不具代表性，故删除。

4.8 教育支出

4.8.1 按省份分教育支出金额

调查显示，14省（市、区）教育支出均值为11586元，标准差为29117元。广东、上海、北京、吉林、新疆、内蒙古均达到了全国教育支出均值。其中，教育支出排名前三的地区分别为广东（23858元）、上海（23267元）、北京（17251元），同时，广东也是教育支出标准差最大的省份。教育支出排名最后的省份是云南（5658元）。详见表4-20。

表 4-20　　　　　　　　按省份分教育支出金额

省（市、区）	样本量（户）	均值（元/年）	标准差（元）	排序
北京	106	17251	16027	3
内蒙古	117	11709	10629	6

续表

省（市、区）	样本量（户）	均值（元/年）	标准差（元）	排序
吉林	62	15868	12230	4
上海	94	23267	34906	2
湖南	162	9776	11074	10
广东	95	23858	101871	1
广西	108	10556	22089	8
四川	94	10689	12820	7
云南	149	5658	6151	14
西藏	120	6021	9692	13
甘肃	144	7249	11663	11
青海	146	6735	8256	12
宁夏	81	10504	8376	9
新疆	151	13675	19151	5
合计	1629	11586	29117	

注：剔除2330个缺失值和拒绝回答的样本后所得。

4.8.2 按聚居区分少数民族和汉族教育支出金额

调查结果显示，汉族教育支出均值为13071元，标准差为36542元；少数民族教育支出均值为9833元，标准差为15850元。民族聚居区教育支出均值为10414元，标准差为13489元；相邻社区教育支出均值为12865元，标准差为39283元。民族聚居区的汉族教育支出均值为11800元，标准差为11446元；民族聚居区的少数民族教育支出均值为9244元，标准差为14912元。相邻社区的汉族教育支出均值为14007元，标准差为47132元；相邻社区的少数民族教育支出均值为10773元，标准差为17229元。汉族的教育支出都大于少数民族的教育支出，且标准差也都较小，相邻社区的教育支出均值都大于民族聚居区的均值。详见表4-21。

表 4-21　　　　　按聚居区分少数民族和汉族教育支出金额

民族	民族聚居区 均值（元/年）	民族聚居区 标准差（元）	相邻社区 均值（元/年）	相邻社区 标准差（元）	合计 均值（元/年）	合计 标准差（元）
汉族	11800	11446	14007	47132	13071	36542
少数民族	9244	14912	10773	17229	9833	15850
合计	10414	13489	12865	39283		

注：剔除 2335 个缺失值、民族缺失和拒绝回答的样本所得。

4.9　旅游支出

4.9.1　按省份分旅游支出金额

调查显示，14 省（市、区）旅游支出均值为 11598 元，标准差为 26563 元。旅游支出中排名前三位的省市分别为上海（18142 元）、北京（17576 元）、广东（15874 元），广东的标准差最大。旅游支出排名最后的省份是西藏（4568 元）。详见表 4-22。

表 4-22　　　　　按省份分旅游支出金额

省（市、区）	样本量（户）	均值（元/年）	标准差（元）	排序
北京	96	17576	34706	2
内蒙古	103	11113	14478	6
吉林	54	12447	16624	5
上海	146	18142	24854	1
湖南	92	9125	17116	7
广东	92	15874	72590	3
广西	78	8936	12146	9
四川	98	9012	9140	8
云南	52	7394	13869	12
西藏	17	4568	6555	14
甘肃	68	6418	6307	13

续表

省（市、区）	样本量（户）	均值（元/年）	标准差（元）	排序
青海	81	8371	8426	11
宁夏	100	12597	16186	4
新疆	121	8478	11267	10
合计	1198	11598	26563	

注：剔除2761个缺失值和拒绝回答的样本后所得。

4.9.2 按聚居区分汉族和少数民族旅游支出金额

调查显示，汉族旅游支出均值为12278元，标准差为29909元；少数民族旅游支出均值为10420元，标准差为19162元。民族聚居区旅游支出均值为10500元，标准差为18998元；相邻社区旅游支出均值为12583元，标准差为31716元。民族聚居区的汉族旅游支出均值为10966元，标准差为17043元；民族聚居区的少数民族旅游支出均值为9863元，标准差为21404元。相邻社区的汉族旅游支出均值为13218元，标准差为36426元；相邻社区的少数民族旅游支出的均值为11101元，标准差为16025元。详见表4-23。

表4-23　按聚居区分汉族和少数民族旅游支出金额

民族	民族聚居区 均值（元/年）	民族聚居区 标准差（元）	相邻社区 均值（元/年）	相邻社区 标准差（元）	合计 均值（元/年）	合计 标准差（元）
汉族	10966	17043	13218	36426	12278	29909
少数民族	9863	21404	11101	16025	10420	19162
合计	10500	18998	12583	31716		

注：剔除2763个缺失值、民族缺失和拒绝回答的样本后所得。

4.10 宗教支出

4.10.1 按省份分宗教支出金额

调查显示，14省（市、区）宗教支出均值为2634元，宗教支出排名前三的省市分别是新疆（5410元）、上海（5039元）、四川（4690元），排名最后的省份是广西（550元）。详见表4-24。

表4-24　　　　　　　　按省份分宗教支出金额

省（市、区）	样本量（户）	均值（元/年）	标准差（元）	排序
北京	68	1045	1513	13
内蒙古	60	2423	2471	8
吉林	13	1190	1661	12
上海	35	5039	7493	2
湖南	13	1709	2795	9
广东	20	4019	6454	4
广西	2	550	636	14
四川	21	4690	10840	3
云南	5	2740	4116	7
西藏	156	1202	2109	11
甘肃	168	2924	5026	6
青海	67	3857	8372	5
宁夏	39	1677	1799	10
新疆	47	5410	11645	1
合计	714	2634	5684	

注：剔除缺失值和拒绝回答的样本后所得。

4.10.2　按聚居区分汉族和少数民族宗教支出金额

调查显示，汉族宗教支出均值为2649元，标准差为6225元；少数民族宗教支出均值为2650元，标准差为5609元。民族聚居区宗教支出均值为2062元，标准差为3748元，相邻社区宗教支出均值为3441元，标准差为7510元。民族聚居区的汉族宗教支出均值为1561元，标准差为2710元；民族聚居区的少数民族宗教支出均值为2131元，标准差为3867元。相邻社区的汉族宗教支出均值为3584元，标准差为8027元，相邻社区的少数民族宗教支出均值为3408元，标准差为7402元。相邻社区的宗教支出均值和标准差均大于民族聚居区。详见表4-25。

表 4-25　　　　　　　按聚居区分汉族和少数民族宗教支出金额

民族	民族聚居区 均值（元/年）	民族聚居区 标准差（元）	相邻社区 均值（元/年）	相邻社区 标准差（元）	合计 均值（元/年）	合计 标准差（元）
汉族	1561	2710	3584	8027	2649	6225
少数民族	2131	3867	3408	7402	2650	5609
合计	2062	3748	3441	7510		

注：剔除 1897 个缺失值、民族缺失和拒绝回答样本后所得。

4.10.3 按民族分宗教支出金额

调查显示，宗教支出排名第一的民族是东乡族（4886 元），宗教支出排名最后的民族是藏族（1298 元）。详见表 4-26。

表 4-26　　　　　　　按民族分宗教支出情况

民族	样本量（户）	均值（元/年）	标准差（元）	排序
汉族	106	2649	6225	4
东乡族	22	4886	5340	1
回族	352	2823	6191	3
维吾尔族	21	3414	4529	2
藏族	173	1298	2069	5

注：剔除 3285 个缺失值、民族缺失、民族样本量小于 10 和拒绝回答的样本后所得。
阿昌族、朝鲜族、达斡尔族、侗族、鄂温克族、哈萨克族、蒙古族、撒拉族、塔吉克族、土族、佤族、乌孜别克族、彝族、壮族调查样本量小于 10 个，不具代表性，故删除。

4.10.4 按宗教信仰分宗教支出金额

调查显示，各宗教信仰中，信仰基督教的宗教支出均值最大，为 5926 元，同时信仰基督教的宗教支出标准差（13161 元）也最大。信仰藏传佛教的宗教支出均值最小，为 1332 元。详见表 4-27。

表 4 – 27　　　　　　　按宗教信仰分宗教支出金额

宗教信仰	样本量（户）	均值（元/年）	标准差（元）
佛教	57	1360	2987
伊斯兰教	408	3164	6462
藏传佛教	169	1332	2099
基督教	14	5926	13161

注：信仰道教的调查数据为 3 个，样本量过小，不具代表性，仅供参考。
剔除 3308 个无宗教信仰、宗教支出等于零、缺失值、民族缺失和拒绝回答的样本后所得。

4.11　恩格尔系数

4.11.1　按省份分恩格尔系数

调查显示，14 省（市、区）恩格尔系数均值为 0.562，14 省（市、区）中恩格尔系数排名前三位的地区分别为西藏（0.782）、广东（0.711）、宁夏（0.683）。湖南（0.461）是恩格尔系数最小的省份，并且其标准差（0.272）也最小。达到小康（恩格尔系数为 0.40~0.50）生活标准的省份有湖南、四川、甘肃、青海、新疆。恩格尔系数未达到全国均值的省份有内蒙古、广东、广西、云南、西藏、宁夏。详见表 4 – 28。

表 4 – 28　　　　　　　按省份分恩格尔系数

省（市、区）	样本（户）	均值（元/年）	标准差（元）	排序
北京	233	0.506	0.320	9
内蒙古	258	0.599	0.274	6
吉林	249	0.553	0.558	7
上海	200	0.509	0.338	8
湖南	293	0.461	0.272	14
广东	204	0.711	2.612	2
广西	194	0.620	0.279	4
四川	280	0.474	0.635	13
云南	231	0.613	0.674	5

续表

省（市、区）	样本（户）	均值（元/年）	标准差（元）	排序
西藏	159	0.782	0.992	1
甘肃	227	0.490	0.441	11
青海	170	0.493	0.386	10
宁夏	235	0.683	0.275	3
新疆	248	0.487	0.420	12
合计	3181	0.562	0.811	

注：剔除778个饮食支出等于零、缺失和总支出等于零、缺失及拒绝回答的样本后所得。

4.11.2 按聚居区分汉族和少数民族恩格尔系数

调查显示，汉族恩格尔系数均值为0.566，标准差为0.948；少数民族恩格尔系数均值为0.553，标准差为0.526。民族聚居区恩格尔系数均值为0.565，标准差为1.084；相邻社区恩格尔系数均值为0.557，标准差为0.426。民族聚居区的汉族恩格尔系数均值为0.581，标准差为1.405；民族聚居区的少数民族恩格尔系数均值为0.548，标准差为0.597。相邻社区的汉族恩格尔系数均值为0.556，标准差为0.437；相邻社区的少数民族恩格尔系数均值为0.560，标准差为0.402。详见表4-29。

表4-29　　　　　　按聚居区分汉族与少数民族恩格尔系数

民族	民族聚居区 均值（元/年）	民族聚居区 标准差（元）	相邻社区 均值（元/年）	相邻社区 标准差（元）	合计 均值（元/年）	合计 标准差（元）
汉族	0.581	1.405	0.556	0.437	0.566	0.948
少数民族	0.548	0.597	0.560	0.402	0.553	0.526
合计	0.565	1.084	0.557	0.426		

注：剔除783个饮食支出等于零、缺失和总支出等于零、缺失及拒绝回答的样本后所得。

4.11.3 按民族分恩格尔系数

调查显示，各民族恩格尔系数均值排名前三位的民族分别是藏族

(0.708)、彝族（0.685）、壮族（0.599）。朝鲜族（0.430）和哈萨克族（0.430）是恩格尔系数最小的民族，但哈萨克族（0.196）的标准差较朝鲜族（0.258）小，哈萨克族的恩格尔系数更稳定。达到小康（恩格尔系数为0.40~0.50）生活标准的民族有东乡族（0.468）、侗族（0.463）、维吾尔族（0.435）、哈萨克族（0.430）、朝鲜族（0.430）。详见表4-30。

表4-30　　　　　　　　　按民族分恩格尔系数

民族	样本量（户）	均值（元/年）	标准差（元）
汉族	1917	0.566	0.948
朝鲜族	68	0.430	0.258
东乡族	17	0.468	0.169
侗族	169	0.463	0.259
哈萨克族	10	0.430	0.196
回族	457	0.530	0.405
满族	14	0.554	0.309
蒙古族	30	0.591	0.305
维吾尔族	49	0.435	0.283
彝族	98	0.685	0.938
壮族	90	0.599	0.268
藏族	189	0.708	0.870

注：剔除851个饮食支出等于零、缺失和总支出等于零、缺失、民族样本量小于10及拒绝回答的样本后所得。

阿昌族、白族、保安族、布依族、布朗族、达斡尔族、俄罗斯族、鄂温克族、高山族、哈尼族、赫哲族、京族、柯尔克孜族、傈僳族、苗族、仫佬族、纳西族、畲族、塔吉克族、土家族、土族、乌孜别克族、锡伯族、瑶族、裕固族调查样本量少于10个，不具代表性。

4.12　家庭总支出

4.12.1　按省份分家庭总支出

调查显示，按省（市、区）分，2015年，四川、北京、上海及广东的年均支出高于样本家庭的年均支出。其中，广东省的家庭年均支出位居调查省（市、区）的首位，为137860元，云南省位列末位，为33490元。详见表

4-31。

表 4-31　　　　　按省份分家庭总支出情况

省（市、区）	均值（元/年）	标准差（元/年）	排序
云南	33490	51733	1
西藏	37270	32123	2
宁夏	40137	42592	3
甘肃	44673	173757	4
青海	46686	78952	5
广西	52588	89292	6
内蒙古	53912	82400	7
吉林	54597	73524	8
新疆	57348	52415	9
湖南	58008	94787	10
四川	72250	98306	11
北京	73526	80448	12
上海	97746	190900	13
广东	137860	603350	14
合计	61030	176759	

注：剔除734个缺失值、拒绝回答和家庭年总支出小于1000的样本数据。

4.12.2 按民族分家庭总支出

调查显示，东乡族的家庭年均支出最低，为29680元；满族的家庭平均年支出最高，为93133元；汉族家庭年均支出为67280元。详见表4-32。

表 4-32　　　　　按民族分家庭年均支出情况

民族	户数（户）	均值（元/年）	标准差（元/年）	排序
东乡族	17	29680	32637	1
彝族	101	31948	58415	2
藏族	201	42906	41127	3

续表

民族	户数（户）	均值（元/年）	标准差（元/年）	排序
土族	11	48527	19638	4
回族	473	50258	73527	5
侗族	171	56642	109524	6
维吾尔族	52	57445	59438	7
壮族	85	62983	125609	8
朝鲜族	67	67023	82402	9
汉族	1925	67280	219298	10
蒙古族	30	67296	75751	11
哈萨克族	10	71000	76077	12
满族	15	93133	113203	13

注：本表选取户数为10户及其以上的民族作为参考，在原始数据中样本数量较小的民族有阿昌族、白族、保安族、布依族、布朗族、达斡尔族、俄罗斯族、鄂温克族、高山族、哈尼族、京族、柯尔克孜族、傈僳族、苗族、仫佬族、纳西族、畲族、塔吉克族、土家族、乌孜别克族、锡伯族、瑶族，还有其他未出现在原始数据里的民族，此处不予讨论。且剔除740个值缺失、拒绝回答和家庭年总支出小于1000的样本数据。

4.12.3 按聚居区分家庭总支出

调查显示，少数民族聚居区的年总支出均值为60405元，非少数民族聚居区的年支出均值为61601元。少数民族聚居区年均支出的均值少于非少数民族聚居区。详见表4-33。

表4-33　　　　　　　　　按聚居区分家庭总支出

省（市、区）		租用单位房	租用公房	自有私房	已购房（部分/有限产权）	已购房（全部产权）	其他	合计
北京	人数（人）	22	73	9	6	93	34	237
	占比（%）	9.28	30.80	3.80	2.53	39.24	14.35	100.00
内蒙古	人数（人）	1	36	15	15	190	16	273
	占比（%）	0.37	13.19	5.49	5.49	69.60	5.86	100.00

续表

省（市、区）		租用单位房	租用公房	自有私房	已购房（部分/有限产权）	已购房（全部产权）	其他	合计
吉林	人数（人）	9	23	16	16	188	10	262
	占比（%）	3.44	8.78	6.11	6.11	71.76	3.82	100.00
上海	人数（人）	15	73	7	37	111	40	283
	占比（%）	5.30	25.80	2.47	13.07	39.22	14.13	100.00
湖南	人数（人）	7	18	97	23	137	17	299
	占比（%）	2.34	6.02	32.44	7.69	45.82	5.69	100.00
广东	人数（人）	17	40	36	25	67	38	223
	占比（%）	7.62	17.94	16.14	11.21	30.04	17.04	100.00
广西	人数（人）	26	47	16	2	131	10	232
	占比（%）	11.21	20.26	6.9	0.86	56.47	4.31	100.00
四川	人数（人）	20	92	14	22	88	41	277
	占比（%）	7.22	33.21	5.05	7.94	31.77	14.8	100.00
云南	人数（人）	11	29	183	18	35	3	279
	占比（%）	3.94	10.39	65.59	6.45	12.54	1.08	100.00
西藏	人数（人）	13	49	27	9	49	65	212
	占比（%）	6.13	23.11	12.74	4.25	23.11	30.66	100.00
甘肃	人数（人）	1	28	162	37	40	18	286
	占比（%）	0.35	9.79	56.64	12.94	13.99	6.29	100.00
青海	人数（人）	3	48	114	52	64	11	292
	占比（%）	1.03	16.44	39.04	17.81	21.92	3.77	100.00
宁夏	人数（人）	0	19	2	29	226	13	289
	占比（%）	0	6.57	0.69	10.03	78.2	4.5	100.00
新疆	人数（人）	22	25	22	33	143	40	285
	占比（%）	7.72	8.77	7.72	11.58	50.18	14.04	100.00
合计	人数（人）	167	600	720	324	1562	356	3729
	占比（%）	4.48	16.09	19.31	8.69	41.89	9.55	100.00

表 4-34　　　　　　　　按聚居区分年支出均值差异

调查点	户数（户）	年支出均值（元/年）	标准差（元）
民族聚居区	1541	60405	185943
相邻社区	1684	61601	167969
合计	3225	61030	176759

注：剔除734个缺失值、拒绝回答和家庭年总支出小于1000的样本数据。

4.13　家庭住房租赁

4.13.1　按省份分家庭住房情况

调查显示，各省（市、区）拥有全部产权的住房的人数占比均值为41.89%，说明大部分人都拥有自己的住房，租用单位房和租用公房的比例分别为4.48%和16.09%；云南省的自有私房最多占比为65.59%，其次是甘肃省，为56.64%。详见表4-35。

表 4-35　　　　　　　　按省分居住房屋租赁情况

省份	样本	租用单位房	租用公房	自有私房	已购房（部分/有限产权）	已购房（全部产权）	其他	合计
北京	人数（人）	22	73	9	6	93	34	237
	占比（%）	9.28	30.8	3.8	2.53	39.24	14.35	100
内蒙古	人数（人）	1	36	15	15	190	16	273
	占比（%）	0.37	13.19	5.49	5.49	69.6	5.86	100
吉林	人数（人）	9	23	16	16	188	10	262
	占比（%）	3.44	8.78	6.11	6.11	71.76	3.82	100
上海	人数（人）	15	73	7	37	111	40	283
	占比（%）	5.30	25.80	2.47	13.07	39.22	14.13	100
湖南	人数（人）	7	18	97	23	137	17	299
	占比（%）	2.34	6.02	32.44	7.69	45.82	5.69	100

续表

省份	样本	租用单位房	租用公房	自有私房	已购房（部分/有限产权）	已购房（全部产权）	其他	合计
广东	人数（人）	17	40	36	25	67	38	223
	占比（%）	7.62	17.94	16.14	11.21	30.04	17.04	100
广西	人数（人）	26	47	16	2	131	10	232
	占比（%）	11.21	20.26	6.90	0.86	56.47	4.31	100
四川	人数（人）	20	92	14	22	88	41	277
	占比（%）	7.22	33.21	5.05	7.94	31.77	14.80	100
云南	人数（人）	11	29	183	18	35	3	279
	占比（%）	3.94	10.39	65.59	6.45	12.54	1.08	100
西藏	人数（人）	13	49	27	9	49	65	212
	占比（%）	6.13	23.11	12.74	4.25	23.11	30.66	100
甘肃	人数（人）	1	28	162	37	40	18	286
	占比（%）	0.35	9.79	56.64	12.94	13.99	6.29	100
青海	人数（人）	3	48	114	52	64	11	292
	占比（%）	1.03	16.44	39.04	17.81	21.92	3.77	100
宁夏	人数（人）	0	19	2	29	226	13	289
	占比（%）	0.00	6.57	0.69	10.03	78.20	4.50	100
新疆	人数（人）	22	25	22	33	143	40	285
	占比（%）	7.72	8.77	7.72	11.58	50.18	14.04	100
合计	人数（人）	167	600	720	324	1562	356	3729
	占比（%）	4.48	16.09	19.31	8.69	41.89	9.55	100

注：剔除230个缺失值、拒绝回答和家庭年总支出小于1000的样本数据。

4.13.2 按民族分家庭住房租赁

调查显示，拥有全部房产的已购房在汉族的占比最大，为45.32%，而在少数民族中的占比也为最多，为36.85%，这说明不论是在汉族还是在少数民族中大多数人都拥有自己的住房；少数民族的自有私房占比为28.19%，汉族的自有私房占比为13.46%，少数民族的占比大于汉族。详见表4-36。

表 4-36　　　　　　　　按民族分居住房屋租赁情况

民族	样本	租用单位房	租用公房	自有私房	已购房（部分/有限产权）	已购房（全部产权）	其他	合计
汉族	人数（人）	101	400	302	215	1017	209	2244
	占比（%）	4.50	17.83	13.46	9.58	45.32	9.31	100
少数民族	人数（人）	66	196	417	109	545	146	1479
	占比（%）	4.46	13.25	28.19	7.37	36.85	9.87	100
合计	人数（人）	167	596	719	324	1562	355	3723
	占比（%）	4.49	16.01	19.31	8.70	41.96	9.54	100

注：剔除 236 个缺失值、拒绝回答和家庭年总支出小于 1000 的样本数据。

4.13.3　按聚居区分家庭住房租赁

调查显示，非少数民族聚居区在租用单位房、租用公房及已购房等方面比少数民族聚居区的户数多，而少数民族聚居区的自有私房相对比非少数民族聚居区多。详见表 4-37。

表 4-37　　　　　　　　按聚居区分家庭住房租赁情况

调查点	样本	租用单位房	租用公房	自有私房	已购房（部分/有限产权）	已购房（全部产权）	其他	合计
民族聚居区	人数（人）	73	276	409	127	695	182	1762
	占比（%）	4.14	15.66	23.21	7.21	39.44	10.33	100
相邻社区	人数（人）	94	324	311	197	867	174	1967
	占比（%）	4.78	16.47	15.81	10.02	44.08	8.85	100
合计	人数（人）	167	600	720	324	1562	356	3729
	占比（%）	4.48	16.09	19.31	8.69	41.89	9.55	100

注：剔除 230 个缺失值、拒绝回答和家庭年总支出小于 1000 的样本数据。

4.14 家庭租房租金情况

4.14.1 按省份分家庭租房租金

调查显示，广东、上海及内蒙古的租金均值都高于样本家庭租金的均值；其中，内蒙古的房屋租金均值最高，为 3048 元，而湖南的房屋租金均值位居末位，为 577 元。详见表 4-38。

表 4-38　　　　　　　按省份分家庭租房租金情况

省（市、区）	户数（户）	均值（元/月）	标准差（元）	排序
湖南	24	577	800	1
云南	42	827	1262	2
新疆	42	954	590	3
广西	68	970	748	4
西藏	87	1086	1648	5
甘肃	26	1154	2864	6
吉林	30	1203	1723	7
四川	111	1224	806	8
青海	52	1337	3384	9
宁夏	20	1375	1247	10
广东	50	1508	1717	11
北京	114	1736	4624	12
上海	81	2348	1627	13
内蒙古	37	3048	3753	14
合计	784	1434	2495	

注：剔除 3175 个缺失值、拒绝回答的样本数据。

4.14.2 按民族分家庭租房租金

调查显示，虽然汉族租房人数相对少数民族少，但少数民族家庭租房租金总均值为 19628 元，而汉族的家庭租房租金少于少数民族，为 1476 元。详见

表4-39。

表4-39　　　　　按民族分家庭租房租金情况

民族	户数（户）	均值（元/月）	标准差（元）
汉族	491	1476	2041
少数民族	287	19628	13037
全部样本	778	1411	2460

注：剔除3181个缺失值、拒绝回答及数值小于1000的样本数据。剔除民族为缺失值的样本数据。

4.14.3　按聚居区分家庭租房租金

调查显示，少数民族聚居区的租金为1654元，较相邻社区多，相邻社区的月租金均值为1235元。详见表4-40。

表4-40　　　　　按聚居区分家庭租房租金情况

调查点	户数（户）	均值（元/月）	标准差（元）
民族聚居区	372	1654	3092
相邻社区	412	1235	1773
全部样本	784	1434	2494

注：剔除3175个缺失值、拒绝回答和数值小于1000的样本数据。

4.15　家庭投资

4.15.1　按省份分家庭投资

调查显示，按省（市、区）来分，城镇居民家庭进行投资情况存在较大的地域差异。进行投资的金额均值位列前三位的省（市、区）为广东、上海、北京，金额均值分别为276500元、245125元、203296元；相对较小的后三位省（市、区）为青海、湖南、甘肃，金额均值分别为23325元、25560元、27487元。详见表4-41。

表 4-41　　　　　　　　　按省份分家庭投资情况

省（市、区）	均值（元/年）	标准差（元）	排序
青海	23325	19448	1
湖南	25560	30806	2
甘肃	27487	35099	3
云南	31167	58400	4
吉林	43830	63192	5
宁夏	47462	49578	6
四川	53752	114632	7
新疆	57935	115470	8
广西	89643	262498	9
内蒙古	178913	334840	10
北京	203296	559966	11
上海	245125	465982	12
广东	276500	778944	13
合计	125531	381593	

注：剔除3733个缺失值、拒绝回答和数值小于1000的样本数据（因西藏自治区样本数量为1且样本数据小于1000，故剔除）。

4.15.2 按民族分家庭投资情况

调查显示，少数民族平均进行投资的均值为708994元，多于汉族平均进行投资的均值，汉族为153901元。详见表4-42。

表 4-42　　　　　　　　　按民族分家庭投资活动情况

民族	户数（户）	均值（元/年）	标准差（元）
汉族	156	153901	446815
少数民族	71	708994	1132680
合计	227	125531	381593

注：剔除3732个缺失值、拒绝回答和数值小于1000的样本数据。剔除民族为缺失值的样本数据。

4.15.3　按聚居区分家庭投资情况

调查显示，少数民族聚居区家庭投资情况为年均 73801 元，相邻社区的家庭投资情况为年均 175032 元，少数民族聚居区的家庭投资均值明显小于相邻社区的家庭投资均值。详见表 4-43。

表 4-43　　　　　　　　　　按聚居区分家庭投资情况

调查点	户数（户）	均值（元/年）	标准差（元）
民族聚居区	111	73801	219604
相邻社区	116	175032	484745
合计	227	125531	381593

注：剔除 3732 个缺失值、拒绝回答和数值小于 1000 的样本数据。剔除民族为缺失值的样本数据。

4.16　购买商业保险

4.16.1　按省份分购买商业保险情况

调查显示，按省（市、区）来分，城镇居民家庭进行投资情况存在较大的地域差异。进行投资的金额均值位列前三位的省（市、区）为上海、广东、北京，金额均值分别为 48514 元、40421 元、15895 元；相对较小的后三位省（市、区）为西藏、广西、吉林，金额均值分别为 2300 元、4641 元、4663 元。详见表 4-44。

表 4-44　　　　　　　　　　按省份分购买商业保险情况

省（市、区）	均值（元/年）	标准差（元）	排序
西藏	2300	959	1
广西	4641	6862	2
吉林	4663	4264	3
新疆	6914	5860	4
云南	6972	7475	5

续表

省（市、区）	均值（元/年）	标准差（元）	排序
四川	8127	11834	6
甘肃	8576	6790	7
湖南	8784	10400	8
青海	10492	19429	9
内蒙古	12478	10220	10
宁夏	14004	18909	11
北京	15895	25396	12
广东	40421	98672	13
上海	48514	187397	14
合计	14179	58772	

注：剔除3571个缺失值、拒绝回答和数值小于1000的样本数据。

4.16.2 按民族分购买商业保险

调查显示，少数民族平均购买商业保险的均值为367679元，多于汉族平均购买商业保险的均值，为15800元。详见表4-45。

表4-45　　　　　　　按民族分购买商业保险情况

民族	户数（户）	均值（元/年）	标准差（元）
汉族	268	15800	69202
少数民族	120	367679	102757
合计	388	14179	58772

注：剔除3571个缺失值、拒绝回答和数值小于1000的样本数据。

4.16.3 按聚居区分购买商业保险

调查显示，民族聚居区购买商业保险的年均值为10992元，相邻社区购买商业保险的年均值为17054元。详见表4-46。

表 4 – 46　　　　　　　按聚居区分购买商业保险情况

调查点	户数（户）	均值（元/年）	标准差（元）
民族聚居区	184	10992	19441
相邻社区	204	17054	78909
合计	388	14179	58772

注：剔除 3571 个缺失值、拒绝回答和数值小于 1000 的样本数据。

4.17　自有住房购房年份

4.17.1　按省份分自有住房购房年份

调查显示，14 省（市、区）在 2010 年自有住房购房数目最多。其中，在 2010 年湖南购房数目最多，占比为 14.62%；北京和云南购房数目最少，占比为 3.08%。各地区在 2016 年购房数目最少。其中，在 2016 年四川购房数目最多，占比为 21.74%，上海、广西、新疆购房数目最少，均占比为 0。详见表 4 – 47、表 4 – 48。

表 4 – 47　　　　　　　　按年份分购房总数

年份	2007	2008	2009	2010	2011	2012	2013	2014	2015	2016	合计
购房总数（套）	75	93	114	130	70	78	87	74	54	23	650

注：剔除 136 个缺失值和拒答后的数据。

表 4 – 48　　　　　　　按省份分自有住房购房　　　　　　　　单位：%

省（市、区）	2007 年	2008 年	2009 年	2010 年	2011 年	2012 年	2013 年	2014 年	2015 年	2016 年	合计
北京	2.67	3.23	1.75	3.08	2.86	2.56	2.30	1.35	1.85	8.70	3.23
内蒙古	8.00	8.60	7.89	5.38	4.29	11.54	6.90	4.05	9.26	13.04	8.60
吉林	22.67	8.60	8.77	6.92	11.43	3.85	6.90	12.16	12.96	8.70	8.60
上海	2.67	2.15	1.75	6.15	1.43	1.28	6.90	4.05	3.70	0.00	2.15
湖南	12.00	19.35	14.00	14.62	11.43	5.13	9.20	5.41	0.00	17.39	19.35
广东	5.33	5.38	8.77	7.69	7.14	7.69	2.30	4.05	3.70	0.00	5.38

续表

省（市、区）	2007年	2008年	2009年	2010年	2011年	2012年	2013年	2014年	2015年	2016年	合计
广西	1.33	1.08	2.63	4.62	1.43	0.00	1.15	5.41	3.70	0.00	1.08
四川	1.33	4.30	5.26	6.15	4.29	3.85	4.60	8.11	16.67	21.74	4.30
云南	0.00	0.00	0.88	3.08	1.43	3.85	6.90	2.70	0.00	4.35	0.00
西藏	4.00	4.30	2.63	4.62	2.86	1.28	4.60	1.35	1.85	4.35	4.30
甘肃	4.00	4.30	5.26	5.38	18.57	15.38	8.05	12.16	1.85	0.00	4.30
青海	9.33	9.68	11.40	11.54	15.71	10.26	13.79	12.16	22.22	17.39	9.68
宁夏	10.67	15.05	8.77	13.85	8.57	15.38	12.64	12.16	9.26	4.35	15.05
新疆	16.00	13.98	20.18	6.92	8.57	17.95	13.79	14.86	12.96	0.00	13.98
总计	100.00	100.00	100.00	100.00	100.00	100.00	100.00	100.00	100.00	100.00	100.00

注：剔除136个缺失值和拒答后的数据。

4.17.2 按调查点分自有住房购房年份

调查显示，各调查点在2010年购房数目最多，而相邻社区整体购房数目超过民族聚居区。详见表4-49。

表4-49　　　　　　按调查点分自有住房购房年份　　　　　　单位：套

调查点	2007年	2008年	2009年	2010年	2011年	2012年	2013年	2014年	2015年	合计
民族聚居区	23	43	46	46	33	34	36	32	21	314
相邻社区	52	50	68	84	37	44	51	42	33	461
合计	75	93	114	130	70	78	87	74	54	775

注：剔除136个缺失值和拒答后的数据。

4.18 自有住房购买时单价

调查显示，截至2015年，自有住房每平方米平均单价为4572元，最高价格达到每平方米单价为130000元。详见表4-50。

表 4-50　　　　　　　　　我国房价基本情况

种类	样本数量（个）	平均价格（元）	标准差（元）	最低价格（元）	最高价格（元）
房价	1255	4572	7068	1050	130000

注：剔除 371 个缺失值和拒答后的数据。

4.18.1　按省份分自有住房购买单价

调查显示，北京、上海和广东的平均房价相对较高，以云南、广西和湖南为代表的 14 省（市、区）平均房价相对较低。详见表 4-51。

表 4-51　　　　　　　　按省份分购房时的单位价格

省（市、区）	平均数（元/平方米）	标准差（元/平方米）
北京	6967	111413
内蒙古	2416	1942
吉林	2978	10637
上海	8150	10385
湖南	1464	1809
广东	9740	8020
广西	1598	1849
四川	4767	4089
云南	1791	1329
西藏	4662	11838
甘肃	3180	1220
青海	2050	928
宁夏	3025	1464
新疆	3372	11413

注：剔除 371 个缺失值和拒答后的数据。

4.18.2　按民族分自有住房购买单价

调查显示，汉族居民在购买房屋时平均单价为每平方米 3971 元，少数民族在购买房屋时平均单价为每平方米 3020 元，汉族略高于少数民族的购房平均单价。详见表 4-52。

表 4-52　　　　　按民族分购房时的单位价格　　　　单位：元/平方米

民族	平均数	标准差
汉族	3971	7002
少数民族	3020	5041

注：剔除 371 个缺失值和拒答后的数据。

4.18.3　按调查点分自有住房购买单价

调查显示，民族聚居区购买房屋平均单价为每平方米 3684 元，相邻社区购买房屋平均单价为每平方米 3604 元，房价整体处于中等水平。详见表 4-53。

表 4-53　　　　　按调查点分购房时的单位价格　　　　单位：元/平方米

调查点	平均数	标准差
民族聚居区	3684	6268
相邻社区	3604	6512

注：剔除 371 个缺失值和拒答后的数据。

4.19　目前房屋单价

4.19.1　按省份分目前房屋单价

调查显示，以北京、上海、广东为代表的各省（市、区）房屋目前平均单价较高，以湖南、云南、青海为代表的各省（市、区）房屋目前平均单价较低，14 省（市、区）整体目前房屋平均单价与购买时相比呈现上升趋势。详见表 4-54。

表 4-54　　　　　　　按省份分房屋 2016 年平均单价　　　　　单位：元/平方米

省（市、区）	平均数	标准差
北京	54430	13420
内蒙古	6338	1243
吉林	4786	14414
上海	41742	26064
湖南	2715	615
广东	23341	17019
广西	5803	1741
四川	8336	2266
云南	2747	1449
西藏	10994	15048
甘肃	4235	12056
青海	2819	1143
宁夏	5249	867
新疆	6242	1740

注：剔除 367 个缺失值和拒答后的数据。

4.19.2 按民族分房屋目前单价

调查显示，汉族目前房屋平均单价为每平方米 12626 元，少数民族目前房屋平均单价为每平方米 9402 元，汉族房屋平均单价高于少数民族，二者与购买时相比，房价均上升较为明显。详见表 4-55。

表 4-55　　　　　　　按民族分房屋目前平均单价　　　　　　单位：元/平方米

民族	平均数	标准差
汉族	12626	19165
少数民族	9402	14671

注：剔除 367 个缺失值和拒答后的数据。

4.19.3 按调查点分房屋目前单价

调查显示,民族聚居区目前房屋平均单价为每平方米10299元,相邻社区目前房屋平均单价为每平方米12496元,二者与购买时相比,房价均上升较为明显。详见表4-56。

表4-56　　　　　　　　按调查点分房屋目前平均单价　　　　　　单位:元/平方米

调查点	平均数	标准差
民族聚居区	10299	15452
相邻社区	12496	19450

注:剔除367个缺失值和拒答后的数据。

4.20 房屋面积

4.20.1 按省份分房屋面积

调查显示,湖南省和云南省的平均房屋面积较大,分别为137.93平方米和136.71平方米,以北京、上海和西藏为代表的省(市、区)平均房屋面积较小,且14省(市、区)平均房屋面积差距较大。详见表4-57。

表4-57　　　　　　　　　按省份分房屋面积　　　　　　　　　单位:平方米

省(市、区)	平均数	标准差
北京	45.46	33.23
内蒙古	81.18	30.53
吉林	104.40	335.40
上海	54.75	32.32
湖南	137.93	194.81
广东	82.59	67.33
广西	77.30	37.60
四川	74.07	70.07

续表

省（市、区）	平均数	标准差
云南	136.71	91.91
西藏	51.33	43.80
甘肃	104.79	71.20
青海	99.81	54.44
宁夏	90.15	30.51
新疆	142.96	629.94

注：剔除145个缺失值和拒答后的数据。

4.20.2 按民族分房屋面积

调查显示，汉族居民平均房屋面积为87.67平方米，少数民族平均房屋面积为100.77平方米，其平均房屋面积明显高于汉族。详见表4-58。

表4-58　　　　　　　　按民族分房屋面积　　　　　　　　单位：平方米

民族	平均数	标准差
汉族	87.67	199.56
少数民族	100.77	222.45

注：剔除145个缺失值和拒答后的数据。

4.20.3 按调查点分房屋面积

调查显示，民族聚居区平均房屋面积为93.11平方米，相邻社区平均房屋面积为142.96平方米，明显高于民族聚居区。详见表4-59。

表4-59　　　　　　　　按调查点分房屋面积　　　　　　　　单位：平方米

调查点	平均数	标准差
民族聚居区	93.11	210.78
相邻社区	142.96	629.94

注：剔除145个缺失值和拒答后的数据。

4.21 其他房屋产权拥有情况

4.21.1 按省份分其他房屋产权拥有情况

调查显示，14省（市、区）在其他房屋产权拥有量上差距较大。其中，四川在其他房屋产权拥有量上占比最大，达到44.48%；北京次多，占比为41.73%；甘肃其他房产拥有量占比较少，仅为9.03%；云南占比为10.80%。详见表4-60。

表4-60　　　　　　　　按省份分其他房屋产权拥有情况

省（市、区）	拥有房产（个）	不拥有房产（个）	总计（个）	拥有房产占比（%）
北京	116	162	278	41.73
内蒙古	69	221	290	23.79
吉林	54	213	267	20.22
上海	108	189	297	36.36
湖南	56	242	298	18.79
广东	66	183	249	26.51
广西	86	171	257	33.46
四川	125	156	281	44.48
云南	31	256	287	10.80
西藏	28	180	208	13.46
甘肃	26	262	288	9.03
青海	69	215	284	24.30
宁夏	43	256	299	14.38
新疆	68	221	289	23.53

注：剔除25个缺失值和拒答后的数据。

4.21.2 按调查点分其他房屋产权拥有情况

调查显示，各调查点的其他房屋产权拥有情况大致相同，在没有其他房屋产权上均占比较大，民族聚居区和相邻社区占比分别为75.16%和75.98%。

详见表 4-61。

表 4-61　　　　　按调查点分其他房屋产权拥有情况

住房数目	民族聚居区（个）	占比（%）	相邻社区（个）	占比（%）
没有其他住房	1380	75.16	1547	75.98
有其他住房	456	24.84	489	24.02
总计	1836	100	2036	100

注：剔除 25 个缺失值和拒答后的数据。

4.22　其他房屋产权拥有数目

4.22.1　按省份分其他房屋产权拥有数目

调查显示，14 省（市、区）除现有住房外，其他房屋产权拥有量较少。其中，广东和宁夏住房数目最多，分别为 1.74 个和 1.73 个。西藏和云南数目最少，分别为 1.11 个和 1.13 个。详见表 4-62。

表 4-62　　　　　按省份分其他房屋产权拥有数目　　　　　单位：个

省（市、区）	平均数	标准差
北京	1.20	0.44
内蒙古	1.29	0.67
吉林	1.46	0.93
上海	1.35	0.68
湖南	1.33	0.67
广东	1.74	1.46
广西	1.20	0.62
四川	1.30	0.64
云南	1.13	0.43
西藏	1.11	0.31
甘肃	1.42	0.81
青海	1.31	0.65

续表

省（市、区）	平均数	标准差
宁夏	1.73	1.34
新疆	1.39	0.72

注：剔除175个缺失值和拒答后的数据。

4.22.2 按民族分其他房屋产权拥有数目

调查显示，汉族居民平均产权拥有量为1.35个，少数民族居民平均产权拥有量为1.34个，各民族其他房屋产权拥有数目基本相同。详见表4-63。

表4-63　　　　　按民族分其他房屋产权拥有数目　　　　　单位：个

民族	平均数	标准差
汉族	1.35	0.79
少数民族	1.34	0.76

注：剔除175个缺失值和拒答后的数据。

4.22.3 按调查点分其他房屋产权拥有数目

调查显示，民族聚居区平均产权拥有量为1.30个，相邻社区平均产权拥有量为1.38个，二者平均产权拥有量差距较小。详见表4-64。

表4-64　　　　　按调查点分其他房屋产权拥有数目　　　　　单位：个

调查点	平均数	标准差
民族聚居区	1.30	0.63
相邻社区	1.38	0.90

注：剔除175个缺失值和拒答后的数据。

4.23 住房贷款情况

4.23.1 按省份分住房贷款

调查显示，14省（市、区）借款情况大致相同。其中，甘肃借款频率最高，达到 96.18%，青海借款频率较低，占比为 76.79%。其他各省（市、区）整体借款比例集中在 80%~90%。详见表 4-65。

表 4-65　　　　　　　　　按省份分住房贷款　　　　　　　　单位：%

省（市、区）	有	无
北京	89.93	10.07
内蒙古	90.98	11.38
吉林	90.98	9.02
上海	88.89	11.11
湖南	88.33	11.67
广东	82.73	17.27
广西	90.66	9.34
四川	83.27	16.73
云南	89.79	10.21
西藏	90.82	9.18
甘肃	96.18	3.82
青海	76.79	23.21
宁夏	84.46	15.54
新疆	80.62	19.38

注：剔除 37 个缺失值和拒答后的数据。

4.23.2　按民族分住房贷款

调查显示，汉族和少数民族居民的住房贷款频率均较高，占比分别为 86.32%、88.62%。详见表 4-66。

表 4-66　　　　　　　　　按民族分住房贷款　　　　　　　　单位：%

民族	有	无
汉族	86.32	14.10
少数民族	88.62	11.38

注：剔除 37 个缺失值和拒答后的数据。

4.23.3 按调查点分住房贷款

调查显示,相邻社区的住房贷款频率较高,民族聚居区住房贷款频率较低。详见表4-67。

表 4-67　　　　　　　　　　按调查点分住房贷款　　　　　　　　　单位:%

调查点	有	无
民族聚居区	85.99	14.20
相邻社区	88.51	11.49

注:剔除37个缺失值和拒答后的数据。

4.24　贷款总额

4.24.1　按省份分贷款总额

调查显示,西藏的平均贷款总额高于其他省(市、区),高达629万元,云南的平均贷款总额较低,仅为9万元,其他各省(市、区)的平均贷款总额差距较大。详见表4-68。

表 4-68　　　　　　　　　　按省份分贷款总额　　　　　　　　　　单位:个

省(市、区)	平均数	标准差
北京	32	29
内蒙古	31	25
吉林	19	19
上海	159	570
湖南	16	12
广东	76	146
广西	27	15
四川	26	18
云南	9	10

续表

省（市、区）	平均数	标准差
西藏	629	1643
甘肃	21	10
青海	35	137
宁夏	22	11
新疆	26	30

注：剔除163个缺失值和拒答后的数据。

4.24.2 按民族分贷款总额

调查显示，少数民族的平均贷款总额为105万元，明显高于汉族的平均贷款总额。详见表4-69。

表4-69　　　　　　　　　按民族分贷款总额　　　　　　　　　单位：万元

民族	平均数	标准差
汉族	41	190
少数民族	105	600

注：剔除163个缺失值和拒答后的数据。

4.24.3 按调查点分贷款总额

调查显示，民族聚居区贷款相对较少，平均总额为48万元，其相邻社区整体贷款金额较高，平均为83万元。详见表4-70。

表4-70　　　　　　　　　按调查点分贷款总额　　　　　　　　　单位：万元

调查点	平均数	标准差
民族聚居区	48	219
相邻社区	83	527

注：剔除574个贷款额小于1000元的部分和拒答后的数据。

4.25 私家车拥有情况

4.25.1 按省份分私家车拥有情况

调查显示，西藏家庭轿车拥有量最多，占比为83.41%，云南和新疆的轿车拥有量较少，分别占比为52.23%、52.40%，其他各省（市、区）轿车拥有量情况差距较小，占比主要集中在60%~70%。详见表4-71。

表4-71　　　　　按省份分私家车拥有情况　　　　　单位：%

省（市、区）	有	无
北京	69.06	30.94
内蒙古	61.03	38.97
吉林	80.38	19.62
上海	71.28	28.72
湖南	77.81	22.19
广东	63.64	36.36
广西	67.44	32.56
四川	69.86	30.14
云南	52.23	47.77
西藏	83.41	16.59
甘肃	79.17	20.83
青海	60.47	39.53
宁夏	59.67	40.33
新疆	52.40	47.60

注：剔除14个缺失值和拒答后的数据。

4.25.2 按民族分私家车拥有情况

调查显示，汉族和少数民族的平均私家车拥有量基本相同，占比分别为67.10%、67.66%。详见表4-72。

表 4-72　　　　　　　　按民族分私家车拥有情况　　　　　　　单位:%

民族	有	无
汉族	67.10	32.90
少数民族	67.66	32.34

注:剔除 14 个缺失值和拒答后的数据。

4.25.3　按调查点分私家车拥有情况

调查显示,民族聚居区家庭轿车拥有量较多,两地拥有汽车的家庭数较高,在调查的 3902 户家庭中,家庭汽车拥有量达 67.84%。详见表 4-73。

表 4-73　　　　　　按民族聚居区分私家车拥有情况　　　　　　单位:%

调查点	有	无
民族聚居区	67.84	32.16
相邻社区	66.80	33.14

注:剔除 14 个缺失值和拒答后的数据。

4.26　家庭存款额

4.26.1　按省份分家庭存款额

调查显示,14 省(市、区)在 0.5 万元以下的存款较多,说明总体存款数目较少;存款总额在 10 万元以上的省(市、区)中北京、上海和广东的存款占比较大,经济较为发达;云南占比较小,相对落后。详见表 4-74。

表 4-74　　　　　　　　按省份分家庭存款范围　　　　　　　　单位:%

省(市、区)	0~0.5 万元	0.5~1 万元	1~5 万元	5~10 万元	10 万元以上
北京	35.29	8.63	17.25	11.37	27.45
内蒙古	54.71	8.07	18.39	8.97	9.87
吉林	39.43	8.54	28.05	12.60	11.38

续表

省（市、区）	0~0.5万元	0.5~1万元	1~5万元	5~10万元	10万元以上
上海	30.77	6.79	10.86	15.84	35.75
湖南	33.99	12.32	28.57	15.76	9.36
广东	19.07	12.09	27.91	11.16	29.77
广西	24.53	11.32	31.13	18.40	14.62
四川	22.55	9.09	27.27	17.82	23.27
云南	14.23	20.00	46.92	15.38	7.31
西藏	70.53	4.21	13.16	5.79	6.32
甘肃	61.21	4.67	16.36	7.48	10.28
青海	37.78	13.33	23.33	16.11	9.44
宁夏	27.53	10.10	21.95	20.21	20.21
新疆	10.76	11.16	19.92	25.50	32.67

注：剔除547个缺失值和拒答后的数据。

4.26.2 按民族分家庭存款额

调查显示，各民族整体存款在0.5万元以下的数目最多，在汉族和少数民族家庭存款额中占比分别为41.49%、28.17%。家庭存款范围次多的是在1~5万元，在少数民族和汉族中分别占比为24.53%、23.02%。详见表4-75。

表4-75　　　　　　　按民族分家庭存款比例　　　　　　　单位：%

民族	0~0.5万元	0.5~1万元	1~5万元	5~10万元	10万元以上
少数民族	28.17	13.18	24.53	15.90	21.25
汉族	41.49	10.07	23.02	12.95	12.63

注：剔除547个缺失值和拒答后的数据。

4.26.3 按调查点分家庭存款额

调查显示，各调查点家庭存款额普遍集中在0.5万元以下，民族聚居区和相邻社区分别占比为36.61%、30.19%。其次，占比较高的存款范围是在

1万~5万元，占比分别为21.66%、26.13%。详见表4-76。

表4-76　　　　　按民族聚居区分家庭存款比例　　　　　单位：%

调查点	0~0.5万元	0.5万~1万元	1万~5万元	5万~10万元	10万元以上
民族聚居区	36.61	10.89	21.66	15.33	15.52
相邻社区	30.19	9.38	26.13	14.22	20.08

注：剔除547个缺失值和拒答后的数据。

4.27 家庭借出款

4.27.1 按省份分借出款数额

调查显示，宁夏和广东的平均借出款数额较大，分别为102952元、94000元，云南的平均借出款数额较小，仅为29882万元。其他各地区的平均借出款主要集中在5万~6万元，差距较小。详见表4-77。

表4-77　　　　　按省份分借出款数额　　　　　单位：元

省（市、区）	平均值	标准差
北京	62981	118042
内蒙古	55286	72466
吉林	61636	118666
上海	58872	82396
湖南	55182	125691
广东	94000	120741
广西	58556	110958
四川	44751	114622
云南	29882	48005
西藏	57118	81091
甘肃	40287	86648
青海	43107	40460
宁夏	102952	99459
新疆	53756	101442

注：剔除3471个缺失值和拒答后的数据。

4.27.2 按民族分借出款数额

调查显示,各民族借出款数额差距较小,汉族平均借出款数额为54991元,少数民族平均借出款数额为54653元。详见表4-78。

表4-78　　　　　　　　　按民族分借出款数额　　　　　　　　　单位:元

民族	平均值	标准差
汉族	54991	102197
少数民族	54653	97684

注:剔除3471个缺失值和拒答后的数据。

4.27.3 按调查点分借出款数额

调查显示,各调查点借出款数额差距较小,民族聚居区平均借出款数额为56032元,相邻社区平均借出款数额为53756元,略低于民族聚居区。详见表4-79。

表4-79　　　　　　　　按调查点分借出款数额　　　　　　　　　单位:元

调查点	平均值	标准差
民族聚居区	56032	99459
相邻社区	53756	101442

注:剔除3471个缺失值和拒答后的数据。

4.28 借入款情况

4.28.1 按省份分借入款情况

调查显示,内蒙古除房贷外平均最大一笔借款数额明显高于其他省(市、区),高达1462700元,宁夏、北京和新疆的平均借款数额较低,分别为3600元、5100元和10500元。其他各省(市、区)平均最大一笔借款额差距较小,主要集中在10万~30万元。详见表4-80。

表 4-80　　　　按省份分除房贷外最大一笔借入款情况　　　　　单位：元

省（市、区）	平均值	标准差
北京	5100	35500
内蒙古	1462700	5422900
吉林	194500	1874700
上海	291000	4165100
湖南	242500	3965400
广东	184200	2034400
广西	510900	4953900
四川	290100	3761900
云南	329800	3144000
西藏	4739000	15242700
甘肃	395400	3560800
青海	644600	6085900
宁夏	3600	23200
新疆	10500	109600

注：剔除113个缺失值和拒答后的数据。

4.28.2　按民族分借入款情况

调查显示，汉族和少数民族除房贷外平均最大一笔借款来源差距较大，汉族平均为33万元，而少数民族平均为82万元。详见表4-81。

表 4-81　　　　按民族分除房贷外最大一笔借入款情况　　　　　单位：万元

民族	平均值	标准差
汉族	33	394
少数民族	82	651

注：剔除113个缺失值和拒答后的数据。

4.28.3　按调查点分借入款情况

调查显示，民族聚居区除房贷外最大一笔借入款平均额度为38万元，相邻社区除房贷外最大一笔借入款平均额度为 64 万元，明显高于民族聚居区。详见表 4-82。

表 4-82　　　　　按调查点分除房贷外最大一笔借入款情况　　　　单位：万元

调查点	平均值	标准差
民族聚居区	38	455
相邻社区	64	556

注：剔除 113 个缺失值和拒答后的数据。

4.29 借款来源

4.29.1 按省份分借款来源

调查显示，14 省（市、区）家庭借款来源主要是亲戚朋友，在北京和吉林中占比最高，分别为 75%、76.92%。其次是银行，在上海、新疆和广东中占比较高，分别为 37.50%、37.50%、52.63%。各省（市、区）向企业借款的数目最少，除青海外，在其他省（市、区）中占比均为 0。详见表 4-83。

表 4-83　　　　　　　　　　按省份分借款来源比例

省（市、区）	银行	农村信用社	企业	亲戚	朋友	民间金融借贷	其他
北京	0.00	0.00	0.00	75.00	25.00	0.00	0.00
内蒙古	20.83	4.17	0.00	33.33	25.00	4.17	12.50
吉林	3.85	0.00	0.00	76.92	15.38	3.85	4.00
上海	37.50	0.00	0.00	33.33	29.17	0.00	0.00
湖南	25.00	0.00	0.00	53.33	18.33	0.00	0.00
广东	52.63	10.53	0.00	15.79	21.05	0.00	0.00
广西	9.09	0.00	0.00	27.27	45.45	0.00	0.00
四川	7.69	0.00	0.00	65.38	26.92	0.00	0.00
云南	26.47	35.29	0.00	23.53	14.71	0.00	0.00
西藏	9.80	3.92	0.00	54.90	27.45	0.00	3.92
甘肃	8.51	8.51	0.00	63.83	4.26	0.00	6.38

续表

省（市、区）	银行	农村信用社	企业	亲戚	朋友	民间金融借贷	其他
青海	16.28	39.53	2.33	27.91	13.95	0.00	0.00
宁夏	20.00	0.00	0.00	53.33	20.00	6.67	0.00
新疆	37.50	6.25	0.00	37.50	6.25	6.25	6.25

注：剔除71个缺失值和拒答后的数据。

4.29.2 按民族分借款来源

调查显示，各民族向亲戚朋友借款比重较大，在汉族中占比为47.12%，在少数民族中占比为48.08%。其次是从银行贷款的占比较大，在汉族中占比为15.87%，在少数民族中占比为22.12%。从民间金融借贷的占比较小，汉族中占比为1.92%，少数民族中占比为0.48%。详见表4-84。

表4-84　　　　　　按民族分借款来源比例　　　　　　单位：%

民族	银行	农村信用社	企业	亲戚	朋友	民间金融借贷	其他
汉族	15.87	12.98	0.48	47.12	19.71	1.92	1.92
少数民族	22.12	7.69	0.00	48.08	18.75	0.48	2.88

注：剔除71个缺失值和拒答后的数据。

4.29.3 按调查点分借款来源

调查显示，各调查点更倾向于向亲戚借款，在民族聚居区和相邻社区中占比分别为44.54%、51.34%。其次是从朋友、银行、农村信用社借款，同时从调查结果的比较中可以看出，民族聚居区与相邻社区两地借款倾向差异不大。详见表4-85。

表4-85　　　　　　按调查点分借款来源比例　　　　　　单位：%

调查点	银行	农村信用社	企业	亲戚	朋友	民间金融借贷	其他
民族聚居区	19.65	12.66	0.00	44.54	19.65	1.31	2.18
相邻社区	18.18	7.49	5.88	51.34	18.72	1.07	2.67

注：剔除71个缺失值和拒答后的数据。

4.30 借款年利率

4.30.1 按省份分借款年利率

调查显示，14省（市、区）借款年利率分布不均，以北京和新疆为代表的地区平均借款利率较高，分别为9.00%和11.67%，吉林的年借款利率较低，平均为1.00%。详见表4-86。

表4-86　　　　　　　　按省份分借款年利率　　　　　　　　单位：%

省（市、区）	平均值	标准差
北京	9.00	1.41
内蒙古	8.73	7.14
吉林	1.00	0
上海	5.90	5.65
湖南	8.29	5.33
广东	3.76	2.23
广西	4.70	0
四川	4.50	3.04
云南	4.84	1.79
西藏	7.30	6.45
甘肃	7.33	3.01
青海	6.97	1.70
宁夏		
新疆	11.67	7.64

注：剔除332个缺失值和拒答后的数据；宁夏未调查借款年利率。

4.30.2 按民族分借款年利率

调查显示，汉族和少数民族的平均借款年利率差距较小，分别为6.20%、6.29%。详见表4-87。

表 4-87　　　　　　　　按民族分借款年利率　　　　　　　单位：%

民族	平均值	标准差
汉族	6.20	3.83
少数民族	6.29	5.21

注：剔除 332 个缺失值和拒答后的数据。

4.30.3　按调查点分借款年利率

调查显示，相邻社区的借款年利率平均为 5.78%，民族聚居区借款年利率平均为 6.64%，略高于相邻社区。详见表 4-88。

表 4-88　　　　　　　　按调查点分借款年利率　　　　　　　单位：%

调查点	平均值	标准差
民族聚居区	6.64	5.77
相邻社区	5.78	2.46

注：剔除 332 个缺失值和拒答后的数据。

第 5 章　生活和思想状况[*]

5.1　休闲娱乐设施

5.1.1　休闲娱乐设施概况

调查显示，77.77%的受访者认为当地的休闲娱乐设施能满足他们的需求；22.23%的受访者认为当地的休闲娱乐设施不能满足他们的需求。详见表5-1。

表 5-1　　　　　　　当地的休闲娱乐设施能否满足需求

选项	样本量（人）	占比（%）
能	2999	77.77
不能	857	22.23
合计	3856	100.00

注：剔除103个数据缺失、不知道、拒绝回答、不适用等样本后所得。

5.1.2　按民族分休闲娱乐设施

调查显示，汉族和少数民族对于当地的休闲娱乐设施能否满足需求的回答没有明显差异，汉族受访者认为能满足需求的占比为78.10%，略高于少数民族受访者。详见表5-2。

---

[*] 本章由程欣梓、张妍枫负责。

表 5-2　　　　按民族分当地的休闲娱乐设施能否满足需求

民族	能 人数（人）	能 占比（%）	不能 人数（人）	不能 占比（%）	合计 人数（人）
汉族	1822	78.10	511	21.90	2333
少数民族	1177	77.28	346	22.72	1523
合计	2999	77.77	857	22.23	3856

注：剔除 103 个数据缺失、不知道、拒绝回答、不适用等样本后所得。

5.1.3　按省份分休闲娱乐设施

调查显示，受访者认为当地的休闲娱乐设施能满足需求的前三位分别是上海、新疆、湖南，占比分别为 88.14%、86.58%、86.29%；认为当地的休闲娱乐设施不能满足需求的前三位分别是内蒙古、吉林、广西，占比分别为 37.02%、33.59%、26.94%。详见表 5-3。

表 5-3　　　　按省份分当地的休闲娱乐设施能否满足需求

省（市、区）	能 人数（人）	能 占比（%）	不能 人数（人）	不能 占比（%）	合计 人数（人）
北京	218	79.56	56	20.44	274
内蒙古	182	62.98	107	37.02	289
吉林	174	66.41	88	33.59	262
上海	260	88.14	35	11.86	295
湖南	258	86.29	41	13.71	299
广东	187	73.91	66	26.09	253
广西	179	73.06	66	26.94	245
四川	219	80.51	53	19.49	272
云南	228	78.35	63	21.65	291
西藏	157	76.21	49	23.79	206
甘肃	208	74.29	72	25.71	280
青海	220	74.07	77	25.93	297
宁夏	251	85.08	44	14.92	295

续表

省（市、区）	能 人数（人）	占比（%）	不能 人数（人）	占比（%）	合计 人数（人）
新疆	258	86.58	40	13.42	298
合计	2999	77.77	857	22.23	3856

注：剔除103个数据缺失、不知道、拒绝回答、不适用等样本后所得。

5.1.4 按聚居区分休闲娱乐设施

调查发现，民族聚居区和相邻社区的受访者对于当地的休闲娱乐设施能否满足其需求的回答没有明显差异。民族聚居区的受访者认为能满足其需求的占比为78.06%，略高于相邻社区。详见表5-4。

表5-4　　　　按聚居区分当地的休闲娱乐设施能否满足需求

调查点	能 人数（人）	占比（%）	不能 人数（人）	占比（%）	合计 人数（人）
民族聚居区	1427	78.06	401	21.94	1828
相邻社区	1572	77.51	456	22.49	2028
合计	2999	77.77	857	22.23	3856

注：剔除103个数据缺失、不知道、拒绝回答、不适用等样本后所得。

5.1.5 按性别分休闲娱乐设施

调查显示，男性和女性受访者对于当地的休闲娱乐设施能否满足其需求的回答没有明显差异。女性受访者认为当地的休闲娱乐设施能满足其需求的比例为78.39%，略高于男性受访者。详见表5-5。

表5-5　　　　按性别分当地的休闲娱乐设施能否满足需求

性别	能 人数（人）	占比（%）	不能 人数（人）	占比（%）	合计 人数（人）
男	1547	77.20	457	22.80	2004

续表

性别	能 人数（人）	能 占比（%）	不能 人数（人）	不能 占比（%）	合计 人数（人）
女	1451	78.39	400	21.61	1851
合计	2998	77.77	857	22.23	3855

注：剔除104个数据缺失、性别信息缺失、不知道、拒绝回答、不适用等样本后所得。

5.2 娱乐活动场所及文娱活动需求

5.2.1 娱乐活动场所及文娱活动需求概况

调查显示，公园成了受访者最需要的娱乐活动场所，占比为20.98%。其次是广场，占比为19.04%，第三名是体育设施及运动场所，占比为18.19%。详见表5-6。

表5-6　　　　　　　　娱乐活动场所及文娱活动需求情况

场所	样本量（人）	占比（%）
图书室	955	14.81
体育设施及运动场所	1173	18.19
广场	1228	19.04
公园	1353	20.98
政府组织的文艺活动及演出	475	7.37
其他	210	3.26
不需要	1054	16.35

注：剔除272个数据缺失样本后所得。

5.2.2 按民族分娱乐活动场所及文娱活动需求

调查显示，少数民族比汉族更需要图书室、体育设施及运动场所、政府组织的文艺活动及演出，占比分别为15.57%、20.35%、7.46%。详见表5-7。

表 5-7　　　　　按民族分娱乐活动场所及文娱活动需求情况　　　　单位:%

民族	图书室	体育设施及运动场所	广场	公园	政府组织的文艺活动及演出	其他	不需要
汉族	14.28	16.68	19.10	21.03	7.30	3.53	18.08
少数民族	15.57	20.35	18.96	20.92	7.46	2.86	13.87

注:剔除272个数据缺失样本后所得。

5.2.3 按省份分娱乐活动场所及文娱活动需求

调查显示,对图书室需求最大的是西藏,占比为19.25%;对体育设施及运动场所需求最大的也是西藏,占比为24.65%;对广场需求最大的是吉林,占比为28.92%。对公园需求最大的是四川,占比为29.50%;对政府组织的文艺活动及演出需求最大的是上海,占比为14.58%。详见表5-8。

表 5-8　　　　　按省份分娱乐活动场所及文娱活动需求情况　　　　单位:%

省(市、区)	图书室	体育设施及运动场所	广场	公园	政府组织的文艺活动及演出	其他	不需要
北京	13.84	16.97	16.19	16.97	7.31	2.61	26.11
内蒙古	17.53	20.21	17.73	16.49	6.39	2.89	18.76
吉林	7.51	14.57	28.92	24.94	3.53	1.10	19.43
上海	14.21	17.90	14.21	14.76	14.58	2.58	21.77
湖南	18.99	19.60	21.01	23.64	4.85	4.65	7.27
广东	19.15	16.90	17.75	15.21	4.51	4.51	21.97
广西	10.00	20.00	17.00	18.50	6.50	2.00	26.00
四川	11.51	12.76	21.97	29.50	7.32	3.97	12.97
云南	12.01	18.80	18.80	25.85	7.83	6.53	10.18
西藏	19.25	24.65	18.31	24.18	2.82	0.94	9.86
甘肃	15.42	17.80	20.85	21.02	10.51	2.54	11.86
青海	17.38	18.71	18.71	26.16	7.95	4.80	6.29
宁夏	11.93	13.60	18.14	18.85	4.53	3.80	29.12
新疆	17.24	22.30	16.09	15.17	11.26	2.76	15.17

注:剔除272个数据缺失样本后所得。

5.2.4 按聚居区分娱乐活动场所及文娱活动需求

调查发现，民族聚居区更需要图书室、政府组织的文艺活动及演出，占比分别为 15.11%、7.75%。详见表 5-9。

表 5-9　　　按聚居区分娱乐活动场所及文娱活动需求情况　　　单位：%

调查点	图书室	体育设施及运动场所	广场	公园	政府组织的文艺活动及演出	其他	不需要
民族聚居区	15.11	18.01	18.46	20.76	7.75	3.20	16.72
相邻社区	14.54	18.36	19.58	21.19	7.01	3.31	16.00

注：剔除272个数据缺失样本后所得。

5.2.5 按性别分娱乐活动场所及文娱活动需求

调查发现，在样本人群中，女性比男性更需要图书室、广场、公园、政府组织的文艺活动及演出，占比分别为 15.57%、19.28%、22.10%、7.60%。详见表 5-10。

表 5-10　　　按性别分娱乐活动场所及文娱活动需求情况　　　单位：%

性别	图书室	体育设施及运动场所	广场	公园	政府组织的文艺活动及演出	其他	不需要
男	14.09	18.74	18.83	19.90	7.15	3.32	17.98
女	15.57	17.60	19.28	22.10	7.60	3.20	14.66

注：剔除279个数据缺失样本后所得。

5.3 社区举办的文化活动的参与度

5.3.1 社区举办的文化活动的参与度概况

调查显示，对于"您经常参加社区举办的文化活动吗？"，超过半数的受访者选择了"否"，选择"经常"的受访者占比在四个选项中最少，仅占7.60%。详见表5-11。

表 5–11　　　　　　　对社区举办的文化活动的参与度

选项	样本量（人）	占比（%）
否	2380	60.92
偶尔	854	21.86
一般	376	9.62
经常	297	7.60
合计	3907	100.00

注：剔除 52 个数据缺失、不知道、不适用等样本后所得。

5.3.2　按民族分对社区举办的文化活动的参与度

调查显示，对于"您经常参加社区举办的文化活动吗？"，汉族选择"否"的受访者比例比少数民族高，为 62.25%。少数民族在选择"偶尔""一般""经常"三项的占比均比汉族高，分别为 22.60%、10.56%、7.97%。详见表 5–12。

表 5–12　　　　　　按民族分对社区举办的文化活动的参与度

民族	否 人数（人）	否 占比（%）	偶尔 人数（人）	偶尔 占比（%）	一般 人数（人）	一般 占比（%）	经常 人数（人）	经常 占比（%）
汉族	1471	62.25	505	21.37	213	9.01	174	7.36
少数民族	909	58.87	349	22.60	163	10.56	123	7.97
合计	2380	60.92	854	21.86	376	9.62	297	7.60

注：剔除 52 个数据缺失、不知道、不适用等样本后所得。

5.3.3　按省份分对社区举办的文化活动的参与度

调查显示，对于"您经常参加社区举办的文化活动吗？"，内蒙古的受访者选择"否"的比例最高，高达 85.22%；云南的受访者"偶尔"参加社区举办的文化活动的比例最高，为 35.40%；"经常"参加社区举办的文化活动比例最高的是北京，占比为 24.36%。详见表 5–13。

表 5 – 13　　　　　按省份分对社区举办的文化活动的参与度

省（市、区）	否 人数（人）	否 占比（%）	偶尔 人数（人）	偶尔 占比（%）	一般 人数（人）	一般 占比（%）	经常 人数（人）	经常 占比（%）
北京	134	48.73	56	20.36	18	6.55	67	24.36
内蒙古	248	85.22	32	11.00	6	2.06	5	1.72
吉林	200	74.91	24	8.99	10	3.75	33	12.36
上海	201	67.22	55	18.39	22	7.36	21	7.02
湖南	186	61.59	68	22.52	32	10.60	16	5.30
广东	136	53.75	70	27.67	31	12.25	16	6.32
广西	149	57.75	59	22.87	33	12.79	17	6.59
四川	184	65.25	61	21.63	21	7.45	16	5.67
云南	88	30.24	103	35.40	88	30.24	12	4.12
西藏	144	67.92	50	23.58	14	6.60	4	1.89
甘肃	192	67.84	44	15.55	20	7.07	27	9.54
青海	163	54.33	88	29.33	33	11.00	16	5.33
宁夏	195	65.66	65	21.89	15	5.05	22	7.41
新疆	160	53.87	79	26.60	33	11.11	25	8.42
合计	2380	60.92	854	21.86	376	9.62	297	7.60

注：剔除 52 个数据缺失、不知道、不适用等样本后所得。

5.3.4　按聚居区分对社区举办的文化活动的参与度

调查发现，对于"您经常参加社区举办的文化活动吗？"，民族聚居区"经常"参加的比例略高于相邻社区，占比为 7.99%。详见表 5 – 14。

表 5 – 14　　　　　按聚居区分对社区举办的文化活动的参与度

调查点	否 人数（人）	否 占比（%）	偶尔 人数（人）	偶尔 占比（%）	一般 人数（人）	一般 占比（%）	经常 人数（人）	经常 占比（%）
民族聚居区	1107	59.77	426	23.00	171	9.23	148	7.99
相邻社区	1273	61.95	428	20.83	205	9.98	149	7.25
合计	2380	60.92	854	21.86	376	9.62	297	7.60

注：剔除 52 个数据缺失、不知道、不适用等样本后所得。

5.3.5 按性别分对社区举办的文化活动的参与度

调查发现，对于"您经常参加社区举办的文化活动吗？"，男性选择"否"的受访者比例比女性高，为62.95%，女性在选择"偶尔""一般""经常"三项的占比均比男性高，分别为22.46%、9.69%、9.10%。详见表5-15。

表 5-15　　　　按性别分对社区举办的文化活动的参与度

性别	否 人数（人）	否 占比（%）	偶尔 人数（人）	偶尔 占比（%）	一般 人数（人）	一般 占比（%）	经常 人数（人）	经常 占比（%）
男	1276	62.95	431	21.26	194	9.57	126	6.22
女	1104	58.75	422	22.46	182	9.69	171	9.10
合计	2380	60.93	853	21.84	376	9.63	297	7.60

注：剔除53个数据缺失、性别信息缺失、不知道、不适用等样本后所得。

5.4　民族性或者宗教性活动的参与度

5.4.1　民族性或者宗教性活动的参与度概况

调查显示，对于"您会参加有关民族性或者宗教性的活动吗？"，选择"否"的受访者超过了半数，其占比为71.15%。详见表5-16。

表 5-16　　　　对有关民族性或者宗教性活动的参与度

选项	样本量（人）	占比（%）
否	2780	71.15
偶尔	503	12.87
一般	306	7.83
经常	318	8.14
合计	3907	100.00

注：剔除52个数据缺失、不知道、拒绝回答、不适用等样本后所得。

5.4.2 按民族分对民族性或者宗教性活动的参与度

调查显示,对于"您会参加有关民族性或者宗教性的活动吗?",汉族受访者回答"否"的比例更高,为85.77%,少数民族受访者选择"偶尔""一般""经常"三个选项的比例均比汉族受访者更高,占比分别为20.97%、12.62%、17.61%。详见表5-17。

表5-17　按民族分对有关民族性或者宗教性活动的参与度

民族	否 人数(人)	否 占比(%)	偶尔 人数(人)	偶尔 占比(%)	一般 人数(人)	一般 占比(%)	经常 人数(人)	经常 占比(%)
汉族	2026	85.77	179	7.58	111	4.70	46	1.95
少数民族	754	48.80	324	20.97	195	12.62	272	17.61
合计	2780	71.15	503	12.87	306	7.83	318	8.14

注:剔除52个数据缺失、不知道、拒绝回答、不适用等样本后所得。

5.4.3 按省份分对民族性或者宗教性活动的参与度

调查显示,对于"您会参加有关民族性或者宗教性的活动吗?",在选择"否"的样本人群中,广西占比最高,为97.66%。在选择"偶尔"的样本人群中,西藏占比最高,为49.30%。在选择"一般"的样本人群中,云南的占比最高,为33.56%。在选择"经常"的样本人群中,甘肃的占比最高,为31.58%。详见表5-18。

表5-18　按省份分对有关民族性或者宗教性活动的参与度

省(市、区)	否 人数(人)	否 占比(%)	偶尔 人数(人)	偶尔 占比(%)	一般 人数(人)	一般 占比(%)	经常 人数(人)	经常 占比(%)
北京	181	65.34	53	19.13	17	6.14	26	9.39
内蒙古	213	73.20	21	7.22	15	5.15	42	14.43
吉林	235	88.68	10	3.77	6	2.26	14	5.28
上海	252	84.85	16	5.39	5	1.68	24	8.08
湖南	266	88.08	29	9.60	4	1.32	3	0.99

续表

省 （市、区）	否		偶尔		一般		经常	
	人数（人）	占比（%）	人数（人）	占比（%）	人数（人）	占比（%）	人数（人）	占比（%）
广东	185	73.12	38	15.02	20	7.91	10	3.95
广西	250	97.66	3	1.17	2	0.78	1	0.39
四川	248	88.26	17	6.05	11	3.91	5	1.78
云南	96	32.88	78	26.71	98	33.56	20	6.85
西藏	91	42.72	105	49.30	10	4.69	7	3.29
甘肃	120	42.11	33	11.58	42	14.74	90	31.58
青海	187	62.33	44	14.67	23	7.67	46	15.33
宁夏	243	81.27	18	6.02	23	7.69	15	5.02
新疆	213	71.96	38	12.84	30	10.14	15	5.07
合计	2780	71.15	503	12.87	306	7.83	318	8.14

注：剔除52个数据缺失、不知道、拒绝回答、不适用等样本后所得。

5.4.4 按聚居区分对民族性或者宗教性活动的参与度

调查发现，对于"您会参加有关民族性或者宗教性的活动吗？"，民族聚居区的受访者经常参加民族性或者宗教性的活动的比例更高，占比为11.08%，而相邻社区仅占5.50%。详见表5-19。

表5-19　　　按聚居区分对有关民族性或者宗教性活动的参与度

调查点	否		偶尔		一般		经常	
	人数（人）	占比（%）	人数（人）	占比（%）	人数（人）	占比（%）	人数（人）	占比（%）
民族聚居区	1244	67.21	260	14.05	142	7.67	205	11.08
相邻社区	1536	74.71	243	11.82	164	7.98	113	5.50
合计	2780	71.15	503	12.87	306	7.83	318	8.14

注：剔除52个数据缺失、不知道、拒绝回答、不适用等样本后所得。

5.4.5 按性别分对民族性或者宗教性活动的参与度

调查发现，男性受访者对于"您会参加有关民族性或者宗教性的活动吗？"的回答为"否""一般""经常"的比例均比女性高，分别为71.51%、7.84%、9.12%。详见表5-20。

表5-20　　　　按性别分对有关民族性或者宗教性活动的参与度

性别	否		偶尔		一般		经常	
	人数（人）	占比（%）	人数（人）	占比（%）	人数（人）	占比（%）	人数（人）	占比（%）
男	1451	71.51	234	11.53	159	7.84	185	9.12
女	1329	70.80	269	14.33	147	7.83	132	7.03
合计	2780	71.17	503	12.88	306	7.83	317	8.12

注：剔除53个数据缺失、性别信息缺失、不知道、拒绝回答、不适用等样本后所得。

5.5　环境卫生状况

5.5.1　环境卫生状况概况

调查显示，对于"您目前所在居住区的环境卫生情况？"，受访者选择"一般"的比例更高，占比为43.88%。其次是选择"好"，占比为39.57%。详见表5-21。

表5-21　　　　　　目前所在居住区的环境卫生情况

选项	样本量（人）	占比（%）
非常差	151	3.85
差	320	8.16
一般	1720	43.88
好	1551	39.57
非常好	178	4.54
合计	3920	100.00

注：剔除39个数据缺失、不知道、不适用等样本后所得。

5.5.2　按民族分卫生环境状况

调查显示，对于"您目前所在居住区的环境卫生情况？"，少数民族受访者选择"好"的占比比汉族高，为45.77%。其余四项的选择，汉族的占比均高于少数民族。详见表5-22。

表5-22　　　　　按民族分目前所在居住区的环境卫生情况

民族	非常差 人数（人）	非常差 占比（%）	差 人数（人）	差 占比（%）	一般 人数（人）	一般 占比（%）	好 人数（人）	好 占比（%）	非常好 人数（人）	非常好 占比（%）
汉族	105	4.43	230	9.70	1078	45.47	842	35.51	116	4.89
少数民族	46	2.97	90	5.81	642	41.45	709	45.77	62	4.00
合计	151	3.85	320	8.16	1720	43.88	1551	39.57	178	4.54

注：剔除39个数据缺失、不知道、不适用等样本后所得。

5.5.3 按省份分环境卫生状况

调查显示，对于"您目前所在居住区的环境卫生情况？"，在样本人群中，选择"非常差""差"比例最高的都是内蒙古，分别为9.93%、20.21%。选择"一般"比例最高的是北京，占比为51.44%。选择"好"比例最高的是西藏，占比为69.95%。选择"非常好"比例最高的是吉林，占比为8.99%。详见表5-23。

表5-23　　　　　按省份分目前所在居住区的环境卫生情况

省（市、区）	非常差 人数（人）	非常差 占比（%）	差 人数（人）	差 占比（%）	一般 人数（人）	一般 占比（%）	好 人数（人）	好 占比（%）	非常好 人数（人）	非常好 占比（%）
北京	18	6.47	32	11.51	143	51.44	76	27.34	9	3.24
内蒙古	29	9.93	59	20.21	148	50.68	55	18.84	1	0.34
吉林	14	5.24	23	8.61	93	34.83	113	42.32	24	8.99
上海	11	3.68	21	7.02	148	49.50	102	34.11	17	5.69
湖南	1	0.33	16	5.30	132	43.71	144	47.68	9	2.98
广东	19	7.51	24	9.49	129	50.99	70	27.67	11	4.35
广西	4	1.56	23	8.95	118	45.91	101	39.30	11	4.28
四川	9	3.19	35	12.41	139	49.29	84	29.79	15	5.32

续表

省(市、区)	非常差 人数(人)	非常差 占比(%)	差 人数(人)	差 占比(%)	一般 人数(人)	一般 占比(%)	好 人数(人)	好 占比(%)	非常好 人数(人)	非常好 占比(%)
云南	7	2.40	17	5.82	138	47.26	121	41.44	9	3.08
西藏	2	0.94	3	1.41	52	24.41	149	69.95	7	3.29
甘肃	7	2.43	12	4.17	99	34.38	147	51.04	23	7.99
青海	11	3.67	19	6.33	114	38.00	140	46.67	16	5.33
宁夏	9	3.01	20	6.69	136	45.48	124	41.47	10	3.34
新疆	10	3.36	16	5.37	131	43.96	125	41.95	16	5.37
合计	151	3.85	320	8.16	1720	43.88	1551	39.57	178	4.54

注：剔除39个数据缺失、不知道、不适用等样本后所得。

5.5.4 按聚居区分环境卫生状况

调查发现，对于"您目前所在居住区的环境卫生情况"，民族聚居区选择"一般""好"的占比均比其相邻社区要高，分别为44.26%、41.41%。详见表5-24。

表5-24　　　　按聚居区分目前所在居住区的环境卫生情况

调查点	非常差 人数(人)	非常差 占比(%)	差 人数(人)	差 占比(%)	一般 人数(人)	一般 占比(%)	好 人数(人)	好 占比(%)	非常好 人数(人)	非常好 占比(%)
民族聚居区	59	3.18	130	7.00	822	44.26	769	41.41	77	4.15
相邻社区	92	4.46	190	9.21	898	43.53	782	37.91	101	4.90
合计	151	3.85	320	8.16	1720	43.88	1551	39.57	178	4.54

注：剔除39个数据缺失、不知道、不适用等样本后所得。

5.5.5 按性别分环境卫生情况

据调查，对于"您目前所在居住区的环境卫生情况"，女性受访者选择"差"的比例比男性受访者高，为8.81%，其余选项均比男性受访者低。详见表5-25。

表 5 – 25　　　　　　　按性别分目前所在居住区的环境卫生情况

性别	非常差 人数（人）	非常差 占比（%）	差 人数（人）	差 占比（%）	一般 人数（人）	一般 占比（%）	好 人数（人）	好 占比（%）	非常好 人数（人）	非常好 占比（%）
男	80	3.93	154	7.57	897	44.08	810	39.80	94	4.62
女	71	3.77	166	8.81	822	43.63	741	39.33	84	4.46
合计	151	3.85	320	8.17	1719	43.86	1551	39.58	178	4.54

注：剔除 40 个数据缺失、性别信息缺失、不知道、不适用等样本后所得。

5.6　生活习惯程度

5.6.1　生活习惯程度概况

调查显示，对于"您在此地生活各方面是否习惯"，绝大多数受访者选择了"习惯"，其占比为 92.94%。详见表 5 – 26。

表 5 – 26　　　　　　　在此地生活各方面的习惯程度

选项	样本量（人）	占比（%）
习惯	3635	92.94
有点不习惯	210	5.37
不习惯	66	1.69
合计	3911	100.00

注：剔除 48 个数据缺失、数据有误、不知道、不适用等样本后所得。

5.6.2　按民族分生活习惯程度

调查显示，对于"您在此地生活各方面是否习惯"，少数民族的习惯程度高于汉族，占比为 95.46%；汉族受访者选择"有点不习惯"和"不习惯"的比例均比少数民族高，分别为 6.63%、2.07%。详见表 5 – 27。

表 5-27　　　　　按民族分在此地生活各方面的习惯程度

民族	习惯 人数（人）	习惯 占比（%）	有点不习惯 人数（人）	有点不习惯 占比（%）	不习惯 人数（人）	不习惯 占比（%）
汉族	2162	91.30	157	6.63	49	2.07
少数民族	1473	95.46	53	3.43	17	1.10
合计	3635	92.94	210	5.37	66	1.69

注：剔除 48 个数据缺失、数据有误、不知道、不适用等样本后所得。

5.6.3　按省份分生活习惯程度

调查显示，对于"您在此地生活各方面是否习惯？"，在样本人群中，选择"习惯"比例最高的是湖南，高达 99.01%；选择"有点不习惯"比例最高的是广东，占比为 13.83%；选择"不习惯"比例最高的是内蒙古，为 4.79%。详见表 5-28。

表 5-28　　　　　按省份分在此地生活各方面的习惯程度

省（市、区）	习惯 人数（人）	习惯 占比（%）	有点不习惯 人数（人）	有点不习惯 占比（%）	不习惯 人数（人）	不习惯 占比（%）
北京	250	89.93	18	6.47	10	3.60
内蒙古	251	85.96	27	9.25	14	4.79
吉林	250	94.70	8	3.03	6	2.27
上海	276	92.31	18	6.02	5	1.67
湖南	299	99.01	3	0.99	0	0.00
广东	206	81.42	35	13.83	12	4.74
广西	236	91.83	18	7.00	3	1.17
四川	255	90.43	23	8.16	4	1.42
云南	280	97.90	4	1.40	2	0.70
西藏	204	95.77	9	4.23	0	0.00
甘肃	277	96.18	8	2.78	3	1.04
青海	286	95.33	9	3.00	5	1.67
宁夏	281	93.98	17	5.69	1	0.33

续表

省（市、区）	习惯		有点不习惯		不习惯	
	人数（人）	占比（%）	人数（人）	占比（%）	人数（人）	占比（%）
新疆	284	95.30	13	4.36	1	0.34
合计	3635	92.94	210	5.37	66	1.69

注：剔除48个数据缺失、数据有误、不知道、不适用等样本后所得。

5.6.4 按聚居区分生活习惯程度

调查发现，对于"您在此地生活各方面是否习惯"，民族聚居区受访者的习惯占比比其相邻社区略高，为93.03%；相邻社区的受访者选择"有点不习惯"和"不习惯"的占比均比民族聚居区略高，分别为5.39%和1.75%。详见表5-29。

表5-29　　　　按聚居区分在此地生活各方面的习惯程度

调查点	习惯		有点不习惯		不习惯	
	人数（人）	占比（%）	人数（人）	占比（%）	人数（人）	占比（%）
民族聚居区	1723	93.03	99	5.35	30	1.62
相邻社区	1912	92.86	111	5.39	36	1.75
合计	3635	92.94	210	5.37	66	1.69

注：剔除48个数据缺失、数据有误、不知道、不适用等样本后所得。

5.6.5 按性别分生活习惯程度

调查显示，对于"您在此地生活各方面是否习惯"，女性的习惯程度高于男性，为93.77%。男性的有点不习惯和不习惯程度均高于女性，占比分别为6.05%和1.77%。详见表5-30。

表5-30　　　　按性别分在此地生活各方面的习惯程度

性别	习惯		有点不习惯		不习惯	
	人数（人）	占比（%）	人数（人）	占比（%）	人数（人）	占比（%）
男	1874	92.18	123	6.05	36	1.77

续表

性别	习惯		有点不习惯		不习惯	
	人数（人）	占比（%）	人数（人）	占比（%）	人数（人）	占比（%）
女	1760	93.77	87	4.64	30	1.60
合计	3634	92.94	210	5.37	66	1.69

注：剔除49个数据缺失、数据有误、性别信息缺失、不知道、不适用等样本后所得。

5.7 长期居住情况

5.7.1 长期居住情况概况

调查显示，大多数受访者还是愿意长期居住在受访地，占比为85.02%。详见表5-31。

表5-31　　　　　　　　是否愿意长期居住在这里

选项	样本量（人）	占比（%）
否	583	14.98
是	3310	85.02
合计	3893	100.00

注：剔除66个数据缺失、不知道、拒绝回答、不适用等样本后所得。

5.7.2 按民族分长期居住情况

调查显示，少数民族受访者比汉族受访者更愿意长期居住在受访地。详见表5-32。

表5-32　　　　　　按民族分是否愿意长期居住在这里

民族	否		是	
	人数（人）	占比（%）	人数（人）	占比（%）
汉族	427	18.11	1931	81.89
少数民族	156	10.16	1379	89.84
合计	583	14.98	3310	85.02

注：剔除66个数据缺失、不知道、拒绝回答、不适用等样本后所得。

5.7.3 按省份分长期居住情况

调查显示,对于"您是否愿意长期居住在这里",在样本人群中,选择"是"的比例在90%以上的有三个,分别是吉林、云南、西藏,占比分别为90.19%、95.70%、91.00%;比例低于80%的有三个,分别是北京、内蒙古和上海,占比分别为75.90%、78.62%和77.26%。详见表5-33。

表5-33 按省份分是否愿意长期居住在这里

省(市、区)	否 人数(人)	否 占比(%)	是 人数(人)	是 占比(%)
北京	67	24.10	211	75.90
内蒙古	62	21.38	228	78.62
吉林	26	9.81	239	90.19
上海	68	22.74	231	77.26
湖南	41	13.62	260	86.38
广东	47	18.58	206	81.42
广西	46	17.83	212	82.17
四川	46	16.37	235	83.63
云南	12	4.30	267	95.70
西藏	19	9.00	192	91.00
甘肃	44	15.38	242	84.62
青海	33	11.11	264	88.89
宁夏	31	10.40	267	89.60
新疆	41	13.80	256	86.20
合计	583	14.98	3310	85.02

注:剔除66个数据缺失、不知道、拒绝回答、不适用等样本后所得。

5.7.4 按聚居区分长期居住情况

调查发现,民族聚居区的相邻社区的受访者更愿意长期居住在受访地,占比为85.17%。详见表5-34。

表 5-34　　　　　　　　按聚居区分是否愿意长期居住在这里

调查点	否 人数（人）	否 占比（%）	是 人数（人）	是 占比（%）
民族聚居区	280	15.14	1570	84.86
相邻社区	303	14.83	1740	85.17
合计	583	14.98	3310	85.02

注：剔除 66 个数据缺失、不知道、拒绝回答、不适用等样本后所得。

5.7.5　按性别分长期居住情况

调查显示，女性受访者比男性受访者更愿意长期居住在受访地，占比为 85.92%。详见表 5-35。

表 5-35　　　　　　　　按性别分是否愿意长期居住在这里

性别	否 人数（人）	否 占比（%）	是 人数（人）	是 占比（%）
男	320	15.81	1704	84.19
女	263	14.08	1605	85.92
合计	583	14.98	3309	85.02

注：剔除 67 个数据缺失、性别信息缺失、不知道、拒绝回答、不适用等样本后所得。

5.8　与非本民族交友情况

5.8.1　与非本民族交友概况

调查显示，对于"您在当地有几位非本民族好朋友"，受访者选择"10 人以上"的比例最高，为 37.10%；其余依次为"无""5 人以下""5~10 人"，占比分别为 31.27%、17.64%、13.99%。详见表 5-36。

表 5-36　　　　　　　　在当地非本民族好朋友的个数

选项	样本量（人）	占比（%）
无	1218	31.27

续表

选项	样本量（人）	占比（%）
5人以下	687	17.64
5~10人	545	13.99
10人以上	1445	37.10
合计	3895	100.00

注：剔除64个数据缺失、不知道、不适用等样本后所得。

5.8.2 按民族分与非本民族交友情况

调查显示，对于"您在当地有几位非本民族好朋友"，在样本人群中，选择"无"的比例，汉族高于少数民族，为37.51%；而少数民族受访者选择"5~10人""10人以上"的比例均高于汉族受访者，分别为15.28%、49.41%。对于"您在当地有几位非本民族好朋友"样本人群中，选择"无"比例最高的前三名是藏族、汉族、朝鲜族，其占比分别为54.09%、37.51%、22.54%。选择"5人以下"比例最高的前三名分别是东乡族、满族、汉族，占比分别为27.27%、23.53%、20.28%，选择"5~10人"比例最高的前两名分别是土族、东乡族，占比分别为38.89%、36.36%，苗族和土家族并列第三名，均为30.00%。选择"10人以上"占比最高的是蒙古族，占比为72.22%，随后哈萨克族和苗族并列第二名，占比均为70.00%。详见表5-37。

表5-37　按民族分在当地非本民族好朋友的个数

民族	无 人数（人）	无 占比（%）	5人以下 人数（人）	5人以下 占比（%）	5~10人 人数（人）	5~10人 占比（%）	10人以上 人数（人）	10人以上 占比（%）
汉族	884	37.51	478	20.28	310	13.15	685	29.06
少数民族	334	21.72	209	13.59	235	15.28	760	49.41
朝鲜族	16	22.54	9	12.68	11	15.49	35	49.30
东乡族	2	9.09	6	27.27	8	36.36	6	27.27
侗族	13	7.51	24	13.87	39	22.54	97	56.07
哈萨克族	0	0.00	2	20.00	1	10.00	7	70.00

续表

民族	无		5人以下		5~10人		10人以上	
	人数（人）	占比（%）	人数（人）	占比（%）	人数（人）	占比（%）	人数（人）	占比（%）
回族	114	20.43	82	14.70	65	11.65	297	53.23
满族	3	17.65	4	23.53	3	17.65	7	41.18
蒙古族	0	0.00	6	16.67	4	11.11	26	72.22
苗族	0	0.00	0	0.00	3	30.00	7	70.00
土家族	1	10.00	2	20.00	3	30.00	4	40.00
土族	0	0.00	0	0.00	7	38.89	11	61.11
维吾尔族	8	11.43	11	15.71	13	18.57	38	54.29
彝族	11	8.80	6	4.80	31	24.80	77	61.60
壮族	10	9.52	19	18.10	20	19.05	56	53.33
藏族	139	54.09	33	12.84	17	6.61	68	26.46
合计	1218	31.27	687	17.64	545	13.99	1445	37.10

注：剔除64个数据缺失、不知道、不适用等样本后所得。

表5-42中由于有的民族在调查样本中出现的人数小于10人，代表性不充分，故未在表5-42中报告。

5.8.3 按省份分与非本民族交友情况

调查显示，对于"您在当地有几位非本民族好朋友"，在样本人群中，选择"无"比例最高的是四川，占比为74.82%；选择"5人以下"比例最高的是宁夏，占比为30.00%；选择"5~10人"比例最高的是广西，占比为21.94%；选择"10人以上"比例最高的是青海，占比为69.23%。详见表5-38。

表5-38　　　　按省份分在当地非本民族好朋友的个数

省（市、区）	无		5人以下		5~10人		10人以上	
	人数（人）	占比（%）	人数（人）	占比（%）	人数（人）	占比（%）	人数（人）	占比（%）
北京	84	30.32	52	18.77	35	12.64	106	38.27
内蒙古	60	20.55	46	15.75	32	10.96	154	52.74
吉林	82	30.60	59	22.01	44	16.42	83	30.97

续表

省 (市、区)	无 人数(人)	无 占比(%)	5人以下 人数(人)	5人以下 占比(%)	5~10人 人数(人)	5~10人 占比(%)	10人以上 人数(人)	10人以上 占比(%)
上海	188	63.30	40	13.47	29	9.76	40	13.47
湖南	17	5.63	39	12.91	62	20.53	184	60.93
广东	157	62.06	52	20.55	17	6.72	27	10.67
广西	22	9.28	51	21.52	52	21.94	112	47.26
四川	211	74.82	45	15.96	15	5.32	11	3.9
云南	34	11.64	19	6.51	63	21.58	176	60.27
西藏	138	65.40	25	11.85	9	4.27	39	18.48
甘肃	96	33.45	70	24.39	49	17.07	72	25.09
青海	29	9.70	24	8.03	39	13.04	207	69.23
宁夏	64	21.33	90	30.00	50	16.67	96	32.00
新疆	36	12.08	75	25.17	49	16.44	138	46.31
合计	1218	31.27	687	17.64	545	13.99	1445	37.1

注：剔除64个数据缺失、不知道、不适用等样本后所得。

5.8.4 按聚居区分与非本民族交友情况

调查显示，对于"您在当地有几位非本民族好朋友"，在样本人群中，相邻社区的受访者选择"无""5~10人""10人以上"的比例较高，分别为31.82%、14.20%、37.53%。民族聚居区的受访者选择"5人以下"的比例较高，占比为18.96%。详见表5-39。

表5-39　　　　按聚居区分在当地非本民族好朋友的个数

调查点	无 人数(人)	无 占比(%)	5人以下 人数(人)	5人以下 占比(%)	5~10人 人数(人)	5~10人 占比(%)	10人以上 人数(人)	10人以上 占比(%)
民族聚居区	566	30.66	350	18.96	254	13.76	676	36.62
相邻社区	652	31.82	337	16.45	291	14.20	769	37.53
合计	1218	31.27	687	17.64	545	13.99	1445	37.10

注：剔除64个数据缺失、不知道、不适用等样本后所得。

5.8.5 按性别分与非本民族交友情况

调查显示,对于"您在当地有几位非本民族好朋友?",在样本人群中,选择"无"及"5人以下"的女性比例比男性高,占比分别为34.49%、17.91%。选择"5~10人"及"10人以上"的男性比例比女性高,占比分别为14.33%、39.97%。详见表5-40。

表5-40　　　　　　按性别分在当地非本民族好朋友的个数

性别	无		5人以下		5~10人		10人以上	
	人数(人)	占比(%)	人数(人)	占比(%)	人数(人)	占比(%)	人数(人)	占比(%)
男	573	28.31	352	17.39	290	14.33	809	39.97
女	645	34.49	335	17.91	255	13.64	635	33.96
合计	1218	31.28	687	17.64	545	14.00	1444	37.08

注:剔除65个数据缺失、不知道、不适用等样本后所得。

5.9 如何处理权益受侵

5.9.1 如何处理权益受侵概况

调查显示,当权益受到侵害时,受访者中找相关主管部门解决的比例最高,为28.87%;找律师咨询的比例最低,为10.71%;受访者中与其他人一起抗议的比例为6.12%;自行维护的比例为26.96%。详见表5-41。

表5-41　　　　　　权益受到侵害时的处理情况

处理方式	样本数(人)	占比(%)
找律师咨询	56	10.71
找相关主管部门	151	28.87
找媒体进行曝光	20	3.82
与其他人一起抗议	32	6.12
自行维护	141	26.96

续表

处理方式	样本数（人）	占比（%）
不维护	123	23.52
合计	523	100

注：剔除8585个缺失的样本值以及拒答后的数值。

5.9.2 按省份分如何处理权益受侵

调查显示，当权益受到侵害时，广东的受访者选择找律师咨询的比例最高，为28.05%；新疆的受访者找相关主管部门的比例最高，为53.57%；甘肃的受访者选择不维护的比例最高，为63.64%；湖南的受访者选择与其他人一起抗议的比例最高，为33.33%。详见表5-42和表5-42-1。

表5-42　　按省份分权益受到侵害时的处理情况

省（市、区）	找律师咨询 样本数（人）	占比（%）	找相关主管部门 样本数（人）	占比（%）	找媒体进行曝光 样本数（人）	占比（%）	与其他人一起抗议 样本数（人）	占比（%）	自行维护 样本数（人）	占比（%）	不维护 样本数（人）	占比（%）	合计 样本数（人）
北京	4	11.76	8	23.53	0	0.00	0	0.00	8	23.53	14	41.18	34
内蒙古	4	12.90	4	12.90	1	3.23	1	3.23	12	38.71	9	29.03	31
吉林	1	3.85	10	38.46	0	0.00	0	0.00	3	11.54	12	46.15	26
上海	4	9.52	8	19.05	2	4.76	1	2.38	10	23.81	17	40.48	42
湖南	1	6.67	4	26.67	1	6.67	5	33.33	3	20.00	1	6.67	15
广东	23	28.05	9	10.98	7	8.54	6	7.32	22	26.83	15	18.29	82
广西	1	3.57	4	14.29	1	3.57	2	7.14	6	21.43	14	50.00	28

表5-42-1　　按省份分权益受到侵害时的处理情况

省（市、区）	找律师咨询 样本数（人）	占比（%）	找相关主管部门 样本数（人）	占比（%）	找媒体进行曝光 样本数（人）	占比（%）	与其他人一起抗议 样本数（人）	占比（%）	自行维护 样本数（人）	占比（%）	不维护 样本数（人）	占比（%）	合计 样本数（人）
四川	0	0.00	10	22.73	1	2.27	3	6.82	22	50.00	8	18.18	44

续表

省（市、区）	找律师咨询 样本数（人）	找律师咨询 占比（%）	找相关主管部门 样本数（人）	找相关主管部门 占比（%）	找媒体进行曝光 样本数（人）	找媒体进行曝光 占比（%）	与其他人一起抗议 样本数（人）	与其他人一起抗议 占比（%）	自行维护 样本数（人）	自行维护 占比（%）	不维护 样本数（人）	不维护 占比（%）	合计 样本数（人）
云南	5	9.80	12	23.53	0	0.00	8	15.69	21	41.18	5	9.80	51
西藏	1	9.09	2	18.18	1	9.09	1	9.09	3	27.27	3	27.27	11
甘肃	0	0.00	2	18.18	0	0.00	0	0.00	2	18.18	7	63.64	11
青海	3	5.08	31	52.54	3	5.08	3	5.08	7	11.86	12	20.34	59
宁夏	7	21.21	17	51.52	0	0.00	0	0.00	5	15.15	4	12.12	33
新疆	2	3.57	30	53.57	3	5.36	2	3.57	17	30.36	2	3.57	56
合计	56	10.71	151	28.87	20	3.82	32	6.12	141	26.96	123	23.52	523

注：剔除8585个缺失的样本值以及拒答后的数值。

5.9.3 按民族聚居区分如何处理权益受侵

调查显示，当权益受到侵害时，民族聚居区和相邻社区的受访者找律师咨询的比例差异较显著，分别为6.79%、15.23%；民族聚居区和相邻社区的受访者找相关主管部门的比例差异也较显著，分别为33.93%、23.05%。详见表5-43。

表5-43　　　　　　　按调查点分权益受到侵害时的处理情况

解决方式	调查样本	民族聚居区	相邻社区	合计
找律师咨询	样本数（人）	19	37	56
找律师咨询	占比（%）	6.79	15.23	10.71
找相关主管部门	样本数（人）	95	56	151
找相关主管部门	占比（%）	33.93	23.05	28.87
找媒体进行曝光	样本数（人）	8	12	20
找媒体进行曝光	占比（%）	2.86	4.94	3.82
与其他人一起抗议	样本数（人）	11	21	32
与其他人一起抗议	占比（%）	3.93	8.64	6.12

续表

解决方式	调查样本	民族聚居区	相邻社区	合计
自行维护	样本数（人）	82	59	141
	占比（%）	29.29	24.28	26.96
不维护	样本数（人）	65	58	123
	占比（%）	23.21	23.87	23.52
合计	样本数（人）	280	243	523

注：剔除 8585 个缺失的样本值以及拒答后的数值。

5.9.4 按民族分如何处理权益受侵

调查显示，当权益受到侵害时，汉族和少数民族的受访者找律师咨询的比例差异较显著，分别为 13.88%、5.83%；汉族和少数民族通过找相关主管部门解决权益受侵的比例差异也较显著，分别为 24.29%、35.92%；自行维护的比例差异不显著，分别为 28.08%、25.24%。详见表 5-44。

表 5-44　　　　　按民族分权益受到侵害时的处理情况

解决方式	样本	汉族	少数民族	合计
找律师咨询	样本数（人）	44	12	56
	占比（%）	13.88	5.83	10.71
找相关主管部门	样本数（人）	77	74	151
	占比（%）	24.29	35.92	28.87
找媒体进行曝光	样本数（人）	15	5	20
	占比（%）	4.73	2.43	3.82
与其他人一起抗议	样本数（人）	18	14	32
	占比（%）	5.68	6.8	6.12
自行维护	样本数（人）	89	52	141
	占比（%）	28.08	25.24	26.96
不维护	样本数（人）	74	49	123
	占比（%）	23.34	23.79	23.52
合计	样本数（人）	317	206	523

注：剔除 8585 个缺失的样本值以及拒答后的数值。

5.9.5 按性别分如何处理

调查显示,当权益受到侵害时,男性受访者选择找相关主管部门的比例最高,占比为31.27%;女性受访者选择自行维护的比例最高,占比为28.02%。男性受访者选择找律师咨询的比例为9.62%,女性受访者选择找律师咨询的比例为12.07%。详见表5-45。

表 5-45　　　　　按性别分权益受到侵害时的处理情况

解决方式	样本	男	女	合计
找律师咨询	样本数（人）	28	28	56
	占比（%）	9.62	12.07	10.71
找相关主管部门	样本数（人）	91	60	151
	占比（%）	31.27	25.86	28.87
找媒体进行曝光	样本数（人）	8	12	20
	占比（%）	2.75	5.17	3.82
与其他人一起抗议	样本数（人）	17	15	32
	占比（%）	5.84	6.47	6.12
自行维护	样本数（人）	76	65	141
	占比（%）	26.12	28.02	26.96
不维护	样本数（人）	71	52	123
	占比（%）	24.4	22.41	23.52
合计	样本数（人）	291	232	523

注：剔除8585个缺失的样本值以及拒答后的数值。

5.10　社会信任度

5.10.1　社会信任度概况

调查显示,29.44%的受访者比较同意社会上多数人（包括陌生人）都是可以信任的;22.89%的受访者比较不同意社会上多数人（包括陌生人）都是可以信任的;8.13%的受访者非常不同意社会上多数人（包括陌生人）都是可以信任的。详见表 5-46。

表 5-46　是否同意社会上大多数人（包括陌生人）都是可以信任的

选项	样本数（人）	占比（%）
非常不同意	318	8.13
比较不同意	895	22.89
一般	1361	34.81
比较同意	1151	29.44
非常同意	185	4.73
合计	3910	100

注：剔除 5198 个缺失的样本值以及拒答后的数值。

5.10.2　按省份分社会信任度

调查显示，宁夏、青海和云南的受访群众中分别有 44.67%、39.60%、39.38%的居民比较同意社会上多数人（包括陌生人）都是可以信任的，位居前三位。广东有 20.16%的受访者比较同意社会中多数人可以信任，位居最后。北京有 37.77%的受访者比较不同意社会中多数人可以信任，占比最高。详见表 5-47 和表 5-47-1。

表 5-47　按省份分是否同意社会上大多数人（包括陌生人）都是可以信任的

省（市、区）	非常不同意 样本数（人）	占比（%）	比较不同意 样本数（人）	占比（%）	一般 样本数（人）	占比（%）	比较同意 样本数（人）	占比（%）	非常同意 样本数（人）	占比（%）	合计 样本数（人）
北京	43	15.47	105	37.77	61	21.94	63	22.66	6	2.16	278
内蒙古	27	9.25	101	34.59	72	24.66	78	26.71	14	4.79	292
吉林	35	13.11	79	29.59	60	22.47	70	26.22	23	8.61	267
上海	33	11.04	80	26.76	84	28.09	89	29.77	13	4.35	299
湖南	14	4.64	73	24.17	129	42.72	73	24.17	13	4.3	302
广东	38	15.02	36	14.23	116	45.85	51	20.16	12	4.74	253
广西	9	3.49	55	21.32	130	50.39	63	24.42	1	0.39	258

表 5 – 47 – 1　　按省份分是否同意社会上大多数人（包括陌生人）都是可以信任的

省（市、区）	非常不同意 样本数（人）	占比（%）	比较不同意 样本数（人）	占比（%）	一般 样本数（人）	占比（%）	比较同意 样本数（人）	占比（%）	非常同意 样本数（人）	占比（%）	合计 样本数（人）
四川	29	10.32	66	23.49	94	33.45	82	29.18	10	3.56	281
云南	8	2.74	16	5.48	145	49.66	115	39.38	8	2.74	292
西藏	27	13.11	60	29.13	65	31.55	52	25.24	2	0.97	206
甘肃	15	5.24	40	13.99	101	35.31	87	30.42	43	15.03	286
青海	12	4.03	60	20.13	104	34.9	118	39.6	4	1.34	298
宁夏	13	4.33	71	23.67	74	24.67	134	44.67	8	2.67	300
新疆	15	5.03	53	17.79	126	42.28	76	25.5	28	9.4	298
合计	318	8.13	895	22.89	1361	34.81	1151	29.43	185	4.73	3910

注：剔除 5198 个缺失的样本值以及拒答后的数值。

5.10.3　按民族聚居区分社会信任度

调查显示，民族聚居区和相邻社区分别有 29.74%、29.17% 的受访者比较同意社会上大多数人（包括陌生人）都是可以信任的，差异不显著。分别有 21.80%，23.87% 的受访者比较不同意社会上大多数人（包括陌生人）都是可以信任的，差异不显著。详见表 5 – 48。

表 5 – 48　　按调查点分是否同意社会上大多数人（包括陌生人）都是可以信任的

选项	样本	民族聚居区	相邻社区	样本
非常不同意	样本数（人）	146	172	318
	占比（%）	7.88	8.36	8.13
比较不同意	样本数（人）	404	491	895
	占比（%）	21.80	23.87	22.89
一般	样本数（人）	655	706	1361
	占比（%）	35.35	34.32	34.81
比较同意	样本数（人）	551	600	1151
	占比（%）	29.74	29.17	29.44

续表

选项		样本	民族聚居区	相邻社区	样本
非常同意	样本数（人）		97	88	185
	占比（%）		5.23	4.28	4.73
合计	样本数（人）		1853	2057	3910

注：剔除5198个缺失的样本值以及拒答后的数值。

5.10.4 按民族分社会信任度

调查显示，汉族和少数民族的受访者分别有44.87%、19.41%的人比较同意社会上大多数人（包括陌生人）都是可以信任的，差异较显著。分别有34.48%、15.36%的人比较不同意社会上大多数人（包括陌生人）都是可以信任的，差异也较显著。详见表5-49。

表 5-49　　　　按民族分是否同意社会上大多数人
（包括陌生人）都是可以信任的

选项	样本	汉族	少数民族	样本合计
非常不同意	样本数（人）	198	120	318
	占比（%）	12.86	5.06	8.13
比较不同意	样本数（人）	531	364	895
	占比（%）	34.48	15.36	22.89
一般	样本数（人）	847	514	1361
	占比（%）	55	21.69	34.81
比较同意	样本数（人）	691	460	1151
	占比（%）	44.87	19.41	29.44
非常同意	样本数（人）	103	82	185
	占比（%）	6.69	3.46	4.73
合计	样本数（人）	1540	2370	3910

注：剔除5198个缺失的样本值以及拒答后的数值。

5.10.5 按性别分社会信任度

调查显示，男性和女性的受访者分别有34.61%、35.02%的人一般同意社会上大多数人（包括陌生人）都是可以信任的。分别有21.47%、24.43%的人比较不同意社会上大多数人（包括陌生人）都是可以信任的。详见表5-50。

表5-50　　　　　　按性别分是否同意社会上大多数人
（包括陌生人）都是可以信任的

选项	样本	男	女	合计
非常不同意	样本数（人）	145	173	318
	占比（%）	7.14	9.21	8.13
比较不同意	样本数（人）	436	459	895
	占比（%）	21.47	24.43	22.89
一般	样本数（人）	703	658	1361
	占比（%）	34.61	35.02	34.81
比较同意	样本数（人）	640	511	1151
	占比（%）	31.51	27.20	29.44
非常同意	样本数（人）	107	78	185
	占比（%）	5.27	4.15	4.73
合计	样本数（人）	2031	1879	3910

注：剔除5198个缺失的样本值以及拒答后的数值。

5.11　社会治安

5.11.1　社会治安概况

调查显示，13.35%的受访者及身边人在过去3个月内遭受过盗窃；6.29%的受访者及身边人遭受过行骗；1.80%的受访者及身边人遭受过抢劫；0.55%的受访者及身边人遭受过绑架勒索；0.39%的受访者及身边人遭受过社会暴动。详见表5-51。

表5-51　　受访者及身边的人在过去3个月内是否遭受过以下社会治安问题

选项	样本数（人）	占比（%）
没有	2358	75.67

续表

选项	样本数（人）	占比（%）
盗窃	416	13.35
行骗	196	6.29
抢劫	56	1.80
绑架勒索	17	0.55
社会暴动	12	0.39
其他	61	1.96
合计	3116	100

注：剔除缺失的样本值以及拒答后的数值。

5.11.2 按省份分社会治安

调查显示，遇到盗窃最多的是广西，占比为 12.5%；遇到行骗最多的是宁夏，占比为 15.31%；遇到抢劫最多的是四川，占比为 21.43%；遇到绑架勒索最多的是青海，占比为 29.41%；只有上海、广东、广西、云南、青海和宁夏经历过社会暴动，详见表 5-52 和表 5-52-1。

表 5-52　按省份分受访者及身边的人在过去 3 个月内是否遭受过以下社会治安问题

省（市、区）	没有 样本数（人）	没有 占比（%）	盗窃 样本数（人）	盗窃 占比（%）	行骗 样本数（人）	行骗 占比（%）	抢劫 样本数（人）	抢劫 占比（%）	绑架勒索 样本数（人）	绑架勒索 占比（%）	社会暴动 样本数（人）	社会暴动 占比（%）	其他 样本数（人）	其他 占比（%）
北京	184	7.80	43	10.34	18	9.18	1	1.79	2	11.76	0	0.00	4	6.56
内蒙古	228	9.67	51	12.26	27	13.78	5	8.93	0	0.00	0	0.00	0	0.00
吉林	122	5.17	13	3.13	8	4.08	0	0.00	0	0.00	0	0.00	1	1.64
上海	161	6.83	41	9.86	24	12.24	5	8.93	1	5.88	1	8.33	2	3.28
湖南	64	2.71	6	1.44	1	0.51	0	0.00	0	0.00	0	0.00	0	0.00
广东	142	6.02	28	6.73	14	7.14	3	5.36	2	11.76	2	16.67	5	8.20
广西	193	8.18	52	12.50	20	10.20	5	8.93	2	11.76	1	8.33	1	1.64

表 5-52-1　按省份分受访者及身边的人在过去 3 个月内是否遭受过以下社会治安问题

省 (市、区)	没有 样本数(人)	占比(%)	盗窃 样本数(人)	占比(%)	行骗 样本数(人)	占比(%)	抢劫 样本数(人)	占比(%)	绑架勒索 样本数(人)	占比(%)	社会暴动 样本数(人)	占比(%)	其他 样本数(人)	占比(%)
四川	104	4.41	49	11.78	21	10.71	12	21.43	3	17.65	0	0.00	2	3.28
云南	188	7.97	16	3.85	5	2.55	3	5.36	1	5.88	2	16.67	29	47.54
西藏	210	8.91	0	0.00	1	0.51	0	0.00	0	0.00	0	0.00	0	0.00
甘肃	233	9.88	10	2.40	8	4.08	3	5.36	0	0.00	0	0.00	0	0.00
青海	151	6.40	25	6.01	12	6.12	5	8.93	5	29.41	3	25.00	12	19.67
宁夏	182	7.72	53	12.74	30	15.31	8	14.29	1	5.88	3	25.00	3	4.92
新疆	196	8.31	29	6.97	7	3.57	6	10.71	0	0.00	0	0.00	2	3.28
合计	2358	100	416	100	196	100	56	100	17	100	12	100	61	100

注：剔除缺失的样本值以及拒答后的数值。

5.11.3　按民族聚居区分社会治安

调查显示，民族聚居区和相邻社区的受访者及身边的人在过去 3 个月内遭受过社会治安问题的比例差异并不显著，民族聚居区和相邻社区的受访者分别有 12.98%、13.68% 的人遭受过盗窃。分别有 2.03%、1.59% 的人遭受过抢劫。分别有 0.61%、0.49% 的人遭受过绑架勒索。详见表 5-53。

表 5-53　按调查点分受访者及身边的人在过去 3 个月内是否遭受过以下社会治安问题

选项	样本	民族聚居区	相邻社区
没有	样本数(人)	1120	1238
	占比(%)	75.73	75.63
盗窃	样本数(人)	192	224
	占比(%)	12.98	13.68
行骗	样本数(人)	94	102
	占比(%)	6.36	6.23

续表

选项	样本	民族聚居区	相邻社区
抢劫	样本数（人）	30	26
	占比（%）	2.03	1.59
绑架勒索	样本数（人）	9	8
	占比（%）	0.61	0.49
社会暴动	样本数（人）	6	6
	占比（%）	0.41	0.37
其他	样本数（人）	28	33
	占比（%）	1.89	2.02

注：剔除缺失的样本值以及拒答后的数值。

5.11.4 按民族分社会治安

调查显示，汉族和少数民族的受访者及身边的人在过去3个月内遭受过社会治安问题的比例差异较显著，汉族和少数民族的受访者分别有9.03%、16.08%的人遭受过盗窃，分别有1.33%、2.10%的人遭受过抢劫。详见表5-54。

表5-54　　　　按民族分受访者及身边的人在过去3个月内是否
遭受过以下社会治安问题

选项	样本	汉族	少数民族
没有	样本数（人）	997	1361
	占比（%）	82.6	71.29
盗窃	样本数（人）	109	307
	占比（%）	9.03	16.08
行骗	样本数（人）	53	143
	占比（%）	4.39	7.49
抢劫	样本数（人）	16	40
	占比（%）	1.33	2.10

续表

选项	样本	汉族	少数民族
绑架勒索	样本数（人）	3	14
	占比（%）	0.25	0.73
社会暴动	样本数（人）	4	8
	占比（%）	0.33	0.42
其他	样本数（人）	25	36
	占比（%）	2.07	1.89

注：剔除缺失的样本值以及拒答后的数值。

5.12 不同民族婚恋观

5.12.1 不同民族婚恋观概况

调查显示，45.43%的受访者本人或同民族的亲人有非本民族的婚恋对象，54.57%的受访者没有。详见表5-55。

表5-55 受访者本人或同民族的亲人是否有非本民族的婚恋对象

选项	样本数（人）	占比（%）
有	1770	45.43
没有	2126	54.57
合计	3896	100

注：剔除缺失的样本值以及拒答后的数值。

5.12.2 按省份分不同民族婚恋观

调查显示，湖南有最多的受访者本人或同民族的亲人有非本民族的婚恋对象，占比为86.09%。西藏有最少的受访者本人或同民族的亲人有非本民族的婚恋对象，占比为15.02%。云南有76.03%的受访者本人或同民族的亲人有非本民族的婚恋对象。甘肃有24.73%的受访者本人或同民族的亲人有非本民族的婚恋对象。详见表5-56。

表 5-56　按省份分受访者本人或同民族的亲人是否有非本民族的婚恋对象

省（市、区）	有		没有		合计
	样本数（人）	占比（%）	样本数（人）	占比（%）	样本数（人）
内蒙古	133	46.50	153	53.50	286
吉林	99	36.94	169	63.06	268
上海	60	20.20	237	79.80	297
湖南	260	86.09	42	13.91	302
广东	98	38.74	155	61.26	253
广西	186	75.00	62	25.00	248
四川	56	19.93	225	80.07	281
云南	222	76.03	70	23.97	292
西藏	32	15.02	181	84.98	213
甘肃	70	24.73	213	75.27	283
青海	183	61.00	117	39.00	300
宁夏	146	48.99	152	51.01	298
新疆	109	36.45	190	63.55	299
合计	1770	45.43	2126	54.57	3896

注：剔除缺失的样本值以及拒答后的数值。

5.12.3　按民族聚居区分不同民族婚恋观

调查显示，民族聚居区和相邻社区的受访者本人或同民族的亲人有无非本民族的婚恋对象的情况差异不显著，受访者本人或同民族的亲人有非本民族的婚恋对象的占比为 45.85%、45.05%。详见表 5-57。

表 5-57　按调查点分受访者本人或同民族的亲人是否有非本民族的婚恋对象

调查点	有		没有		合计
	样本数（人）	占比（%）	样本数（人）	占比（%）	样本数（人）
民族聚居区	846	45.85	999	54.15	1845
相邻社区	924	45.05	1127	54.95	2051
合计	1770	45.43	2126	54.57	3896

注：剔除缺失的样本值以及拒答后的数值。

5.12.4 按民族分不同民族婚恋观

调查显示，汉族和少数民族的受访者本人或同民族的亲人有本民族的婚恋对象的情况差异较显著，分别占比为 54.59%、39.47%；受访者本人或同民族的亲人无本民族的婚恋对象的情况差异也较显著，分别占比为 45.41%、60.53%。详见表 5-58。

表 5-58　按民族分受访者本人或同民族的亲人是否有非本民族的婚恋对象

民族	是 样本数（人）	是 占比（%）	否 样本数（人）	否 占比（%）	合计 样本数（人）
汉族	839	54.59	698	45.41	1537
少数民族	931	39.47	1428	60.53	2359
合计	1770	45.43	2126	54.57	3896

注：剔除缺失的样本值以及拒答后的数值。

5.13　对非本民族通婚的看法

5.13.1　对非本民族通婚的看法概况

调查显示，36.65% 的受访者支持子女与其他民族通婚；51.02% 的受访者对于子女与其他民族通婚持有中立态度；12.33% 的受访者反对子女与其他民族通婚。详见表 5-59。

表 5-59　受访者对子女与其他民族通婚的看法

选项	样本数（人）	占比（%）
支持	1421	36.65
中立	1978	51.02
反对	478	12.33
合计	3877	100

注：剔除 5231 个缺失的样本值以及拒答后的数值。

5.13.2 按省份分对非本民族通婚的看法

调查显示,广西有76.02%的受访者支持子女与其他民族通婚,占比最高。西藏有12.38%的受访者支持子女与其他民族通婚,占比最低。北京有34.55%的受访者支持子女与其他民族通婚,上海市有31.63%的受访者支持子女与其他民族通婚。详见表5-60。

表5-60　　按省份分受访者对子女与其他民族通婚的看法

省（市、区）	支持 样本数（人）	支持 占比（%）	中立 样本数（人）	中立 占比（%）	反对 样本数（人）	反对 占比（%）	合计 样本数（人）
北京	95	34.55	147	53.45	33	12.00	275
内蒙古	115	40.21	134	46.85	37	12.94	286
吉林	132	49.25	124	46.27	12	4.48	268
上海	93	31.63	172	58.50	29	9.86	294
湖南	190	63.12	110	36.54	1	0.33	301
广东	66	26.09	181	71.54	6	2.37	253
广西	187	76.02	56	22.76	3	1.22	246
四川	60	21.66	190	68.59	27	9.75	277
云南	106	36.30	174	59.59	12	4.11	292
西藏	26	12.38	162	77.14	22	10.48	210
甘肃	50	17.86	99	35.36	131	46.79	280
青海	116	38.67	136	45.33	48	16.00	300
宁夏	109	36.70	145	48.82	43	14.48	297
新疆	76	25.50	148	49.66	74	24.83	298
合计	1421	36.65	1978	51.02	478	12.33	3877

注:剔除5231个缺失的样本值以及拒答后的数值。

5.13.3 按民族聚居区分对非本民族通婚的看法

调查显示,民族聚居区和相邻社区的受访者对子女与其他民族通婚的看法差异不显著,民族聚居区和相邻社区的受访者对子女与其他民族通婚持支持态度的比例分别为 35.30%、37.88%。详见表 5-61。

表 5-61　　　按调查点分受访者对子女与其他民族通婚的看法

调查点	支持 样本数（人）	支持 占比（%）	中立 样本数（人）	中立 占比（%）	反对 样本数（人）	反对 占比（%）	合计 样本数（人）
民族聚居区	651	35.30	940	50.98	253	13.72	1844
相邻社区	770	37.88	1038	51.06	225	11.07	2033
合计	1421	36.65	1978	51.02	478	12.33	3877

注：剔除 5231 个缺失的样本值以及拒答后的数值。

5.13.4　按民族分对非本民族通婚的看法

调查显示，汉族和少数民族的受访者支持子女与其他民族通婚的比例相近，占比分别为 36.17%、36.97%；汉族和少数民族的受访者反对子女与其他民族通婚的比例有所不同，占比分别为 17.44%、8.97%。详见表 5-62。

表 5-62　　　按民族分受访者对子女与其他民族通婚的看法

民族	支持 样本数（人）	支持 占比（%）	中立 样本数（人）	中立 占比（%）	反对 样本数（人）	反对 占比（%）	合计 样本数（人）
汉族	556	36.17	713	46.39	268	17.44	1537
少数民族	865	36.97	1265	54.06	210	8.97	2340
合计	1421	36.65	1978	51.02	478	12.33	3877

注：剔除 5231 个缺失的样本值以及拒答后的数值。

5.13.5　按性别分对非本民族通婚的看法

调查显示，男性和女性的受访者对子女与其他民族通婚持有支持态度的比例分别为 36.55%、36.78%，并无显著差异；男性和女性的受访者对子女与其他民族通婚持有反对态度的比例分别为 13.08%、11.52%。详见表 5-63。

表 5-63　　按性别分受访者对子女与其他民族通婚的看法

性别	支持 样本数（人）	支持 占比（%）	中立 样本数（人）	中立 占比（%）	反对 样本数（人）	反对 占比（%）	合计 样本数（人）
男	738	36.55	1017	50.37	264	13.08	2019
女	683	36.78	960	51.70	214	11.52	1857
合计	1421	36.66	1977	51.01	478	12.33	3876

注：剔除5231个缺失的样本值以及拒答后的数值。

5.14　生育观念调查

5.14.1　生育观念概况调查

调查显示，2.63%的受访者表示自己持有重男轻女的生育观念；93.07%的受访者表示自己持有男女平等的生育观念；4.29%的受访者表示自己持有重女轻男的生育观念。详见表5-64。

表 5-64　　　　　　　　　　生育观念调查

选项	样本数（人）	占比（%）
重男轻女	103	2.63
男女平等	3641	93.07
重女轻男	168	4.29
合计	3912	100

注：剔除5196个缺失的样本值以及拒答后的数值。

5.14.2　按省份分生育观念调查

调查显示，受访者生育偏好总体上看为男女平等，广东、吉林的重男轻女偏好分别位列第一、第二，占比分别为7.51%、4.85%。云南和西藏的受访者持有男女平等的生育偏好的比例最高，分别为98.63%、97.18%。吉林的受访者持有重女轻男的生育偏好的比例最高，占比为10.82%。详见表5-65。

表 5-65　　　　　　　　按省份分生育观念调查

省（市、区）	重男轻女 样本数（人）	占比（%）	男女平等 样本数（人）	占比（%）	重女轻男 样本数（人）	占比（%）	合计 样本数（人）
北京	10	3.61	249	89.89	18	6.50	277
内蒙古	6	2.07	272	93.79	12	4.14	290
吉林	13	4.85	226	84.33	29	10.82	268
上海	7	2.35	274	91.95	17	5.70	298
湖南	4	1.32	292	96.69	6	1.99	302
广东	19	7.51	225	88.93	9	3.56	253
广西	5	1.95	245	95.70	6	2.34	256
四川	3	1.06	257	91.13	22	7.80	282
云南	2	0.68	288	98.63	2	0.68	292
西藏	2	0.94	207	97.18	4	1.88	213
甘肃	8	2.84	269	95.39	5	1.77	282
青海	11	3.67	282	94.00	7	2.33	300
宁夏	6	2.00	271	90.33	23	7.67	300
新疆	7	2.34	284	94.98	8	2.68	299
合计	103	2.63	3641	0.9307	168	4.29	3912

注：剔除 5196 个缺失的样本值以及拒答后的数值。

5.15　幸福感调查

5.15.1　幸福感调查概况

调查显示，受访居民总体的 69.43% 认为自己是幸福的；26.27% 的受访居民认为生活幸福程度一般；12.31% 的受访居民认为自己生活非常幸福；4.30% 的受访居民认为自己生活不幸福。详见表 5-66。

表 5-66　　　　　　　　　　幸福感调查概况

选项	样本数（人）	占比（%）
非常不幸福	33	0.84
不幸福	136	3.46
一般	1031	26.27
幸福	2242	57.12
非常幸福	483	12.31
合计	3925	100

注：剔除5183个缺失的样本值以及拒答后的数值。

5.15.2　按省份分幸福感

调查显示，宁夏有71.33%的受访者认为自己生活幸福，占比最高。上海有5.69%的受访者认为自己生活不幸福，占比最高。北京有55.76%的受访者认为自己生活幸福；上海有54.52%的受访者认为自己生活幸福；广东有50.20%的受访者认为自己生活幸福。详见表5-67和表5-67-1。

表 5-67　　　　　　　　　　按省份分幸福感

省（市、区）	非常不幸福 样本数（人）	占比（%）	不幸福 样本数（人）	占比（%）	一般 样本数（人）	占比（%）	幸福 样本数（人）	占比（%）	非常幸福 样本数（人）	占比（%）	合计 样本数（人）
北京	1	0.36	15	5.4	90	32.37	155	55.76	17	6.12	278
内蒙古	0	0	11	3.77	73	25.00	164	56.16	44	15.07	292
吉林	1	0.37	6	2.24	55	20.52	146	54.48	60	22.39	268
上海	0	0	17	5.69	65	21.74	163	54.52	54	18.06	299
湖南	3	0.99	8	2.65	105	34.77	160	52.98	26	8.61	302
广东	11	4.35	14	5.53	81	32.02	127	50.20	20	7.91	253
广西	5	1.93	11	4.25	107	41.31	118	45.56	18	6.95	259

表 5 – 67 – 1   按省份分幸福感

省（市、区）	非常不幸福 样本数（人）	占比（%）	不幸福 样本数（人）	占比（%）	一般 样本数（人）	占比（%）	幸福 样本数（人）	占比（%）	非常幸福 样本数（人）	占比（%）	合计 样本数（人）
四川	1	0.35	10	3.55	100	35.46	145	51.42	26	9.22	282
云南	1	0.34	9	3.08	67	22.95	192	65.75	23	7.88	292
西藏	1	0.47	11	5.16	77	36.15	116	54.46	8	3.76	213
甘肃	0	0	7	2.43	42	14.58	182	63.19	57	19.79	288
青海	1	0.33	5	1.67	50	16.67	209	69.67	35	11.67	300
宁夏	2	0.67	7	2.33	39	13.00	214	71.33	38	12.67	300
新疆	6	2.01	5	1.67	80	26.76	151	50.5	57	19.06	299
合计	33	0.84	136	3.46	1031	26.27	2242	57.12	483	12.31	3925

注：剔除 5183 个缺失的样本值以及拒答后的数值。

5.15.3 按民族聚居区分幸福感

调查显示，民族聚居区和相邻社区分别有 3.39%、3.54% 的受访者认为自己生活不幸福；分别有 57.58%、56.71% 的受访者认为自己生活幸福；分别有 12.20%、12.40% 的受访者认为自己生活非常幸福；分别有 0.54%、1.11% 的受访者认为自己生活非常不幸福。详见表 5 – 68。

表 5 – 68   按调查点分幸福感

选项	样本	民族聚居区	相邻社区	合计
非常不幸福	样本数（人）	10	23	33
	占比（%）	0.54	1.11	0.84
不幸福	样本数（人）	63	73	136
	占比（%）	3.39	3.54	3.46
一般	样本数（人）	489	542	1031
	占比（%）	26.29	26.25	26.27
幸福	样本数（人）	1071	1171	2242
	占比（%）	57.58	56.71	57.12

续表

选项	样本	民族聚居区	相邻社区	合计
非常幸福	样本数（人）	227	256	483
	占比（％）	12.20	12.40	12.31
合计	样本数（人）	1860	2065	3925

注：剔除5183个缺失的样本值以及拒答后的数值。

5.15.4 按民族分幸福感

调查显示，分别有60.17％、55.13％的汉族和少数民族受访者认为自己生活幸福；24.21％、27.61％的汉族和少数民族受访者认为自己生活一般；2.91％、3.83％的汉族和少数民族受访者认为自己生活不幸福。详见表5-69。

表5-69　　　　　　　　按民族分幸福感

选项	样本	汉族	少数民族	合计
非常不幸福	样本数（人）	13	20	33
	占比（％）	0.84	0.84	0.84
不幸福	样本数（人）	45	91	136
	占比（％）	2.91	3.83	3.46
一般	样本数（人）	375	656	1031
	占比（％）	24.21	27.61	26.27
幸福	样本数（人）	932	1310	2242
	占比（％）	60.17	55.13	57.12
非常幸福	样本数（人）	184	299	483
	占比（％）	11.88	12.58	12.31
合计	样本数（人）	1549	2376	3925

注：剔除5183个缺失的样本值以及拒答后的数值。

5.15.5 按性别分幸福感

调查显示，分别有55.32％、59.05％的男女受访者认为自己生活幸福；26.63％、25.89％的男女受访者认为自己生活一般；4.17％、2.71％的男女受访者认为自己生活不幸福。详见表 5-70。

表 5-70　　按性别分幸福感

选项	性别	男	女	全部样本
非常不幸福	样本数（人）	18	15	33
	占比（%）	0.88	0.8	0.84
不幸福	样本数（人）	85	51	136
	占比（%）	4.17	2.71	3.47
一般	样本数（人）	543	488	1031
	占比（%）	26.63	25.89	26.27
幸福	样本数（人）	1128	1113	2241
	占比（%）	55.32	59.05	57.11
非常幸福	样本数（人）	265	218	483
	占比（%）	13	11.56	12.31
合计	样本数（人）	2039	1885	3924

注：剔除 5183 个缺失的样本值以及拒答后的数值。

第 6 章　少数民族专题[*]

6.1　少数民族使用汉语的熟练程度

6.1.1　少数民族使用汉语的熟练程度概况

调查显示，在受访的 1529 位少数民族居民中，完全不会汉语的少数民族居民共计 87 位，占总人数比例的 5.69%；熟练程度较差的少数民族共计 44 位，占总人数比例的 2.88%；熟练程度一般的少数民族共计 294 位，占总人数比例的 19.23%；熟练程度不太好的少数民族共计 95 位，占总人数比例的 6.21%；熟练程度好的少数民族共计 1009 位，占总人数比例的 65.99%，详见表 6 – 1。

表 6 – 1　　　　　　　　使用汉语的熟练程度

汉语熟练程度	样本数（人）	占比（%）
好	1009	65.99
不太好	95	6.21
一般	294	19.23
较差	44	2.88
完全不会	87	5.69
合计	1529	100.00

注：剔除熟练程度缺失的 11 个样本后所得。

---

[*] 本章由丁佳玲负责。

6.1.2 按省份分少数民族使用汉语熟练程度

调查显示,汉语熟练程度好的前三个省(市、区)是湖南、青海、内蒙古,其占比分别为 17.44%、12.39%、10.31%;汉语熟练程度一般的前三个省(市、区)是云南、广西、甘肃,其占比分别为 16.2%、15.17%、13.88%;汉语熟练程度较差的前三个省(市、区)是西藏、甘肃、吉林,其占比分别为 38.64%、22.73%、11.36%;完全不会使用汉语的省(市、区)是西藏、北京、云南、新疆,其占比分别为 96.55%、1.15%、1.15%、1.15%,详见表 6-2。

表 6-2　　　　　按省份分少数民族使用汉语熟练程度

省(市、区)	汉语熟练程度	好	一般	较差	完全不会	合计
北京	人数(人)	82	10	3	1	96
	占比(%)	8.13	2.57	6.82	1.15	6.29
内蒙古	人数(人)	104	3	0	0	107
	占比(%)	10.31	0.77	0.00	0.00	7.01
吉林	人数(人)	30	39	5	0	74
	占比(%)	2.97	10.02	11.36	0.00	4.86
上海	人数(人)	23	17	0	0	40
	占比(%)	2.28	4.37	0.00	0.00	2.62
湖南	人数(人)	176	20	0	0	196
	占比(%)	17.44	5.14	0.00	0.00	12.84
广东	人数(人)	13	3	2	0	18
	占比(%)	1.29	0.77	4.55	0.00	1.18
广西	人数(人)	61	54	1	0	116
	占比(%)	6.05	13.88	2.27	0.00	7.61
四川	人数(人)	11	11	0	0	22
	占比(%)	1.09	2.83	0.00	000	1.44
云南	人数(人)	87	63	0	1	151
	占比(%)	8.62	16.20	0.00	1.15	9.90

续表

省（市、区）	汉语熟练程度	好	一般	较差	完全不会	合计
西藏	人数（人）	63	45	17	84	209
	占比（%）	6.24	11.57	38.64	96.55	13.71
甘肃	人数（人）	96	59	10	0	165
	占比（%）	9.51	15.17	22.73	0.00	10.84
青海	人数（人）	125	23	3	0	151
	占比（%）	12.39	5.91	6.82	0.00	9.90
宁夏	人数（人）	47	12	0	0	59
	占比（%）	4.66	3.08	0.00	0.00	3.87
新疆	人数（人）	91	30	3	1	125
	占比（%）	9.02	7.71	6.82	1.15	8.20
合计	人数（人）	1009	389	44	87	1529
	占比（%）	100.00	100.00	100.00	100.00	100.00

注：剔除熟练程度缺失的11个样本后所得。

6.1.3 按民族分少数民族使用汉语熟练程度

调查显示，共计1431位少数民族受访，使用汉语熟练程度好的共计943人，所占比例最高的民族是蒙古族96.88%，比例最低的民族是朝鲜族37.68%；使用汉语熟练程度不太好的共计90人，所占比例最高的民族是东乡族18.18%，比例最低的民族是蒙古族、苗族、土族，都为0；使用汉语熟练程度一般的共计228人，所占比例最高的民族是朝鲜族40.58%，比例最低的民族是彝族0；使用汉语熟练程度较差的共计87人，所占比例最高的民族是彝族36.29%，比例最低的民族是东乡族、侗族、满族、蒙古族和苗族，都为0；完全不会使用汉语的共计84人，所占比例最高的民族是藏族31.52%，详见表6-3。

表6-3　　　　　按民族分少数民族使用汉语熟练程度

民族	熟练程度	好	不太好	一般	较差	完全不会	合计
朝鲜族	人数（人）	26	10	28	5	0	69
	占比（%）	37.68	14.49	40.58	7.25	0.00	100.00

续表

民族	熟练程度	好	不太好	一般	较差	完全不会	合计
东乡族	人数（人）	14	4	4	0	0	22
	占比（%）	63.64	18.18	18.18	0.00	0.00	100.00
侗族	人数（人）	152	1	15	0	0	168
	占比（%）	90.48	0.6	8.93	0.00	0.00	100.00
回族	人数（人）	421	30	74	12	2	539
	占比（%）	78.11	5.57	13.73	2.23	0.37	100.00
满族	人数（人）	14	1	1	0	0	16
	占比（%）	87.5	6.25	6.25	0.00	0.00	100.00
蒙古族	人数（人）	31	0	1	0	0	32
	占比（%）	96.88	0.00	3.12	0.00	0.00	100.00
苗族	人数（人）	9	0	1	0	0	10
	占比（%）	90	0.00	10.00	0.00	0.00	100.00
土族	人数（人）	16	0	1	1	0	18
	占比（%）	88.89	0.00	5.56	5.56	0.00	100.00
维吾尔族	人数（人）	34	7	22	5	0	68
	占比（%）	50	10.29	32.35	7.35	0.00	100.00
彝族	人数（人）	71	7	0	45	1	124
	占比（%）	57.26	5.65	0.00	36.29	0.81	100.00
壮族	人数（人）	58	11	39	1	0	109
	占比（%）	53.21	10.09	35.78	0.92	0.00	100.00
藏族	人数（人）	97	19	42	18	81	257
	占比（%）	37.74	7.39	16.34	7.00	31.52	100.00
合计	人数（人）	943	90	228	87	84	1432
	占比（%）	65.85	6.28	15.92	6.08	5.87	100.00

注：剔除民族样本量小于10的102个样本后所得。

6.1.4 按调查点分少数民族使用汉语熟练程度

调查显示，使用汉语熟练程度好的少数民族共计1009人，其中民族聚居区有553人，占比为54.81%；相邻社区有456人，占比为45.19%。使用汉语的熟练程度一般的少数民族共计 389 人，民族聚居区 279 人，占比为 71.72%；相邻社区有 110 人，占比为 28.28%。使用汉语的熟练程度较差的少数民族共计 44 人，民族聚居区 29 人，占比为 65.91%；相邻社区有 15 人，占比为 34.09%。完全不会使用汉语的少数民族共计 87 人，民族聚居区 43 人，占比为 49.43%；相邻社区 44 人，占比为 50.57%。详见表 6-4。

表 6-4　　　　　　　按调查点分少数民族使用汉语熟练程度

调查点	熟练程度	好	一般	较差	完全不会	合计
民族聚居区	人数（人）	553	279	29	43	904
	占比（%）	54.81	71.72	65.91	49.43	59.12
相邻社区	人数（人）	456	110	15	44	625
	占比（%）	45.19	28.28	34.09	50.57	40.88
合计	人数（人）	1009	389	44	87	1529
	占比（%）	100.00	100.00	100.00	100.00	100.00

注：剔除熟练程度缺失的 11 个样本后所得。

6.2　阅读汉字是否存在困难

6.2.1　按概况分阅读汉字是否存在困难

调查显示，在受访的 1527 位少数民族居民中，阅读汉字没有困难的少数民族居民共计 1091 人，占比为 71.45%；存在阅读困难的少数民族居民共计 436 人，占比为 28.55%。详见表 6-5。

表 6-5　　　　　　　按概况分阅读汉字是否存在困难

阅读汉字是否存在困难	样本数（人）	占比（%）
否	1091	71.45
是	436	28.55
合计	1527	100.00

注：剔除信息缺失的 13 个样本后所得。

6.2.2 按省份分阅读汉字是否存在困难

调查显示,共有1527位少数民族居民受访,阅读汉字不存在困难的前三个省(市、区)是湖南、甘肃、青海,其占比分别为16.96%、10.91%、10.45%;阅读汉字存在困难的前三个省(市、区)是西藏、甘肃、云南,其占比分别为30.50%、10.55%、8.72%。详见表6-6。

表6-6　　　　　　　按省份分阅读汉字是否存在困难

省(市、区)	阅读汉字是否存在困难	否	是	合计
北京	人数(人)	81	15	96
	占比(%)	7.42	3.44	6.29
内蒙古	人数(人)	83	23	106
	占比(%)	7.61	5.28	6.94
吉林	人数(人)	41	33	74
	占比(%)	3.76	7.57	4.85
上海	人数(人)	24	16	40
	占比(%)	2.20	3.67	2.62
湖南	人数(人)	185	11	196
	占比(%)	16.96	2.52	12.84
广东	人数(人)	14	4	18
	占比(%)	1.28	0.92	1.18
广西	人数(人)	93	22	115
	占比(%)	8.52	5.05	7.53
四川	人数(人)	10	12	22
	占比(%)	0.92	2.75	1.44
云南	人数(人)	113	38	151
	占比(%)	10.36	8.72	9.89
西藏	人数(人)	76	133	209
	占比(%)	6.97	30.50	13.69
甘肃	人数(人)	119	46	165
	占比(%)	10.91	10.55	10.81

续表

省（市、区）	阅读汉字是否存在困难	否	是	合计
青海	人数（人）	114	37	151
	占比（%）	10.45	8.49	9.89
宁夏	人数（人）	50	9	59
	占比（%）	4.58	2.06	3.86
新疆	人数（人）	88	37	125
	占比（%）	8.07	8.49	8.19
合计	人数（人）	1091	436	1527
	占比（%）	100.00	100.00	100.00

注：剔除信息缺失的13个样本后所得。

6.2.3 按民族分阅读汉字是否存在困难

调查显示，阅读汉字没有困难的少数民族居民共计1018人，所占比例最高的民族是侗族，占比为94.64%；所占比例最低的民族是藏族，占比为43.19%。阅读汉字存在困难的少数民族居民共计412人，所占比例最高的民族是藏族，占比为56.81%；所占比例最低的民族是侗族，占比为5.36%。详见表6-7。

表6-7　　　　　　　　按民族分阅读汉字是否存在困难

民族	阅读汉字是否存在困难	否	是	合计
朝鲜族	人数（人）	37	32	69
	占比（%）	53.62	46.38	100.00
东乡族	人数（人）	18	4	22
	占比（%）	81.82	18.18	100.00
侗族	人数（人）	159	9	168
	占比（%）	94.64	5.36	100.00
回族	人数（人）	416	122	538
	占比（%）	77.32	22.68	100.00

续表

民族	阅读汉字是否存在困难	否	是	合计
满族	人数（人）	15	1	16
	占比（%）	93.75	6.25	100.00
蒙古族	人数（人）	26	6	32
	占比（%）	81.25	18.75	100.00
苗族	人数（人）	7	3	10
	占比（%）	70.00	30.00	100.00
土族	人数（人）	14	4	18
	占比（%）	77.78	22.22	100.00
维吾尔族	人数（人）	35	33	68
	占比（%）	51.47	48.53	100.00
彝族	人数（人）	91	33	124
	占比（%）	73.39	26.61	100.00
壮族	人数（人）	89	19	108
	占比（%）	82.41	17.59	100.00
藏族	人数（人）	111	146	257
	占比（%）	43.19	56.81	100.00
合计	人数（人）	1018	412	1430
	占比（%）	71.19	28.81	100.00

注：剔除民族样本量小于10的104个样本后所得。

6.2.4 按调查点分阅读汉字是否存在困难

调查显示，阅读汉字不存在困难的少数民族居民共计1091人，民族聚居区632人，占比为57.93%；相邻社区459人，占比为42.07%。阅读汉字存在困难的少数民族居民共计436人，民族聚居区270人，占比为61.93%；相邻社区166人，占比为38.07%。详见表6-8。

表6-8　　　　　按调查点分阅读汉字是否存在困难

调查点	阅读汉字是否存在困难	否	是	合计
民族聚居区	人数（人）	632	270	902
	占比（%）	57.93	61.93	59.07
相邻社区	人数（人）	459	166	625
	占比（%）	42.07	38.07	40.93
合计	人数（人）	1091	436	1527
	占比（%）	100.00	100.00	100.00

注：剔除信息缺失的13个样本后所得。

6.3　在居住地是否接受过汉语培训

6.3.1　按概况分在居住地是否接受过汉语培训

调查显示，共有1522位少数民族居民受访，没有接受过汉语培训的少数民族居民共计1113人，占比为73.13%；接受过汉语培训的少数民族居民共计409人，占比为26.87%。详见表6-9。

表6-9　　　　　按概况分在居住地是否接受过汉语培训

在居住地是否接受过汉语培训	样本数（人）	占比（%）
否	1113	73.13
是	409	26.87
合计	1522	100.00

注：剔除信息缺失的17个样本后所得。

6.3.2　按省份分在居住地是否接受过汉语培训

调查显示，共有1522位少数民族居民受访，没有在居住地接受过汉语培训的前三个省（市、区）是西藏、甘肃、云南，其占比分别为16.44%、13.39%、10.06%；接受过汉语培训的前三个省（市、区）是湖南、青海、新疆，其占比分别为23.72%、15.16%、12.47%。详见表6-10。

表 6-10　　　　　　按省份分在居住地是否接受过汉语培训

省（市、区）	在居住地是否接受过汉语培训	否	是	合计
北京	人数（人）	79	17	96
	占比（%）	7.10	4.16	6.31
内蒙古	人数（人）	81	22	103
	占比（%）	7.28	5.38	6.77
吉林	人数（人）	40	34	74
	占比（%）	3.59	8.31	4.86
上海	人数（人）	28	12	40
	占比（%）	2.52	2.93	2.63
湖南	人数（人）	99	97	196
	占比（%）	8.89	23.72	12.88
广东	人数（人）	14	4	18
	占比（%）	1.26	0.98	1.18
广西	人数（人）	103	12	115
	占比（%）	9.25	2.93	7.56
四川	人数（人）	13	9	22
	占比（%）	1.17	2.20	1.45
云南	人数（人）	112	39	151
	占比（%）	10.06	9.54	9.92
西藏	人数（人）	183	25	208
	占比（%）	16.44	6.11	13.67
甘肃	人数（人）	149	15	164
	占比（%）	13.39	3.67	10.78
青海	人数（人）	89	62	151
	占比（%）	8.00	15.16	9.92
宁夏	人数（人）	49	10	59
	占比（%）	4.40	2.44	3.88
新疆	人数（人）	74	51	125
	占比（%）	6.65	12.47	8.21
合计	人数（人）	1113	409	1522
	占比（%）	100.00	100.00	100.00

注：剔除信息缺失的 17 个样本后所得。

6.3.3 按民族分在居住地是否接受过汉语培训

调查显示,在居住地没有接受过汉语培训的少数民族居民共计1045人,所占比例最高的民族是壮族,占比为90.74%;所占比例最低的民族是苗族,占比为30%。在居住地接受过汉语培训的少数民族居民共计380人,所占比例最高的民族是苗族,占比为70%;所占比例最低的民族是壮族,占比为9.26%。详见表6-11。

表6-11 按民族分在居住地是否接受过汉语培训

民族	在居住地是否接受过汉语培训	否	是	合计
朝鲜族	人数(人)	39	30	69
	占比(%)	56.52	43.48	100.00
东乡族	人数(人)	17	5	22
	占比(%)	77.27	22.73	100.00
侗族	人数(人)	83	85	168
	占比(%)	49.40	50.60	100.00
回族	人数(人)	427	109	536
	占比(%)	79.66	20.34	100.00
满族	人数(人)	11	5	16
	占比(%)	68.75	31.25	100.00
蒙古族	人数(人)	17	13	30
	占比(%)	56.67	43.33	100.00
苗族	人数(人)	3	7	10
	占比(%)	30.00	70.00	100.00
土族	人数(人)	9	9	18
	占比(%)	50.00	50.00	100.00
维吾尔族	人数(人)	41	27	68
	占比(%)	60.29	39.71	100.00
彝族	人数(人)	95	29	124
	占比(%)	76.61	23.39	100.00

续表

民族	在居住地是否接受过汉语培训	否	是	合计
壮族	人数（人）	98	10	108
	占比（%）	90.74	9.26	100.00
藏族	人数（人）	205	51	256
	占比（%）	80.08	19.92	100.00
合计	人数（人）	1045	380	1425
	占比（%）	73.33	26.67	100.00

注：剔除民族样本量小于10的108个样本后所得。

6.3.4 按调查点分在居住地是否接受过汉语培训

调查显示，没有接受过汉语培训的少数民族居民共计1113人，民族聚居区有637人，占比为57.23%；相邻社区有476人，占比为42.77%。接受过汉语培训的少数民族居民共计409人，民族聚居区有262人，占比为64.06%；相邻社区有147人，占比为35.94%。详见表6-12。

表6-12　按调查点分在居住地是否接受过汉语培训

调查点	在居住地是否接受过汉语培训	否	是	合计
民族聚居区	人数（人）	637	262	899
	占比（%）	57.23	64.06	59.07
相邻社区	人数（人）	476	147	623
	占比（%）	42.77	35.94	40.93
合计	人数（人）	1113	409	1522
	占比（%）	100.00	100.00	100.00

注：剔除信息缺失的17个样本后所得。

6.4 在生活中使用汉语多还是本民族语言比较多

6.4.1 按概况分在生活中使用汉语多还是本民族语言比较多

调查显示，共有1511位少数民族居民受访，使用汉语的少数民族居民共计1031人，占比为68.23%；使用本民族语言的少数民族居民共计480人，占比为31.77%。详见表6-13。

表 6 – 13　　按概况分在生活中使用汉语多还是本民族语言比较多

使用汉语还是本民族语言	人数（人）	占比（%）
汉语	1031	68.23
本民族语言	480	31.77
合计	1511	100.00

注：剔除信息缺失的28个样本后所得。

6.4.2　按省份分在生活中使用汉语多还是本民族语言比较多

调查显示，共有1511位少数民族居民受访。其中，使用汉语比例最高的省（市、区）是湖南，共计195人，占比为18.91%；使用汉语比例最低的省（市、区）是西藏，共计7人，占比为0.68%。使用本民族语言比例最高的省（市、区）是西藏，共计201人，占比为41.88%，使用本民族语言比例最低的省（市、区）是湖南和宁夏，都只有1人，占比为0.21%。详见表6-14。

表 6 – 14　　按省份分在生活中使用汉语多还是本民族语言比较多

省（市、区）	使用汉语还是本民族语言	汉语	本民族语言	合计
北京	人数（人）	87	9	96
	占比（%）	8.44	1.88	6.35
内蒙古	人数（人）	100	5	105
	占比（%）	9.70	1.04	6.95
吉林	人数（人）	21	51	72
	占比（%）	2.04	10.63	4.77
上海	人数（人）	26	14	40
	占比（%）	2.52	2.92	2.65
湖南	人数（人）	195	1	196
	占比（%）	18.91	0.21	12.97

续表

省（市、区）	使用汉语还是本民族语言	汉语	本民族语言	合计
广东	人数（人）	16	2	18
	占比（%）	1.55	0.42	1.19
广西	人数（人）	93	19	112
	占比（%）	9.02	3.96	7.41
四川	人数（人）	11	11	22
	占比（%）	1.07	2.29	1.46
云南	人数（人）	67	84	151
	占比（%）	6.50	17.50	9.99
西藏	人数（人）	7	201	208
	占比（%）	0.68	41.88	13.77
甘肃	人数（人）	146	19	165
	占比（%）	14.16	3.96	10.92
青海	人数（人）	124	19	143
	占比（%）	12.03	3.96	9.46
宁夏	人数（人）	58	1	59
	占比（%）	5.63	0.21	3.90
新疆	人数（人）	80	44	124
	占比（%）	7.76	9.17	8.21
合计	人数（人）	1031	480	1511
	占比（%）	100.00	100.00	100.00

注：剔除信息缺失的28个样本后所得。

6.4.3 按民族分在生活中使用汉语多还是本民族语言比较多

调查显示，在生活中使用汉语的少数民族居民共计958人，所占比例最高的民族是苗族，占比为100%；所占比例最低的民族是藏族，占比为17.58%。在生活中使用本民族语言的少数民族居民共计456人，所占比例最高的民族是藏族，占比为82.42%；所占比例最低的民族是苗族，占比为0。详见表6-15。

表 6-15　　按民族分在生活中使用汉语多还是本民族语言比较多

民族	使用汉语还是本民族语言	汉语	本民族语言	合计
朝鲜族	人数（人）	17	50	67
	占比（%）	25.37	74.63	100.00
东乡族	人数（人）	17	5	22
	占比（%）	77.27	22.73	100.00
侗族	人数（人）	167	1	168
	占比（%）	99.40	0.60	100.00
回族	人数（人）	484	46	530
	占比（%）	91.32	8.68	100.00
满族	人数（人）	14	2	16
	占比（%）	87.50	12.50	100.00
蒙古族	人数（人）	29	3	32
	占比（%）	90.63	9.37	100.00
苗族	人数（人）	10	0	10
	占比（%）	100.00	0.00	100.00
土族	人数（人）	15	2	17
	占比（%）	88.24	11.76	100.00
维吾尔族	人数（人）	23	44	67
	占比（%）	34.33	65.67	100.00
彝族	人数（人）	50	74	124
	占比（%）	40.32	59.68	100.00
壮族	人数（人）	87	18	105
	占比（%）	82.86	17.14	100.00
藏族	人数（人）	45	211	256
	占比（%）	17.58	82.42	100.00
合计	人数（人）	958	456	1414
	占比（%）	67.75	32.25	100.00

注：剔除民族样本量小于 10 的 119 个样本后所得。

6.4.4 按调查点分在生活中使用汉语多还是本民族语言比较多

调查显示,共计 1511 位少数民族居民受访。其中,有 1031 位少数民族居民使用汉语,民族聚居区有 597 人,占比为 57.90%;相邻社区有 434 位,占比为 42.10%。有 480 位少数民族居民使用本民族语言,民族聚居区有 294 位,占比为 61.25%;相邻社区有 186 位,占比为 38.75%。详见表 6-16。

表 6-16　按调查点分在生活中使用汉语多还是本民族语言比较多

调查点	使用汉语还是本民族语言	汉语	本民族语言	合计
民族聚居区	人数（人）	597	294	891
	占比（%）	57.90	61.25	58.97
相邻社区	人数（人）	434	186	620
	占比（%）	42.10	38.75	41.03
合计	人数（人）	1031	480	1511
	占比（%）	100.00	100.00	100.00

注：剔除信息缺失的 28 个样本后所得。

6.5 与迁入本地之前相比,本民族语言使用熟练程度

6.5.1 按概况分与迁入本地之前相比,本民族语言使用熟练程度

调查显示,共计 1330 位少数民族居民受访。其中,有 140 位少数民族居民表示,与迁入本地之前相比,自己本民族语言使用熟练程度为更熟练,占比为 10.53%;1005 位少数民族居民表示自己无明显变化,占比为 75.56%;185 位少数民族居民表示自己更不熟练,占比为 13.91%。详见表 6-17。

表 6-17　按概况分与迁入本地之前相比,本民族语言使用熟练程度

本民族语言使用熟练程度	人数（人）	占比（%）
更熟练	140	10.53
无明显变化	1005	75.56

续表

本民族语言使用熟练程度	人数（人）	占比（%）
更不熟练	185	13.91
合计	1330	100.00

注：剔除信息缺失的206个样本后所得。

6.5.2 按省份分与迁入本地之前相比，本民族语言使用熟练程度

调查显示，共计1330位少数民族居民受访。其中，与迁入本地之前相比，本民族语言使用更熟练的少数民族居民共计140人，前三个省（市、区）是西藏、新疆、云南，其所占比例分别为23.57%、15.00%、8.57%；与迁入本地之前相比，本民族语言使用无明显变化的少数民族居民共计1005人，前三个省（市、区）是西藏、湖南、云南，其所占比例分别为15.02%、13.43%、11.94%；与迁入本地之前相比，本民族语言使用更不熟练的少数民族居民共计185人，前三个省（市、区）是甘肃、内蒙古、湖南，所占比例分别为24.86%、15.14%、15.14%。详见表6-18。

表6-18 按省份分与迁入本地之前相比，本民族语言使用熟练程度

省（市、区）	熟练程度	更熟练	无明显变化	更不熟练	合计
北京	人数（人）	6	62	7	75
	占比（%）	4.29	6.17	3.78	5.64
内蒙古	人数（人）	7	55	28	90
	占比（%）	5.00	5.47	15.14	6.77
吉林	人数（人）	11	50	2	63
	占比（%）	7.86	4.98	1.08	4.74
上海	人数（人）	11	17	7	35
	占比（%）	7.86	1.69	3.78	2.63
湖南	人数（人）	3	135	28	166
	占比（%）	2.14	13.43	15.14	12.48
广东	人数（人）	7	8	1	16
	占比（%）	5.00	0.80	0.54	1.20

续表

省（市、区）	熟练程度	更熟练	无明显变化	更不熟练	合计
广西	人数（人）	7	90	11	108
	占比（%）	5.00	8.96	5.95	8.12
四川	人数（人）	5	14	2	21
	占比（%）	3.57	1.39	1.08	1.58
云南	人数（人）	12	120	9	141
	占比（%）	8.57	11.94	4.86	10.60
西藏	人数（人）	33	151	2	186
	占比（%）	23.57	15.02	1.08	13.98
甘肃	人数（人）	5	98	46	149
	占比（%）	3.57	9.75	24.86	11.20
青海	人数（人）	4	80	17	101
	占比（%）	2.86	7.96	9.19	7.59
宁夏	人数（人）	8	29	20	57
	占比（%）	5.71	2.89	10.81	4.29
新疆	人数（人）	21	96	5	122
	占比（%）	15.00	9.55	2.70	9.17
合计	人数（人）	140	1005	185	1330
	占比（%）	100.00	100.00	100.00	100.00

注：剔除信息缺失的 206 个样本后所得。

6.5.3 按民族分与迁入本地之前相比，本民族语言使用熟练程度

调查显示，共计 1246 位少数民族居民受访，与迁入本地之前相比，使用本民族语言更熟练的少数民族居民共计 127 人，所占比例最高的民族是维吾尔族，占比为 25.37%；所占比例最低的民族是苗族和土族，占比都为 0。与迁入本地之前相比，使用本民族语言无明显变化的少数民族居民共计 948 人，所占比例最高的民族是彝族，占比为 86.32%；所占比例最低的民族是东乡族，占比为 60%。与迁入本地之前相比，使用本民族语言更不熟练的少数民族居民共计 171 人，所占比例最高的民族是东乡族，占比为 35%；所占比例最低的民族是维吾尔族，占比为 1.49%。详见表 6-19。

表 6-19　按民族分与迁入本地之前相比，本民族语言使用熟练程度

民族	熟练程度	更熟练	无明显变化	更不熟练	合计
朝鲜族	人数（人）	11	44	3	58
	占比（%）	18.97	75.86	5.17	100.00
东乡族	人数（人）	1	12	7	20
	占比（%）	5.00	60.00	35.00	100.00
侗族	人数（人）	3	117	24	144
	占比（%）	2.08	81.25	16.67	100.00
回族	人数（人）	36	325	97	458
	占比（%）	7.86	70.96	21.18	100.00
满族	人数（人）	2	10	3	15
	占比（%）	13.33	66.67	20.00	100.00
蒙古族	人数（人）	2	19	4	25
	占比（%）	8.00	76.00	16.00	100.00
苗族	人数（人）	0	7	3	10
	占比（%）	0.00	70.00	30.00	100.00
土族	人数（人）	0	8	4	12
	占比（%）	0.00	66.67	33.33	100.00
维吾尔族	人数（人）	17	49	1	67
	占比（%）	25.37	73.13	1.49	100.00
彝族	人数（人）	10	101	6	117
	占比（%）	8.55	86.32	5.13	100.00
壮族	人数（人）	8	83	10	101
	占比（%）	7.92	82.18	9.90	100.00
藏族	人数（人）	37	173	9	219
	占比（%）	16.89	79.00	4.11	100.00
合计	人数（人）	127	948	171	1246
	占比（%）	10.19	76.08	13.72	100.00

注：剔除民族样本量小于 10 的 284 个样本后所得。

6.5.4 按调查点分与迁入本地之前相比,本民族语言使用熟练程度

调查显示,共计 1330 位少数民族居民受访,与迁入本地之前相比,本民族语言使用更熟练的少数民族居民共计 140 人。其中,民族聚居区有 95 人,占比为 67.86%;相邻社区有 45 人,占比为 32.14%。与迁入本地之前相比,本民族语言使用无明显变化的少数民族居民共计 1005 人。其中,民族聚居区有 604 人,占比为 60.10%;相邻社区有 401 人,占比为 39.90%。与迁入本地之前相比,本民族语言使用更不熟练的少数民族居民共计 185 人。其中,民族聚居区有 120 人,占比为 64.86%;相邻社区有 65 人,占比为 35.14%。详见表 6-20。

表 6-20　按调查点分与迁入本地之前相比,本民族语言使用熟练程度

调查点	熟练程度	更熟练	无明显变化	更不熟练	合计
民族聚居区	人数(人)	95	604	120	819
	占比(%)	67.86	60.10	64.86	61.58
相邻社区	人数(人)	45	401	65	511
	占比(%)	32.14	39.90	35.14	38.42
合计	人数(人)	140	1005	185	1330
	占比(%)	100.00	100.00	100.00	100.00

注:剔除信息缺失的 206 个样本后所得。

6.6 居住地周围的公立学校是否以本民族语言授课

6.6.1 按概况分居住地周围的公立学校是否以本民族语言授课

调查显示,共计 1426 位居民受访,1020 位少数民族居民表示自己居住地周围的公立学校不是以本民族语言授课,占比为 71.53%;406 位少数民族居民表示自己居住地周围的公立学校是以本民族语言授课,占比为 28.47%。详见表 6-21。

表6-21　按概况分居住地周围的公立学校是否以本民族语言授课

居住地周围的公立学校是否以本民族语言授课	人数（人）	占比（%）
否	1020	71.53
是	406	28.47
合计	1426	100.00

注：剔除信息缺失的109个样本后所得。

6.6.2　按省份分居住地周围的公立学校是否以本民族语言授课

调查显示，共计1426位少数民族居民受访，居住地周围的公立学校没有以本民族语言授课的前三个省（市、区）是湖南、甘肃、云南，其所占比例分别为17.55%、13.82%、13.33%；居住地周围的公立学校是以本民族语言授课的前三个省（市、区）是西藏、吉林、青海，其所占比例分别为38.92%、15.27%、9.36%。详见表6-22。

表6-22　按省份分居住地周围的公立学校是否以本民族语言授课

省（市、区）	居住地周围的公立学校是否以本民族语言授课	否	是	合计
北京	人数（人）	59	29	88
	占比（%）	5.78	7.14	6.17
内蒙古	人数（人）	90	9	99
	占比（%）	8.82	2.22	6.94
吉林	人数（人）	9	62	71
	占比（%）	0.88	15.27	4.98
上海	人数（人）	30	7	37
	占比（%）	2.94	1.72	2.59
湖南	人数（人）	179	16	195
	占比（%）	17.55	3.94	13.67
广东	人数（人）	15	2	17
	占比（%）	1.47	0.49	1.19

续表

省（市、区）	居住地周围的公立学校是否以本民族语言授课	否	是	合计
广西	人数（人）	102	9	111
	占比（%）	10.00	2.22	7.78
四川	人数（人）	18	3	21
	占比（%）	1.76	0.74	1.47
云南	人数（人）	136	14	150
	占比（%）	13.33	3.45	10.52
西藏	人数（人）	7	158	165
	占比（%）	0.69	38.92	11.57
甘肃	人数（人）	141	13	154
	占比（%）	13.82	3.20	10.80
青海	人数（人）	104	38	142
	占比（%）	10.20	9.36	9.96
宁夏	人数（人）	45	10	55
	占比（%）	4.41	2.46	3.86
新疆	人数（人）	85	36	121
	占比（%）	8.33	8.87	8.49
合计	人数（人）	1020	406	1426
	占比（%）	100.00	100.00	100.00

注：剔除信息缺失的109个样本后所得。

6.6.3 按民族分居住地周围的公立学校是否以本民族语言授课

调查显示，在居住地周围的公立学校没有以本民族语言授课的少数民族居民共计937人，所占比例最高的民族是壮族，占比为92.38%；所占比例最低的民族是藏族，占比为25.23%。在居住地周围的公立学校以本民族语言授课的少数民族居民共计387人，所占比例最高的民族是朝鲜族，占比为89.39%；所占比例最低的民族是壮族，占比为7.62%。详见表6-23。

表 6-23　按民族分居住地周围的公立学校是否以本民族语言授课

民族	居住地周围的公立学校是否以本民族语言授课	否	是	合计
朝鲜族	人数（人）	7	59	66
	占比（%）	10.61	89.39	100.00
东乡族	人数（人）	18	2	20
	占比（%）	90.00	10.00	100.00
侗族	人数（人）	152	15	167
	占比（%）	91.02	8.98	100.00
回族	人数（人）	410	92	502
	占比（%）	81.67	18.38	100.00
满族	人数（人）	12	4	16
	占比（%）	75.00	25.00	100.00
蒙古族	人数（人）	25	6	31
	占比（%）	80.65	19.35	100.00
土族	人数（人）	10	7	17
	占比（%）	58.82	41.18	100.00
维吾尔族	人数（人）	40	23	63
	占比（%）	63.49	36.51	100.00
彝族	人数（人）	112	11	123
	占比（%）	91.06	8.94	100.00
壮族	人数（人）	97	8	105
	占比（%）	92.38	7.62	100.00
藏族	人数（人）	54	160	214
	占比（%）	25.23	74.77	100.00
合计	人数（人）	937	387	1324
	占比（%）	70.77	29.23	100.00

注：剔除民族样本量小于 10 的 205 个样本后所得。

6.6.4　按调查点分居住地周围的公立学校是否以本民族语言授课

调查显示，居住地周围的公立学校没有以本民族语言授课的少数民族居民共计1020人。其中，民族聚居区有613人，占比为60.10%；相邻社区有407人，占比为39.90%。居住地周围的公立学校是以本民族语言授课的少数民族居民共计406人，民族聚居区有235人，占比为57.88%；相邻社区有171人，占比为42.12%。详见表6-24。

表6-24　按调查点分居住地周围的公立学校是否以本民族语言授课

调查点	居住地周围的公立学校是否以本民族语言授课	否	是	合计
民族聚居区	人数（人）	613	235	848
	占比（%）	60.10	57.88	59.47
相邻社区	人数（人）	407	171	578
	占比（%）	39.90	42.12	40.53
合计	人数（人）	1020	406	1426
	占比（%）	100.00	100.00	100.00

注：剔除信息缺失的109个样本后所得。

6.7　是否愿意表露自己的民族身份

6.7.1　按概况分是否愿意表露自己的民族身份

调查显示，共计1538位少数民族居民受访，88人不愿意表露自己的民族身份，占比为5.72%；1450人愿意表露自己的民族身份，占比为94.28%。详见表6-25。

表6-25　　　　按概况分是否愿意表露自己的民族身份

是否愿意表露自己的民族身份	人数（人）	占比（%）
否	88	5.72
是	1450	94.28
合计	1538	100.00

注：剔除信息缺失的1个样本后所得。

6.7.2 按省份分是否愿意表露自己的民族身份

调查显示，不愿意表露自己民族身份的少数民族居民共计88人，前三个省（市、区）是西藏、湖南、云南，其所占比例分别为17.05%、14.77%、12.50%；愿意表露自己民族身份的少数民族居民共计1450人，前三个省（市、区）是西藏、湖南、甘肃，其所占比例分别为13.31%、12.62%、10.97%。详见表6-26。

表6-26　　　　　　　按省份分是否愿意表露自己的民族身份

省（市、区）	是否愿意表露自己的民族身份	否	是	合计
北京	人数（人）	5	102	107
	占比（%）	5.68	7.03	6.96
内蒙古	人数（人）	5	102	107
	占比（%）	5.68	7.03	6.96
吉林	人数（人）	3	71	74
	占比（%）	3.41	4.90	4.81
上海	人数（人）	3	37	40
	占比（%）	3.41	2.55	2.60
湖南	人数（人）	13	183	196
	占比（%）	14.77	12.62	12.74
广东	人数（人）	3	15	18
	占比（%）	3.41	1.03	1.17
广西	人数（人）	9	107	116
	占比（%）	10.23	7.38	7.54
四川	人数（人）	2	20	22
	占比（%）	2.27	1.38	1.43
云南	人数（人）	11	140	151
	占比（%）	12.50	9.66	9.82
西藏	人数（人）	15	193	208
	占比（%）	17.05	13.31	13.52
甘肃	人数（人）	6	159	165
	占比（%）	6.82	10.97	10.73

续表

省（市、区）	是否愿意表露自己的民族身份	否	是	合计
青海	人数（人）	5	146	151
	占比（%）	5.68	10.07	9.82
宁夏	人数（人）	5	54	59
	占比（%）	5.68	3.72	3.84
新疆	人数（人）	3	121	124
	占比（%）	3.41	8.34	8.06
合计	人数（人）	88	1450	1538
	占比（%）	100.00	100.00	100.00

注：剔除信息缺失的1个样本后所得。

6.7.3 按民族分是否愿意表露自己的民族身份

调查显示，不愿意表露自己的民族身份的少数民族居民共计78人，所占比例最高的民族是土族，占比为11.11%；所占比例最低的民族是苗族，占比为0。愿意表露自己的民族身份的少数民族居民共计1363人，所占比例最高的民族是苗族，占比为100%；所占比例最低的民族是土族，占比为88.89%。详见表6-27。

表6-27　　　　　按民族分是否愿意表露自己的民族身份

民族	是否愿意表露自己的民族身份	否	是	合计
朝鲜族	人数（人）	3	66	69
	占比（%）	4.35	95.65	100.00
东乡族	人数（人）	1	21	22
	占比（%）	4.55	95.45	100.00
侗族	人数（人）	10	158	168
	占比（%）	5.95	94.05	100.00
回族	人数（人）	21	527	548
	占比（%）	3.83	96.17	100.00

续表

民族	是否愿意表露自己的民族身份	否	是	合计
满族	人数（人）	1	15	16
	占比（%）	6.25	93.75	100.00
蒙古族	人数（人）	2	31	33
	占比（%）	6.06	93.94	100.00
苗族	人数（人）	0	10	10
	占比（%）	0.00	100.00	100.00
土族	人数（人）	2	16	18
	占比（%）	11.11	88.89	100.00
维吾尔族	人数（人）	2	66	68
	占比（%）	2.94	97.06	100.00
彝族	人数（人）	11	113	124
	占比（%）	8.87	91.13	100.00
壮族	人数（人）	9	100	109
	占比（%）	8.26	91.74	100.00
藏族	人数（人）	16	240	256
	占比（%）	6.25	93.75	100.00
合计	人数（人）	78	1363	1441
	占比（%）	5.41	94.59	100.00

注：剔除民族样本量小于10的92个样本后所得。

6.7.4　按调查点分是否愿意表露自己的民族身份

调查显示，不愿意表露自己的民族身份的少数民族居民共计88人，民族聚居区有61人，占比为69.32%；相邻社区有27人，占比为30.68%。愿意表露自己的民族身份的少数民族居民共计1450人，民族聚居区有848人，占比为58.48%；相邻社区有602人，占比为41.52%。详见表6-28。

表6-28　　　　　按调查点分是否愿意表露自己的民族身份

调查点	是否愿意表露自己的民族身份	否	是	合计
民族聚居区	人数（人）	61	848	909
	占比（%）	69.32	58.48	59.10

续表

调查点	是否愿意表露自己的民族身份	否	是	合计
相邻社区	人数（人）	27	602	629
	占比（%）	30.68	41.52	40.90
合计	人数（人）	88	1450	1538
	占比（%）	100.00	100.00	100.00

注：剔除信息缺失的1个样本后所得。

6.8 过去一年里，当地政府或相关组织有没有举办过关于少数民族的传统节日活动

6.8.1 概况

调查显示，共计1518位少数民族居民受访，492位少数民族居民表示在过去一年里，当地政府或相关组织没有举办过关于少数民族的传统节日活动，占比为32.41%；1026位少数民族居民表示有举办过关于少数民族的传统节日活动，占比为67.59%。详见表6-29。

表6-29　　　按概况分过去一年里，当地政府或相关组织有没有
举办过关于少数民族的传统节日活动

有没有举办活动	人数（人）	占比（%）
没有	492	32.41
有	1026	67.59
合计	1518	100.00

注：剔除信息缺失的20个样本后所得。

6.8.2 按省份分，过去一年里，当地政府或相关组织举办关于少数民族的传统节日活动情况

调查显示，表示没有举办过关于少数民族的传统节日活动的少数民族居民共计492位，前三个地区是西藏、内蒙古、青海，其所占比例分别为19.72%、

14.02%、12.80%；表示有举办关于少数民族的传统节日活动的少数民族居民共计1026人，前三个地区是湖南、云南、西藏，其所占比例分别为16.76%、13.84%、10.53%。详见表6-30。

表6-30　　按省份分过去一年里，当地政府或相关组织举办过关于少数民族的传统节日活动情况

省（市、区）	有没有举办活动	没有	有	合计
北京	人数（人）	28	78	106
	占比（%）	5.69	7.60	6.98
内蒙古	人数（人）	69	38	107
	占比（%）	14.02	3.70	7.05
吉林	人数（人）	29	43	72
	占比（%）	5.89	4.19	4.74
上海	人数（人）	16	23	39
	占比（%）	3.25	2.24	2.57
湖南	人数（人）	24	172	196
	占比（%）	4.88	16.76	12.91
广东	人数（人）	10	7	17
	占比（%）	2.03	0.68	1.12
广西	人数（人）	31	78	109
	占比（%）	6.30	7.60	7.18
四川	人数（人）	8	14	22
	占比（%）	1.63	1.36	1.45
云南	人数（人）	9	142	151
	占比（%）	1.83	13.84	9.95
西藏	人数（人）	97	108	205
	占比（%）	19.72	10.53	13.50
甘肃	人数（人）	54	107	161
	占比（%）	10.98	10.43	10.61
青海	人数（人）	63	86	149
	占比（%）	12.80	8.38	9.82

续表

省（市、区）	有没有举办活动	没有	有	合计
宁夏	人数（人）	11	48	59
	占比（%）	2.24	4.68	3.89
新疆	人数（人）	43	82	125
	占比（%）	8.74	7.99	8.23
合计	人数（人）	492	1026	1518
	占比（%）	100.00	100.00	100.00

注：剔除信息缺失的20个样本后所得。

6.8.3 按民族分，过去一年里，当地政府或相关组织举办关于少数民族的传统节日活动情况

调查显示，过去一年里，表示当地政府或相关组织没有举办过关于少数民族的传统节日活动的少数民族居民共计455人，所占比例最高的民族是满族，占比为68.75%；所占比例最低的民族是彝族，占比为3.23%。表示当地政府或相关组织有举办过关于少数民族的传统节日活动的少数民族居民共计968人，所占比例最高的民族是彝族，占比为96.77%；所占比例最低的民族是满族，占比为31.25%。详见表6-31。

表6-31　按民族分过去一年里，当地政府或相关组织有没有举办过关于少数民族的传统节日活动情况

民族	有没有举办活动	没有	有	合计
朝鲜族	人数（人）	27	40	67
	占比（%）	40.30	59.70	100.00
东乡族	人数（人）	5	14	19
	占比（%）	26.32	73.68	100.00
侗族	人数（人）	19	149	168
	占比（%）	11.31	88.69	100.00
回族	人数（人）	192	353	545
	占比（%）	35.23	64.77	100.00

续表

民族	有没有举办活动	没有	有	合计
满族	人数（人）	11	5	16
	占比（%）	68.75	31.25	100.00
蒙古族	人数（人）	17	16	33
	占比（%）	51.52	48.48	100.00
苗族	人数（人）	1	9	10
	占比（%）	10.00	90.00	100.00
土族	人数（人）	10	8	18
	占比（%）	55.56	44.44	100.00
维吾尔族	人数（人）	23	45	68
	占比（%）	33.82	66.18	100.00
彝族	人数（人）	4	120	124
	占比（%）	3.23	96.77	100.00
壮族	人数（人）	31	72	103
	占比（%）	30.10	69.90	100.00
藏族	人数（人）	115	137	252
	占比（%）	45.63	54.37	100.00
合计	人数（人）	455	968	1423
	占比（%）	31.97	68.03	100.00

注：剔除民族样本量小于10的109个样本后所得。

6.8.4 按调查点分过去一年里，当地政府或相关组织举办关于少数民族的传统节日活动情况

调查显示，过去一年里，表示当地政府或相关组织没有举办过关于少数民族传统节日活动的少数民族居民共计492人，民族聚居区有273人，占比为55.49%；相邻社区有219人，占比为44.51%。表示有举办过关于少数民族传统节日活动的少数民族居民共计1026人，民族聚居区有620人，占比为60.43%；相邻社区有406人，占比为39.57%。详见表6-32。

表 6 - 32　　按调查点分，过去一年里，当地政府或相关组织举办
关于少数民族的传统节日活动情况

调查点	有没有举办活动	没有	有	合计
民族聚居区	人数（人）	273	620	893
	占比（%）	55.49	60.43	58.83
相邻社区	人数（人）	219	406	625
	占比（%）	44.51	39.57	41.17
合计	人数（人）	492	1026	1518
	占比（%）	100.00	100.00	100.00

注：剔除信息缺失的 20 个样本后所得。

6.9　就业顺利程度

6.9.1　概况

调查显示，共计 1405 位少数民族居民受访，1058 位少数民族居民表示自己在寻找工作的过程中没有遇到困难，占比为 75.30%；347 位少数民族居民表示在寻找工作的过程中遇到困难，占比为 24.70%。详见表 6 - 33。

表 6 - 33　　　　　　　　就业情况概况

是否遇到困难	人数（人）	占比（%）
否	1058	75.30
是	347	24.70
合计	1405	100.00

注：剔除信息缺失的 117 个样本后所得。

6.9.2　按省份分，就业是否顺利

调查显示，在寻找工作的过程中没有遇到困难的少数民族居民共计 1058 人，前三个地区是湖南、甘肃、云南，其所占比例分别为 15.97%、12.95%、11.81%；在寻找工作的过程中遇到困难的少数民族居民共计 347 人，前三个

地区是青海、西藏、新疆，其所占比例分别为 17.58%、17.29%、12.39%。详见表 6-34。

表 6-34　　　　　　　　　　按省份分就业是否顺利

省（市、区）	是否遇到困难	否	是	合计
北京	人数（人）	82	21	103
	占比（%）	7.75	6.05	7.33
内蒙古	人数（人）	68	35	103
	占比（%）	6.43	10.09	7.33
吉林	人数（人）	63	6	69
	占比（%）	5.95	1.73	4.91
上海	人数（人）	26	11	37
	占比（%）	2.46	3.17	2.63
湖南	人数（人）	169	22	191
	占比（%）	15.97	6.34	13.59
广东	人数（人）	13	5	18
	占比（%）	1.23	1.44	1.28
广西	人数（人）	69	22	91
	占比（%）	6.52	6.34	6.48
四川	人数（人）	12	10	22
	占比（%）	1.13	2.88	1.57
云南	人数（人）	125	23	148
	占比（%）	11.81	6.63	10.53
西藏	人数（人）	101	60	161
	占比（%）	9.55	17.29	11.46
甘肃	人数（人）	137	16	153
	占比（%）	12.95	4.61	10.89
青海	人数（人）	71	61	132
	占比（%）	6.71	17.58	9.40
宁夏	人数（人）	44	12	56
	占比（%）	4.16	3.46	3.99

续表

省（市、区）	是否遇到困难	否	是	合计
新疆	人数（人）	78	43	121
	占比（%）	7.37	12.39	8.61
合计	人数（人）	1058	347	1405
	占比（%）	100.00	100.00	100.00

注：剔除信息缺失的117个样本后所得。

6.9.3 按民族分就业是否顺利

调查显示，在寻找工作的过程中没有遇到困难的少数民族居民共计997人，所占比例最高的民族是东乡族，占比为100%；所占比例最低的民族是维吾尔族，占比为56.92%。在寻找工作的过程中遇到困难的少数民族居民共计315人，所占比例最高的民族是维吾尔族，占比为43.08%；所占比例最低的民族是东乡族，占比为0。详见表6-35。

表6-35　　　　　　　　按民族分就业是否顺利

民族	是否遇到困难	否	是	合计
朝鲜族	人数（人）	59	5	64
	占比（%）	93.19	7.81	100.00
东乡族	人数（人）	22	0	22
	占比（%）	100.00	0.00	100.00
侗族	人数（人）	146	18	164
	占比（%）	89.02	10.98	100.00
回族	人数（人）	380	132	512
	占比（%）	74.22	25.78	100.00
满族	人数（人）	13	3	16
	占比（%）	81.25	18.75	100.00
蒙古族	人数（人）	22	8	30
	占比（%）	73.33	26.67	100.00

续表

民族	是否遇到困难	否	是	合计
苗族	人数（人）	9	1	10
	占比（%）	90.00	10.00	100.00
土族	人数（人）	8	6	14
	占比（%）	57.14	42.86	100.00
维吾尔族	人数（人）	37	28	65
	占比（%）	56.92	43.08	100.00
彝族	人数（人）	105	17	122
	占比（%）	86.07	13.93	100.00
壮族	人数（人）	64	21	85
	占比（%）	75.29	24.71	100.00
藏族	人数（人）	132	76	208
	占比（%）	63.46	36.54	100.00
合计	人数（人）	997	315	1312
	占比（%）	75.99	24.01	100.00

注：剔除民族样本量小于10的204个样本后所得。

6.9.4 按调查点分就业是否顺利

调查显示，1058位少数民族居民表示在寻找工作的过程中没有遇到困难，民族聚居区有625人，占比为59.07%；相邻社区有433人，占比为40.93%。347位少数民族居民表示在寻找工作的过程中遇到困难，民族聚居区有203人，占比为58.50%；相邻社区有144人，占比为41.50%。详见表6-36。

表6-36　　　　　　　　按调查点分就业是否顺利

调查点	是否遇到困难	否	是	合计
民族聚居区	人数（人）	625	203	828
	占比（%）	59.07	58.50	58.93
相邻社区	人数（人）	433	144	577
	占比（%）	40.93	41.50	41.07

续表

调查点	是否遇到困难	否	是	合计
合计	人数（人）	1058	347	1405
	占比（%）	100.00	100.00	100.00

注：剔除信息缺失的117个样本后所得。

6.10 导致就业困难的原因

6.10.1 学历原因

调查显示，467位少数民族居民受访，270位少数民族居民不是因为学历原因导致的就业困难，占比为57.82%；197位少数民族居民是因为学历原因导致的就业困难，占比为42.18%。详见表6-37。

表6-37　　　　　　　按概况分学历原因导致就业困难

是否学历原因导致的就业困难	人数（人）	占比（%）
否	270	57.82
是	197	42.18
合计	467	100.00

6.10.1.1 各省（市、区）学历导致的就业困难

调查显示，不是因为学历原因导致就业困难的少数民族居民共计270人，比例最高的地区是青海，为59人，占比为21.85%；比例最低的地区是吉林为4人，占比为1.48%。因为学历原因导致就业困难的少数民族居民共计197人，比例最高的地区是西藏为51人，占比为25.89%；比例最低的地区是广东为1人，占比为0.51%。详见表6-38。

表6-38　　　　　　　按省份分学历原因导致的就业困难

省（市、区）	是否学历原因导致的就业困难	否	是	合计
北京	人数（人）	12	13	25
	占比（%）	4.44	6.60	5.35

续表

省（市、区）	是否学历原因导致的就业困难	否	是	合计
内蒙古	人数（人）	28	10	38
	占比（%）	10.37	5.08	8.14
吉林	人数（人）	4	2	6
	占比（%）	1.48	1.02	1.28
上海	人数（人）	13	2	15
	占比（%）	4.81	1.02	3.21
湖南	人数（人）	15	11	26
	占比（%）	5.56	5.58	5.57
广东	人数（人）	5	1	6
	占比（%）	1.85	0.51	1.28
广西	人数（人）	19	9	28
	占比（%）	7.04	4.57	6.00
四川	人数（人）	7	5	12
	占比（%）	2.59	2.54	2.57
云南	人数（人）	26	22	48
	占比（%）	9.63	11.17	10.28
西藏	人数（人）	20	51	71
	占比（%）	7.41	25.89	15.20
甘肃	人数（人）	13	9	22
	占比（%）	4.81	4.57	4.71
青海	人数（人）	59	35	94
	占比（%）	21.85	17.77	20.13
宁夏	人数（人）	7	10	17
	占比（%）	2.59	5.08	3.64
新疆	人数（人）	42	17	59
	占比（%）	15.56	8.63	12.63
合计	人数（人）	270	197	467
	占比（%）	100.00	100.00	100.00

6.10.1.2 各民族学历原因导致的就业困难

调查显示，不是因为学历原因导致就业困难的少数民族居民共计241人，所占比例最高的民族是土族，占比为90.00%；所占比例最低的民族是藏族，占比为39.60%。是因为学历原因导致就业困难的少数民族居民共计180人，所占比例最高的民族是藏族，占比为60.40%；所占比例最低的民族是土族，占比为10.00%。详见表6-39。

表6-39　　　　　　　按民族分学历原因导致的就业困难

民族	是否是学历原因导致的就业困难	否	是	合计
侗族	人数（人）	11	10	21
	占比（%）	52.38	47.62	100.00
回族	人数（人）	110	64	174
	占比（%）	63.22	36.78	100.00
蒙古族	人数（人）	8	3	11
	占比（%）	72.73	27.27	100.00
土族	人数（人）	9	1	10
	占比（%）	90.00	10.00	100.00
维吾尔族	人数（人）	25	13	38
	占比（%）	65.79	34.21	100.00
彝族	人数（人）	21	19	40
	占比（%）	52.50	47.50	100.00
壮族	人数（人）	17	9	26
	占比（%）	65.38	34.62	100.00
藏族	人数（人）	40	61	101
	占比（%）	39.60	60.40	100.00
合计	人数（人）	241	180	421
	占比（%）	57.24	42.76	100.00

6.10.1.3 各调查点学历原因导致的就业困难

调查显示，不是因为学历导致就业困难的少数民族居民共计270人，民族聚居区有160人，占比为59.26%；相邻社区有110人，占比为40.74%。是因为学历原因导致就业困难的少数民族居民共计 197 人, 民族聚居区有 127 人, 占比为 64.47%; 相邻社区有 70 人, 占比为 35.53%。详见表 6-40。

表 6-40　　　　　　按调查点分学历原因导致的就业困难

调查点	是否学历原因导致的就业困难	否	是	合计
民族聚居区	人数（人）	160	127	287
	占比（%）	59.26	64.47	61.46
相邻社区	人数（人）	110	70	180
	占比（%）	40.74	35.53	38.54
合计	人数（人）	270	197	467
	占比（%）	100.00	100.00	100.00

6.10.2 其他原因导致的就业困难

6.10.2.1 按概况分其他原因导致的就业困难

调查显示, 466 位少数民族居民受访。其中, 274 人不是因为其他原因导致的就业困难, 占比为 58.8%; 192 人是因为其他原因导致的就业困难, 占比为 41.20%。详见表 6-41。

表 6-41　　　　　　按概况分其他原因导致的就业困难

是否其他原因导致的就业困难	人数（人）	占比（%）
否	274	58.80
是	192	41.20
合计	466	100.00

6.10.2.2 按省份分其他原因导致的就业困难

调查显示, 不是因为其他原因导致就业困难的少数民族居民共计 274 人, 所占比例最高的地区是青海省, 为 55 人, 占比为 20.07%; 所占比例最低的地区是广东省, 为 3 人, 占比为 1.09%。是因为其他原因导致就业困难的少数民族居民共计 192 人, 所占比例最高的地区是青海省, 为 39 人, 占比为 20.31%; 所占比例最低的地区是吉林省, 为 1 人, 占比为 0.52%。详见表

6-42。

表 6-42　　　　按省份分其他原因导致的就业困难

省（市、区）	是否其他原因导致的就业困难	否	是	合计
北京	人数（人）	18	7	25
	占比（%）	6.57	3.65	5.36
内蒙古	人数（人）	15	23	38
	占比（%）	5.47	11.98	8.15
吉林	人数（人）	5	1	6
	占比（%）	1.82	0.52	1.29
上海	人数（人）	7	8	15
	占比（%）	2.55	4.17	3.22
湖南	人数（人）	13	13	26
	占比（%）	4.74	6.77	5.58
广东	人数（人）	3	3	6
	占比（%）	1.09	1.56	1.29
广西	人数（人）	13	15	28
	占比（%）	4.74	7.81	6.01
四川	人数（人）	6	6	12
	占比（%）	2.19	3.13	2.58
云南	人数（人）	33	14	47
	占比（%）	12.04	7.29	10.09
西藏	人数（人）	54	17	71
	占比（%）	19.71	8.85	15.24
甘肃	人数（人）	8	14	22
	占比（%）	2.92	7.29	4.72
青海	人数（人）	55	39	94
	占比（%）	20.07	20.31	20.17
宁夏	人数（人）	10	7	17
	占比（%）	3.65	3.65	3.65

续表

省（市、区）	是否其他原因导致的就业困难	否	是	合计
新疆	人数（人）	34	25	59
	占比（%）	12.41	13.02	12.66
合计	人数（人）	274	192	466
	占比（%）	100.00	100.00	100.00

6.10.2.3 按民族分其他原因导致的就业困难

调查显示，不是因为其他原因导致就业困难的少数民族居民共计250人，所占比例最高的民族是藏族，为71.29%；所占比例最低的民族是蒙古族，为45.45%。是因为其他原因导致就业困难的少数民族居民共计170人，所占比例最高的民族是蒙古族，为54.55%；所占比例最低的民族是侗族，为0。详见表6-43。

表6-43　　　　按民族分其他原因导致的就业困难

民族	是否其他原因导致就业困难	否	是	合计
侗族	人数（人）	12	9	21
	占比（%）	57.14	0.00	100.00
回族	人数（人）	95	79	174
	占比（%）	54.60	45.40	100.00
蒙古族	人数（人）	5	6	11
	占比（%）	45.45	54.55	100.00
土族	人数（人）	6	4	10
	占比（%）	60.00	40.00	100.00
维吾尔族	人数（人）	21	17	38
	占比（%）	55.26	44.74	100.00
彝族	人数（人）	27	12	39
	占比（%）	69.23	30.77	100.00
壮族	人数（人）	12	14	26
	占比（%）	46.15	53.85	100.00

续表

民族	是否其他原因导致就业困难	否	是	合计
藏族	人数（人）	72	29	101
	占比（％）	71.29	28.71	100.00
合计	人数（人）	250	170	420
	占比（％）	59.52	40.48	100.00

注：剔除民族样本量小于10的43个样本后所得。

6.10.2.4 按调查点分其他原因导致的就业困难

调查显示，不是因为其他原因导致就业困难的少数民族居民共计274人，民族聚居区有168人，占比为61.31%；相邻社区有106人，占比为38.69%。是因为其他原因导致就业困难的少数民族居民共计192人，民族聚居区有119人，占比为61.98%；相邻社区有73人，占比为38.02%。详见表6-44。

表6-44　　　　按调查点分其他原因导致的就业困难

调查点	是否其他原因导致的就业困难	否	是	合计
民族聚居区	人数（人）	168	119	287
	占比（％）	61.31	61.98	61.59
相邻社区	人数（人）	106	73	179
	占比（％）	38.69	38.02	38.41
合计	人数（人）	274	192	466
	占比（％）	100.00	100.00	100.00

6.11　在此地居住的初衷

6.11.1　按概况分在此地居住的初衷

调查显示，277位少数民族居民在此地居住的初衷是寻求高经济收入，占比为19.72%；141位少数民族居民在此地居住的初衷是子女教育迁移，占比为10.04%；126位少数民族居民在此地居住的初衷是工作调动，占比为8.97%；90位少数民族居民在此地居住的初衷是随婚嫁入，占比为6.41%；

其他少数民族居民在此地居住的初衷是其他原因的共计 771 人，占比为 54.88%。详见表 6-45。

表 6-45　　　　　　　　　按概况分在此地居住的初衷

初衷	人数（人）	占比（%）
寻求高经济收入	277	19.72
子女教育迁移	141	10.04
工作调动	126	8.97
随婚嫁迁入	90	6.41
其他	771	54.88
合计	1405	100.00

注：剔除信息缺失的 120 个样本后所得。

6.11.2　按省份分在此地居住的初衷

调查显示，在此地居住的初衷是寻求高经济收入的少数民族居民共计 277 人，所占比例最高的地区是西藏 51 人，占比为 18.41；所占比例最低的地区是甘肃 4 人，占比为 1.44%。在此地居住的初衷是子女教育迁移的少数民族居民共计 141 人，所占比例最高的地区是西藏 75 人，占比为 53.19%；所占比例最低的地区是广东和甘肃，都是 0。在此地居住的初衷是工作调动的少数民族居民，共计 126 人，所占比例最高的地区是广西 41 人，占比为 32.54%；所占比例最低的地区是广东 0 人。随婚嫁入的原因，共计 90 人，所占比例最高的地区是甘肃 13 人，占比为 14.44%；所占比例最低的地区是四川 0 人。由于其他因素在此居住的居民，共计 771 人，所占比例最高的地区是湖南 139 人，占比为 18.03%；所占比例最低的地区是广东和四川，各 6 人，占比各为 0.78%。详见表 6-46。

表 6-46　　　　　　　　　按省份分在此地居住的初衷

省（市、区）	初衷	寻求高经济收入	子女教育迁移	工作调动	随婚嫁迁入	其他	合计
北京	人数（人）	35	1	4	11	44	95
	占比（%）	12.64	0.71	3.17	12.22	5.71	6.76

续表

省（市、区）		寻求高经济收入	子女教育迁移	工作调动	随婚嫁迁入	其他	合计
内蒙古	人数（人）	7	9	5	11	73	105
	占比（%）	2.53	6.38	3.97	12.22	9.47	7.47
吉林	人数（人）	7	9	8	5	31	60
	占比（%）	2.53	6.38	6.35	5.56	4.02	4.27
上海	人数（人）	13	4	2	5	13	37
	占比（%）	4.69	2.84	1.59	5.56	1.69	2.63
湖南	人数（人）	19	5	14	8	139	185
	占比（%）	6.86	3.55	11.11	8.89	18.03	13.17
广东	人数（人）	9	0	0	3	6	18
	占比（%）	3.25	0.00	0.00	3.33	0.78	1.28
广西	人数（人）	21	9	41	8	34	113
	占比（%）	7.58	6.38	32.54	8.89	4.41	8.04
四川	人数（人）	9	2	5	0	6	22
	占比（%）	3.25	1.42	3.97	0.00	0.78	1.57
云南	人数（人）	20	3	3	9	112	147
	占比（%）	7.22	2.13	2.38	10.00	14.53	10.46
西藏	人数（人）	51	75	6	8	59	199
	占比（%）	18.41	53.19	4.76	8.89	7.65	14.16
甘肃	人数（人）	4	0	6	13	123	146
	占比（%）	1.44	0.00	4.76	14.44	15.95	10.39
青海	人数（人）	37	9	7	1	43	97
	占比（%）	13.36	6.38	5.56	1.11	5.58	6.9
宁夏	人数（人）	5	4	9	1	39	58
	占比（%）	1.81	2.84	7.14	1.11	5.06	4.13
新疆	人数（人）	40	11	16	7	49	123
	占比（%）	14.44	7.80	12.70	7.78	6.36	8.75
合计	人数（人）	277	141	126	90	771	1405
	占比（%）	100.00	100.00	100.00	100.00	100.00	100.00

注：剔除信息缺失的120个样本后所得。

6.11.3 按民族分在此地居住的初衷

调查显示,在此地居住的初衷是寻求高经济收入的少数民族居民共计253人,所占比例最高的民族是维吾尔族,占比为31.34%;所占比例最低的民族是东乡族和苗族,为0。在此地居住的初衷是子女教育迁移的少数民族居民共计135人,所占比例最高的民族是藏族,占比为33.62%;所占比例最低的民族是苗族,为0。工作调动原因共计113人,所占比例最高的民族是壮族,占比为33.96%;所占比例最低的民族是蒙古族,为0。随婚嫁入原因共计84人,所占比例最高的民族是东乡族,占比为26.32%;比例最低的民族是苗族和土族,为0。由于其他因素在此居住的少数民族居民共计727人,所占比例最高的民族是侗族,占比为77.36%;所占比例最低的民族是壮族,占比为29.25%。详见表6-47。

表6-47　　　　　　　　按民族分在此地居住的初衷

民族	初衷	寻求高经济收入	子女教育迁移	工作调动	随婚嫁入	其他	合计
朝鲜族	人数（人）	5	8	7	5	31	56
	占比（%）	8.93	14.29	12.5	8.93	55.36	100.00
东乡族	人数（人）	0	0	2	5	12	19
	占比（%）	0.00	0.00	10.53	26.32	63.16	100.00
侗族	人数（人）	17	3	10	6	123	159
	占比（%）	10.69	1.89	6.29	3.77	77.36	100.00
回族	人数（人）	99	19	24	35	312	489
	占比（%）	20.25	3.89	4.91	7.16	63.8	100.00
满族	人数（人）	3	3	1	1	7	15
	占比（%）	20.00	20.00	6.67	6.67	46.67	100.00
蒙古族	人数（人）	7	3	0	3	16	29
	占比（%）	24.14	10.34	0.00	10.34	55.17	100.00
苗族	人数（人）	0	0	3	0	7	10
	占比（%）	0.00	0.00	30.00	0.00	70.00	100.00

续表

民族	初衷	寻求高经济收入	子女教育迁移	工作调动	随婚嫁入	其他	合计
土族	人数（人）	1	2	1	0	6	10
	占比（%）	10.00	20.00	10.00	0.00	60	100.00
维吾尔族	人数（人）	21	7	14	4	21	67
	占比（%）	31.34	10.45	20.9	5.97	31.34	100.00
彝族	人数（人）	19	3	1	8	89	120
	占比（%）	15.83	2.50	0.83	6.67	74.17	100.00
壮族	人数（人）	22	9	36	8	31	106
	占比（%）	20.75	8.49	33.96	7.55	29.25	100.00
藏族	人数（人）	59	78	14	9	72	232
	占比（%）	25.43	33.62	6.03	3.88	31.03	100.00
合计	人数（人）	253	135	113	84	727	1312
	占比（%）	19.28	10.29	8.61	6.40	55.41	100.00

注：剔除民族样本量小于10的207个样本后所得。

6.11.4 按调查点分在此地居住的初衷

调查显示，在此地居住的初衷是寻求高经济收入的少数民族居民共计277人，民族聚居区有173人，占比为62.45%；相邻社区有104人，占比为37.55%。在此地居住的初衷是子女教育迁移的少数民族居民共计141人，民族聚居区有82人，占比为58.16%；相邻社区有59人，占比为41.84%。工作调动原因共计126人，民族聚居区有84人，占比为66.67%；相邻社区有42人，占比为33.33%。随婚嫁入原因共计90人，民族聚居区有49人，占比为54.44%；相邻社区有41人，占比为45.56%。由于其他因素在此居住的少数民族居民共计771人，民族聚居区有466人，占比为60.44%；相邻社区有305人，占比为39.56%。详见表6-48。

表 6-48　　　　　　　按调查点分在此地居住的初衷

调查点	初衷	寻求高经济收入	子女教育迁移	工作调动	随婚嫁迁入	其他	合计
民族聚居区	人数（人）	173	82	84	49	466	854
	占比（%）	62.45	58.16	66.67	54.44	60.44	60.78
相邻社区	人数（人）	104	59	42	41	305	551
	占比（%）	37.55	41.84	33.33	45.56	39.56	39.22
合计	人数（人）	277	141	126	90	771	1405
	占比（%）	100.00	100.00	100.00	100.00	100.00	100.00

注：剔除信息缺失的120个样本后所得。

附　录

附录1　中国城市少数民族经济社会发展综合调查（居民问卷）

非常感谢您参与这次调查。中国城市民族区经济社会发展综合调查旨在收集城市少数民族聚居区及其周边地区的经济、社会发展基本情况，为学术研究以及政府制定、调整经济政策提供科学依据。

您是我们随机抽取的住户，希望您能支持和配合我们的工作。您的意见对我们非常重要，所有回答不分对错。我们向您郑重承诺，绝不会泄露您的隐私。非常感谢！

调查省（市/自治区）：　　　　　　　　　　　　　　P1□□

北京11；天津12；河北13；山西14；内蒙古15；

辽宁21；吉林22；黑龙江23；

上海31；江苏32；浙江33；安徽34；福建35；江西36；

河南41；湖北42；湖南43；广东44；广西45；海南46；

重庆50；四川51；贵州52；云南53；西藏54；

陕西61；甘肃62；青海63；宁夏64；新疆65

调查点：　　　　　　　　　　　　　　　　　　　　P2□□

城市民族聚居社区01　　　　　　01的相邻社区02

住户编码　　　　　　　　　　　　　　　　　　　　P3□□□

住户电话　　　　　　　　　　　　　　　　　　　　P4□□□□□□□□

住户地址：＿＿＿＿省（市/自治区）＿＿＿＿市＿＿＿＿区＿＿＿＿街道

社区＿＿＿＿栋＿＿＿＿单元＿＿＿＿号　　　　　　　　　　P5

访问员姓名：＿＿＿＿＿＿＿（p61）　　访问员编码：＿＿＿＿＿＿＿（p62）

一审姓名：＿＿＿＿＿＿＿（p63）　　审核时间：＿＿＿月＿＿＿日（p63）

二审姓名：＿＿＿＿＿＿＿（p65）　　审核时间：＿＿＿月＿＿＿日（p66）

复核员姓名：＿＿＿＿＿＿＿（p67）　　复核时间：＿＿＿＿＿＿＿（p68）

录入员姓名：＿＿＿＿＿＿＿（p69）　　录入时间：＿＿＿＿＿＿＿（p70）

访问日期：＿＿＿年＿＿月＿＿日（p71）

开始时间：＿＿＿时＿＿＿分（p72）　　结束时间：＿＿＿时＿＿＿分（p73）

1. 第一部分：人口学特征

注：我们想了解您与家庭有经济联系的家庭成员基本信息。

		01	02	03	04	05	06	07	08
A100	个人编码								
A101	姓名								
A102	性别：1. 男 2. 女								
A103	您与户主的关系是？1. 本人 2. 配偶或伴侣 3. 父母 4. 子女 5. 祖父母/外祖父母 6. 岳父母/公婆 7. 儿媳/女婿 8.（外）孙子/孙女 9.（外）孙媳/孙女婿 10. 兄弟姐妹 11. 其他								
A104	出生年月：——年——月（例：1995年03月）	年__月	年__月	年__月	年__月	年__月	年__月	年__月	年__月
A105	民族？（出示卡片1）								
A106	文化程度是？[7岁以上] 1. 没上过学 2. 小学 3. 初中 4. 高中 5. 中专或职业学校 6. 大专 7. 大学及以上								
A107	政治面貌？1. 共产党员 2. 民主党派 3. 共青团员 4. 群众								
A108	您的宗教信仰是？0. 无 1. 佛教 2. 道教 3. 伊斯兰教 4. 藏传佛教 5. 基督教 6. 天主教 7. 民间信仰，请具体说明 8. 其他								
A109	您的户籍所在地是？1. 本地 2. 外地								
A110	您现在的户口类别是？1. 农业户口 2. 非农业户口								

续表

个人编码	01	02	03	04	05	06	07	08
A100								
A111	您在此地居住了多久？（年）							
A112	您主要从事的职业是？(1. 只询问16岁及以上人员并出示卡片 2. 否则跳至第二部分)							
A113	您获得该工作的途径？1. 顶替父母/亲属 2. 国家分配/组织调动 3. 个人直接申请 4. 职业机构介绍 5. 人才交流会 6. 个人推荐介绍 7. 自雇 8. 就业广告 9. 报纸/电视台/电台等媒体 10. 其他							
A114	您目前的婚姻状况是？（只询问16岁及以上，否则跳至第二部分）1. 未婚 2. 已婚 3. 同居 4. 分居 5. 离婚 6. 丧偶							

2. 第二部分：健康与社会保障

个人编码	01	02	03	04	05	06	07	08
A100								
B101	您的身高是＿＿厘米							
B102	您的体重是＿＿千克							
B103	过去4周您是否生过病？ 0. 否 1. 是							
B104	过去4周您是否受过伤？ 0. 否 1. 是							

续表

个人编码		01	02	03	04	05	06	07	08
A100									
B105	您目前是否患有慢性病？（出示卡片3）0. 否 1. 是								
B106	您觉得自己目前的健康状况如何？1. 很好 2. 好 3. 一般 4. 很差 5. 非常差								
B107	您是否参加了医疗保险？0. 否（跳至B110）1. 新型农村合作医疗保险 2. 城镇职工医疗保险 3. 城镇居民医疗保险 4. 其他								
B108	上年实际的医疗保险缴费金额（元/年）？								
B109	上年实际医疗报销金额（元）？								
B110	过去一年中，您未报销前医疗花费总额（元）？								
B111	您是否参加了养老保险？0. 否（跳至B117）1. 新型农村社会养老保险 2. 城镇职工社会养老保险 3. 城镇居民社会养老保险 4. 其他								
B112	您缴纳养老保险的方式？1. 趸缴 2. 年缴（跳至B114）								
B113	趸缴金额：（元）（跳至B115）								
B114	年缴金额：（元）								
B115	现在是否开始领取养老金？0. 否（跳至B117）1. 是								
B116	每月养老金领取金额：（元/月）								
B117	您是否享有低保？0. 否（跳至C101）1. 是								
B118	每月低保金领取金额：（元/月）								

第三~第六部分仅询问户主或对家庭经济情况较为了解的家庭成员，不知道请填写"-9"，拒绝回答请填写"-8"，不适用请填"-7"。

3. 第三部分：基本公共服务

A100	个人编码	
C101	您是否知道当地政府组织的职业技能培训？	0. 否（跳至C104） 1. 是
C102	您是否参加过当地政府组织的职业技能培训？	0. 否（跳至C104） 1. 是
C103	您认为培训效果怎么样？ 1. 非常差 2. 差 3. 一般 4. 好 5. 非常好	
C104	您是否知道当地政府组织发布的就业信息？ 0. 否 1. 是	
C105	您所在的社区是否组织过免费的体检？ 0. 否 1. 是	
C106	本地公共医疗资源是否能满足您的基本需求？ 0. 否 1. 是	
C107	您在就医过程中遇到的困难？（可多选） 1. 医药费高 2. 挂号难 3. 在大医院住院难 4. 其他	
C108	您的孩子在本地上学的难易程度？ 1. 非常难 2. 难 3. 一般 4. 容易 5. 非常容易	
C109	您认为本地区的公共教育质量怎么样？ 1. 非常差 2. 差 3. 一般 4. 好 5. 非常好	
C110	您的子女中学龄儿童在九年义务教育期间是否支付过择校费或建校费？ 0. 否 1. 5000元以下 2. 5000~10000元 3. 10000~15000元 4. 15000~20000元 5. 20000元以上	
C111	您对当地目前公租房服务是否满意？ 1. 非常不满意 2. 不满意 3. 一般 4. 满意 5. 非常满意	
C112	您当地的公共健身、锻炼设施是否能满足您的需求？ 0. 否 1. 是	
C113	您居住地附近的公共交通是否能满足您的日常需求？ 0. 否 1. 是	

4. 第四部分：经济情况和价格水平

D101	家庭收入的范围 过去一年（2015年）的家庭总收入（元） 1. 0～0.5万元 2. 0.5～1万元 3. 1～5万元 4. 5～10万元 5. 10万元以上	
D1011	其中家庭经营性收入（元）？[如果没有，请填"0"]	
D102	过去一年的家庭收入寄回家乡（元）？	
D103	过去一年的家庭日常饮食开支（元）？	
D104	过去一年的家庭人情支出（元）？	
D105	过去一年的家庭教育支出（元）？	
D106	过去一年的家庭旅游支出（元）？	
D107	过去一年的家庭宗教支出（元）？	
D108	投资（购买金融产品）（元）？	
D109	商业保险（元）？	
D110	家庭经营性支出（包括购买货物和店铺租金等）？	
D111	过去一年（2015）的家庭总支出（元）？	
D112	目前居住的房屋产权和租赁情况？1. 租用单位房 2. 租用公房 3. 自有私房（继承与自建）（跳至D115） 4. 已购房（部分／有限／居住产权）（跳至D115） 5. 已购房（全部产权）（跳至D118） 6. 其他（跳至D118）	
D113	目前租住房屋的租金是多少（元／每月）（跳至D118）？	
D114	该自有房购于哪年（例如，2009）？	
D115	该自有房屋购买时的单位价格（元／平方米）？	
D116	该自有房屋所在小区目前的房屋平均单价（元／平方米）？	
D117	您现在所住居住房屋的面积（平方米）？	
D118		

续表

D101	过去一年（2015年）的家庭总收入（元）	
D119	除了现在住房外，您家在别处是否拥有具有部分或全部产权的住房？ 0. 否（跳至D121） 1. 是	
D120	您家在别处共具有部分或全部产权的住房？	
D121	您家是否有住房贷款？ 0. 否（跳至D123） 1. 是	
D122	贷款总额为（万元）？	
D123	您家是否拥有轿车 0. 否 1. 是	
D124	家庭存款（元）？	
D125	家庭存款范围？ 1. 0～0.5万元 2. 0.5～1万元 3. 1～5万元 4. 5～10万元 5. 10万元以上	
D126	您家借出款（元）？	
D127	最大一笔借入款（除住房贷款外）借入人（万元）？【若为0，跳至第五部分】	
D128	该笔借入款的来源是？（单选，填最主要的） 1. 银行 2. 农村信用社 3. 企业 4. 亲戚 5. 朋友 6. 民间金融借贷 7. 其他	
D129	该笔借入款年利率（%）？	

5. 第五部分：生活和思想状况（只询问受访者本人）

A100	个人编码	
E101	您当地的休闲娱乐设施能满足您的需求吗？ 1. 能 2. 不能	
E102	您认为当地还需要哪些娱乐活动场所及文娱活动？（可多选） 1. 图书室 2. 体育设施及运动场所 3. 广场 4. 公园 5. 政府组织的文艺活动及演出 6. 其他 7. 不需要	

续表

个人编码	A100	
您经常参加社区举办的文化活动吗？ 0. 否 1. 偶尔 2. 一般 3. 经常	E103	
您会参加有关民族性或者宗教性的活动吗？ 0. 否 1. 偶尔 2. 一般 3. 经常	E104	
您所居住周边的理发价格是多少？（元，以男性一次洗剪吹的价格为准）	E105	
您目前所在居住的环境卫生情况？ 1. 非常差 2. 差 3. 一般 4. 好 5. 非常好	E106	
您在此地生活各方面是否习惯？ 1. 习惯 2. 有点不习惯 3. 不习惯	E107	
您是否愿意长期居住在这里？ 0. 否 1. 是	E108	
您当地有几位非本民族好朋友？ 1. 无 2. 5人以下 3. 5到10人 4. 10人以上	E109	
如果遇到自己民族不同的老人、孕妇、残疾人等，您是否会让座？ 0. 否 1. 是	E110	
过去一年里，您是否在公共场合受到过不公待遇？ 0. 否（跳至E113） 1. 是	E111	
当权益受到侵害时，您会如何处理？ 1. 找律师咨询 2. 找相关主管部门 3. 找媒体进行曝光 4. 与其他人一起抗议 5. 自行维护 6. 不维护	E112	
您是否同意：社会上大多数人（包括陌生人）都是可以信任的？ 1. 非常不同意 2. 比较不同意 3. 一般 4. 比较同意 5. 非常同意	E113	
您及身边的人在过去3个月内是否遭受过以下社会治安问题？（可多选） 0. 没有 1. 盗窃 2. 行骗 3. 抢劫 4. 绑架勒索 5. 社会暴动 6. 其他	E114	
您本人或您同民族的亲人是否有非本民族婚恋对象？ 1. 有 2. 没有	E115	
您对您的子女与其他民族通婚的看法？ 1. 支持 2. 中立 3. 反对	E116	
您持有以下哪种生育观念？ 1. 重男轻女 2. 男女平等 3. 重女轻男	E117	
您对自己现在的生活感到幸福吗？ 1. 非常不幸福 2. 不幸福 3. 一般 4. 幸福 5. 非常幸福	E118	

注：若受访者为汉族，终止询问，谢谢您的参与；若受访者为少数民族，则继续询问第六部分。

6. 第六部分：少数民族专题（只询问少数民族受访者本人）

个人编码	
A100	
F101	您使用汉语的熟练程度如何？ 1. 好 2. 不太好 3. 一般 4. 较差 5. 完全不会
F102	您在阅读汉字的时候是否存在困难？ 0. 否 1. 是
F103	您在居住地接受过汉语培训吗？ 0. 否 1. 是
F104	在生活中使用汉语还是本民族语言比较多？ 1. 汉语 2. 本民族语言
F105	与迁入本地之前相比，您的本民族语言使用熟练程度如何？ 1. 更熟练 2. 没有明显变化 3. 更不熟练
F106	您居住地周围的公立学校是否以本民族语言授课？ 0. 否 1. 是
F107	您是否愿意表露自己的民族身份？ 0. 否 1. 是
F108	过去一年里，当地政府或相关组织举办过关于少数民族的传统节日活动吗？ 0. 没有 1. 有
F109	过去一年里，您的饮食习惯是否发生变化？ 0. 否 1. 是
F110	您在寻找工作的过程中是否遇到困难？ 0. 否（跳至F112） 1. 是
F111	什么原因导致的就业困难？
F112	您在此地居住的初衷是？ 1. 寻求高经济收入 2. 子女教育迁移 3. 工作调动 4. 随婚嫁迁入 5. 其他

问卷结束，谢谢您的支持！

附录2 中国少数民族人口的城镇化研究

郑长德

改革开放以来,尤其是20世纪90年代中期以来,我国进入了城镇化的快速推进时期。据统计,1978年我国的城镇化率(城镇人口/总人口)为17.92%,到1995年达到29.04%,平均每年推进0.64个百分点;之后城镇化率快速推进,平均每年推进1.39个百分点,到2011年城镇化率突破50%,达到51.27%。按照城镇化发展的"S"曲线(诺瑟姆曲线)(郑长德,2009),在未来10~20年内,我国的城镇化将仍处于加速阶段,城镇化将成为影响中国经济社会发展的重大事件之一。

我国是一个多民族国家,全国城镇化的发展是各民族人口城镇化发展的结果,同时各民族人口的城镇化又从全国人口城镇化的发展中获得溢出效应。在全国人口城镇化快速推进的时期,各民族人口城镇化水平大幅度提高,但不同民族间人口城镇化水平和速度差异很大,城镇化的动力机制也不完全相同。本书基于1990年、2000年和2010年人口普查资料,研究少数民族人口的城镇化。本书分析了少数民族人口城镇化的进程和特点,探析了推动少数民族人口城镇化的因素,最后给出了结论。

1. 少数民族人口城镇化的进程与特点

1.1 汉族和少数民族的人口城镇化的进程与水平

2010年第六次人口普查表明,2010年全国人口在城市、镇和乡村的分布分别是30.29%、19.98%和49.73%。其中,汉族人口在城市、镇和乡村的分布分别是31.62%、20.25%和48.13%;少数民族人口在城市、镇和乡村的分布分别是15.84%、17.00%和67.16%。显然,少数民族人口的城镇化水平低于全国和汉族人口的水平,城镇化率(城市人口和镇人口的和占总人口的比例)为32.84%,汉族人口的城镇化率为52.87%,比少数民族人口城镇化率高20.03个百分点;全国人口的城镇化率为50.27%,比少数民族人口城镇化率高17.43个百分点。

表1　　　　　中国各民族人口城镇化的变化（1990～2010年）

地区	1990年 全国	1990年 汉族	1990年 少数民族	2000年 全国	2000年 汉族	2000年 少数民族	2010年 全国	2010年 汉族	2010年 少数民族
城市	18.68	19.47	9.70	23.55	24.64	11.81	30.29	31.62	15.84
镇	7.51	7.59	6.65	13.37	13.54	11.55	19.98	20.25	17.00
乡村	73.80	72.94	83.64	63.08	61.83	76.64	49.73	48.13	67.16
城镇化率	26.2	27.06	16.36	36.92	38.17	23.36	50.27	52.87	32.84

资料来源：作者根据《中国1990年人口普查资料》《中国2010年人口普查资料》和《中国2000年人口普查资料》计算得到。

从城镇化推进的速度看（见表1、图1），1990～2000年，全国人口城镇化率由26.20%提高到36.92%，平均每年提高1.07个百分点；同期，汉族人口城镇化率由27.06%提高到38.17%，平均每年推进1.11个百分点；少数民族人口城镇化率由16.36%提高到23.36%，平均每年提高0.7个百分点。2000～2010年，全国人口城镇化率由36.92%提高到50.27%，提高了13.35个百分点，平均每年提高1.33个百分点；同期，汉族人口城镇化率由38.17%提高到52.87%，提高了14.7个百分点，平均每年推进1.47个百分点；少数

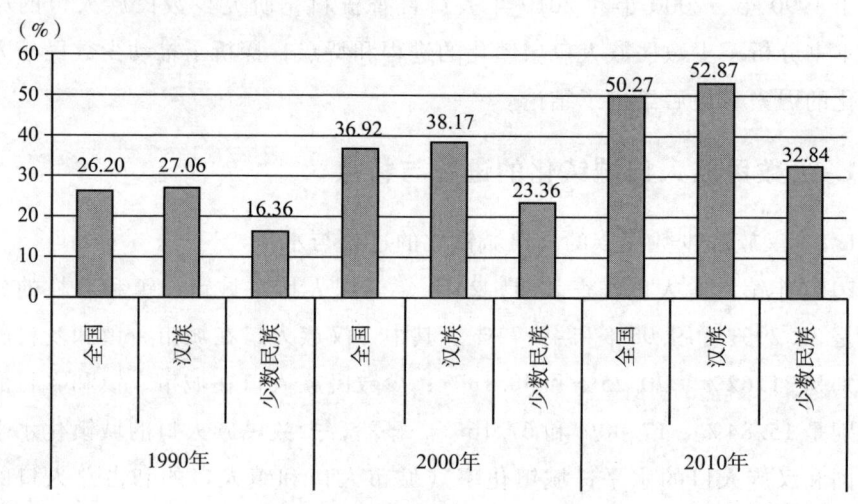

图1　中国人口的城镇化：民族比较

资料来源：根据表1绘制。

民族人口城镇化率由 23.36% 提高到 32.84%，提高了 9.48 个百分点，平均每年提高 0.95 个百分点。可以看出，2000～2010 年与 1990～2000 年比较，无论全国还是汉族和少数民族，人口城镇化均处于加速推进状态。不过，少数民族人口城镇化进程比汉族人口慢，而且，少数民族镇的人口增加快于城市人口的增加。

1.2　少数民族人口城镇化水平的族际差别

55 个少数民族，由于各自的经济社会发展水平不同，城镇化的水平和推进速度差异较大。首先，从城镇化水平看，1990 年城镇化水平最高的少数民族（俄罗斯族）与最低的少数民族（东乡族），城镇化率相差 75 个百分点以上；2000 年这两个少数民族的城镇化率相差 77 个百分点以上。2010 年城镇化水平最高的是俄罗斯族，城镇化率达到 84.59%，最低的是傈僳族，人口城镇化率只有 10.76%，两者相差 73.83 个百分点。

根据 2010 年第六次人口普查，以少数民族人口平均城镇化率（32.84%）为基准，可以按城镇化率高低把 55 个少数民族作如下类型划分。

高度城镇化：城镇化率在平均城镇化水平 150%（城镇化率大于 50%）以上，有 12 个民族，分别为俄罗斯族（84.59%）、朝鲜族（69.39%）、乌孜别克族（68.34%）、赫哲族（67.71%）、高山族（60.34%）、塔塔尔族（59.56%）、鄂伦春族（58.81%）、达斡尔族（57.58%）、京族（54.85%）、鄂温克族（54.16%）、回族（53.50%）、锡伯族（52.96%）。

中高度城镇化：城镇化率在平均水平的 125%～150%（41%～50%），有 4 个民族，分别为裕固族（47.84%）、蒙古族（46.19%）、仫佬族（44.25%）、满族（43.74%）。

中度城镇化：人口城镇化率在平均水平的 100%～125%（32.84～41%），有 6 个民族，分别为纳西族（36.10%）、仡佬族（35.53%）、土家族（34.92%）、壮族（34.37%）、白族（34.36%）、毛南族（33.98%）。

中低度城镇化：人口城镇化率在平均水平的 75%～100%（24.63～32.84%），有 9 个民族，分别为畲族（32.78%）、土族（32.42%）、傣族（32.32%）、羌族（30.87%）、侗族（30.47%）、撒拉族（30.08%）、布依族（26.23%）、黎族（26.17%）、苗族（25.63%）。

低度城镇化：人口城镇化率在平均水平的 75% 以下（人口城镇化率低于 24.63%），有 24 个民族，包括瑶族（23.33%）、哈萨克族（23.09%）、阿昌族（22.82%）、门巴族（22.82%）、基诺族（22.67%）、维吾尔族（22.38%）、普米族（20.23%）、景颇族（19.72%）、藏族（19.72%）、水族（19.54%）、保安族（19.35%）、柯尔克孜族（19.03%）、塔吉克族（18.89%）、彝族（18.86%）、佤族（18.44%）、哈尼族（17.36%）、东乡族（16.69%）、独龙族（16.65%）、怒族（16.48%）、拉祜族（16.26%）、布朗族（15.48%）、德昂族（15.11%）、珞巴族（14.12%）和傈僳族（10.76%）。

综合考虑55个少数民族，计算1990年、2000年和2010年三次人口普查的55个少数民族人口城镇化率的变异系数，发现人口城镇化水平的族际差异从1990年到2010年逐步在缩小，变异系数从1990年的1.04缩小到2010年的0.525（见表2）。

表2　　　　　　　　　少数民族人口城镇化的统计分析

年份	最小	最大	均值	标准差	变异系数
1990	2.24（东乡族）	77.30（俄罗斯族）	17.9	18.62	1.040
2000	4.34（东乡族）	81.36（俄罗斯族）	25.15	17.92	0.713
2010	10.76（傈僳族）	84.59（俄罗斯族）	33.63	17.65	0.525

资料来源：笔者计算。

1.3　少数民族人口城镇化速度的族际差别

分民族看，城镇化率增长率差异极大。1990~2000年，最高为德昂族（1061.11%），最低为锡伯族（-12.24%）；2000~2010年最高为284.85%（东乡族），最低为负增长（德昂族，-46.87%）。按城镇化率增长率高低可划分为如下几类，如表3所示。

表3　　　　　　　　　人口城镇化率增长率的族际差异

增长率	1990~2000年	2000~2010年
100%以上	德昂族、傣族、景颇族、门巴族、珞巴族、哈尼族、瑶族、布朗族、畲族、仡佬族、拉祜族、佤族、壮族、土族、阿昌族、普米族、侗族、仫佬族（18个）	东乡族、阿昌族、布朗族、拉祜族、羌族、塔吉克族、仡佬族和普米族（8个）

续表

增长率	1990~2000年	2000~2010年
50%~100%之间	撒拉族、独龙族、基诺族、东乡族、毛南族、羌族、藏族、京族、保安族、苗族、水族、布依族、傈僳族、怒族、土家族、纳西族、白族、裕固族（18个）	傈僳族、土家族、佤族、怒族、土族、撒拉族、彝族、哈尼族、苗族、裕固族、侗族、白族、毛南族、柯尔克孜族、纳西族、水族、瑶族、藏族、壮族、布依族、哈萨克族（21个）
0~50%	蒙古族、塔吉克族、彝族、满族、维吾尔族、鄂伦春族、朝鲜族、鄂温克族、回族、塔塔尔族、乌孜别克族、哈萨克族、赫哲族、柯尔克孜族、俄罗斯族（15个）	仫佬族、蒙古族、畲族、基诺族、保安族、黎族、锡伯族、满族、塔塔尔族、京族、鄂温克族、回族、鄂伦春族、门巴族、维吾尔族、赫哲族、傣族、朝鲜族、达斡尔族、高山族、俄罗斯族（21个）
小于0	高山族、黎族、达斡尔族、锡伯族（4个）	乌孜别克族、景颇族、独龙族、珞巴族、德昂族（5个）

资料来源：笔者计算。

1.4 少数民族人口城镇化的地区差异

中国城镇化的推进在空间上是不平衡的，存在显著的地区差异。同样，在不同的地区，少数民族人口的城镇化水平差别也很大。静态地看，根据第六次人口普查资料，2010年少数民族人口城镇化水平最高的是上海，达到89.23%；最低的是四川，只有16.61%（见表4）。研究表明，少数民族以散居为主的上海、北京、天津、山西、陕西、广东、山东、江苏、河南、安徽、浙江、吉林、福建等地，少数民族人口城镇化水平高，城镇化率超过了50%，且多数高于汉族人口和总人口的城镇化水平；内蒙古、辽宁、黑龙江、河北、江西等地少数民族人口城镇化水平在全国平均水平之上，城镇化率在39%~49%；其余地区，少数民族人口城镇化水平低于全国平均水平，其中宁夏、湖北、青海、重庆、广西等地少数民族人口城镇化水平在30%~33%，低于30%的有湖南、甘肃、海南、新疆、贵州、云南、西藏、四川。少数民族人口城镇化低的地区，一般都有民族自治地方，少数民族集聚程度比较高（郑长德，2013）。

从比较静态看，全国、汉族和少数民族人口城镇化的区域差异在缩小，如表4所示，从城镇化的变异系数看，一方面少数民族人口城镇化的区域差异大于汉族和全国水平；另一方面，从变异系数的变化看，1990~2010年，全国、汉族和少数民族人口的城镇化区域差异在缩小，例如，1990年全国为0.55，汉族为0.53，少数民族为0.82；2000年分别为0.42、0.40和0.64；2010年分别为0.29、0.25和0.48。

表4　　少数民族人口城镇化的区域差异（1990~2010年）

地区	1990年 总人口	1990年 汉族	1990年 少数民族	2000年 总人口	2000年 汉族	2000年 少数民族	2010年 总人口	2010年 汉族	2010年 少数民族
全国	26.20	27.06	16.36	36.92	38.17	23.36	50.27	51.87	32.84
北京	73.44	73.11	81.58	77.55	77.27	83.57	85.96	85.83	89.02
天津	69.56	69.16	86.62	71.99	71.68	83.03	79.44	79.19	88.91
河北	19.21	19.25	18.35	26.33	26.27	27.81	43.94	43.98	43.13
山西	28.84	28.68	82.09	35.21	35.08	76.26	48.05	47.96	84.57
内蒙古	36.34	37.83	30.15	42.70	44.25	36.80	55.53	57.29	48.70
辽宁	51.13	54.90	30.74	54.91	58.34	37.00	62.15	65.40	44.01
吉林	42.27	42.39	41.20	49.66	49.37	52.59	53.36	52.91	58.53
黑龙江	47.96	48.42	40.30	51.53	51.97	42.94	55.66	56.10	43.80
上海	66.23	66.09	96.59	88.31	88.26	96.16	89.30	89.30	89.23
江苏	21.58	21.46	71.31	42.25	42.18	62.62	60.22	60.18	68.22
浙江	31.17	31.25	15.95	48.67	48.77	37.97	61.64	61.68	59.90
安徽	17.84	17.66	50.01	26.72	26.53	55.49	42.99	42.83	66.52
福建	21.36	21.50	12.54	41.96	42.10	34.07	57.09	57.23	50.81
江西	20.35	20.35	21.13	27.69	27.68	30.06	43.75	43.77	39.10
山东	27.34	27.19	52.79	38.15	37.97	63.72	49.71	49.55	71.58
河南	15.23	14.90	43.34	23.44	23.04	55.22	38.52	38.18	66.73
湖北	28.75	29.53	9.86	40.48	41.49	18.42	49.70	50.50	31.83
湖南	18.03	18.44	13.35	27.50	28.70	16.85	43.31	44.87	29.23
广东	36.76	36.83	24.43	55.66	55.57	61.19	66.17	65.89	80.06
广西	14.87	18.34	9.49	28.16	32.99	20.41	40.02	45.39	30.94
海南省	23.95	24.49	21.31	40.68	44.98	20.22	49.69	54.46	25.40
重庆	—	—	—	33.09	34.61	11.07	53.03	54.59	31.25
四川	20.18	20.82	6.65	27.09	27.98	10.15	40.22	41.76	16.61
贵州	19.24	23.87	10.53	23.96	29.14	15.45	33.78	39.29	23.85

续表

地区	1990年 总人口	1990年 汉族	1990年 少数民族	2000年 总人口	2000年 汉族	2000年 少数民族	2010年 总人口	2010年 汉族	2010年 少数民族
云南	14.91	18.70	7.35	23.38	27.79	14.58	34.72	40.79	22.62
西藏	11.52	75.86	9.06	19.43	79.50	15.55	22.67	81.04	17.48
陕西	21.53	21.27	75.97	32.15	31.89	82.98	45.70	45.49	86.65
甘肃	22.00	22.78	13.37	23.95	24.61	17.13	35.94	36.64	29.17
青海	26.17	36.90	11.44	32.33	44.68	17.82	44.72	56.60	31.31
宁夏	26.01	31.69	14.61	32.44	37.88	22.15	47.96	56.23	32.69
新疆	32.50	58.44	16.88	33.84	53.62	20.34	42.79	70.28	24.10
最大	73.44	75.86	96.59	88.31	88.26	96.16	89.30	89.30	89.23
最小	11.52	14.90	6.65	19.43	23.04	10.15	22.67	36.64	16.61
均值	30.21	34.40	33.97	39.49	42.93	40.09	51.14	54.74	49.51
标准差	16.47	18.31	27.87	16.61	17.07	25.49	14.65	13.83	23.69
变异系数	0.55	0.53	0.82	0.42	0.40	0.64	0.29	0.25	0.48
样本数	30	30	30	31	31	31	31	31	31

资料来源：笔者根据历次中国人口普查资料计算得到。

从各地区少数民族人口城镇化推进速度看，差异很显著。1990～2000年城镇化率增长率，全国为40.94%，其中汉族为41.07%，少数民族为42.79%；2000～2010年城镇化率增长率全国为36.16%，其中汉族为35.87%，少数民族为40.61%。以1990～2000年和2000～2010年少数民族人口城镇化率增长率为横坐标和纵坐标，以全国少数民族人口城镇化率增长率为参照，把全国31个省级行政区划分为4个区域（见图2）。

区域Ⅰ：两个时期少数民族人口城镇化率增长率均高于全国平均水平，有福建、浙江、广西、云南、湖北、青海、四川、宁夏、河北、贵州。

区域Ⅱ：1990～2000年增长率低于全国平均水平，2000～2010年增长率高于全国平均水平，有甘肃、湖南两个省。

区域Ⅲ：两个时期少数民族人口城镇化增长率均低于全国平均水平，包括内蒙古、江西、海南、河南、安徽、辽宁、新疆、山东、吉林、山西、江苏、天津、北京、陕西、黑龙江、上海（两个时期都是负增长）。

区域Ⅳ：1990~2000年增长率高于全国平均水平，2000~2010年增长率低于全国平均水平，涉及西藏和广东。

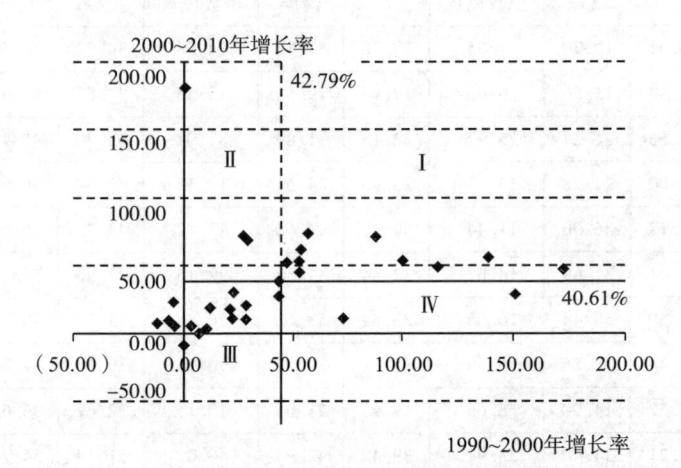

图2　各地区少数民族人口城镇化率的增长率

资料来源：笔者计算绘制。

2. 少数民族人口城镇化的决定因素

人口的城镇化受城镇的拉力和乡村的推力的综合作用。城镇由于其具有丰裕的发展机会、良好的公共服务供给、现代的生活方式，不断吸引着各族居民，特别是那些受教育程度高的居民，更容易城镇化。另外，在中国，行政区划的调整是一些民族城镇化率大幅度起落的重要因素。这里重点分析初始的城镇化水平、人口受教育程度、民族人口的分布和行业构成对少数民族人口城镇化的影响。

2.1 城镇化的族际收敛与地区收敛

城镇化收敛意味着初期城镇化率低的民族或地区，在随后的城镇化过程中，城镇化推进速度快，也就是说城镇化速度是与初始的城镇化水平负相关的。把1990年和2000年各民族城镇化率分别与1990~2000年、2000~2010年各民族城镇化率增长率进行简单拟合（见图3），发现这两者间呈现出良好的对数拟合关系，初始年份城镇化率高的民族，城镇化率增长率较低，而初始城镇化水平低民族，其城镇化率增长率一般较高。因此，我国少数民族城镇化存在族际收敛。

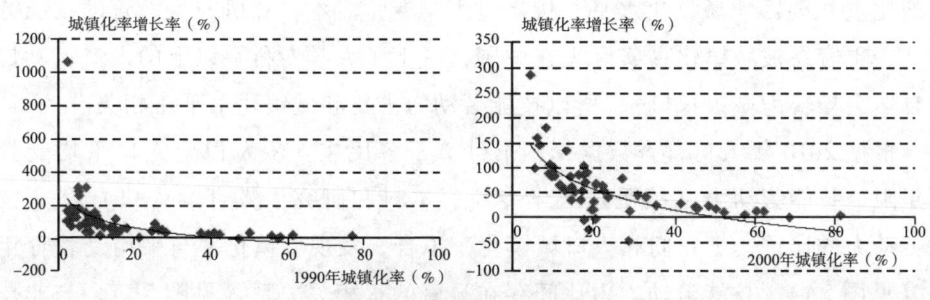

图3 城镇化的族际收敛

资料来源：笔者绘制。

同时把1990年和2000年各地区少数民族人口城镇化率分别与1990~2000年、2000~2010年各地区少数民族城镇化率增长率进行简单拟合（见图4），发现这两者间也呈现出良好的对数拟合关系，初始年份城镇化率高的地区，城镇化率增长率较低，而初始城镇化水平低地区，其城镇化率增长率一般较高。因此，我国各地区少数民族城镇化存在区域收敛。

少数民族人口城镇化的族际收敛和区域收敛说明，初始的城镇化水平是影响随后城镇化推进速度的重要因素。

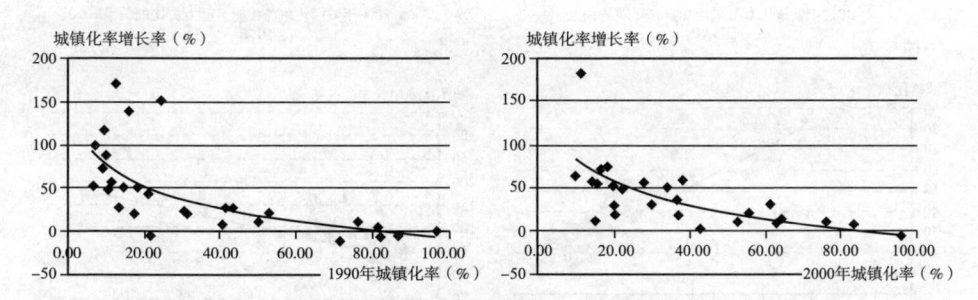

图4 少数民族人口城镇化的地区收敛

资料来源：笔者绘制。

2.2 受教育程度与城镇化

人口受教育程度是城镇化的重要因素，一般受教育程度高的人口，在城镇能够获得更多的发展机会，更能够接受新思想、新观念，更能够适应城镇的生活方式。因此，城镇化水平和人口受教育程度间应存在正相关关系；不仅平均受教育程度影响城镇化水平，而且人力资本的结构（技能劳动力和非技能劳动力的比重）要影响城镇化水平，接受过大学专科、本科和研究生教育的技能劳动力，更容易被城镇化（实际上在中国，考上了大学专科及以上的人口，其户口自然会被转为城镇户口），所以技能劳动力占比和城镇化水平正相关。

根据2010年人口普查数据，本书计算了各民族6岁及以上人口平均受教育年限、技能劳动力（接受过大学专科、本科和研究生教育的人口）和非技能劳动力的比重，把它们和人口城镇化率拟合，发现城镇化率与平均受教育年限（见图5A）、技能劳动力占比间存在显著的正相关关系（见图5B），与非技能劳动力占比之间具有显著的负相关关系（见图5C）。而且，把2000~2010年各民族城镇化率增长率和平均受教育年限增长率进行拟合，发现它们之间具有统计意义上显著的正相关性（见图5D）。

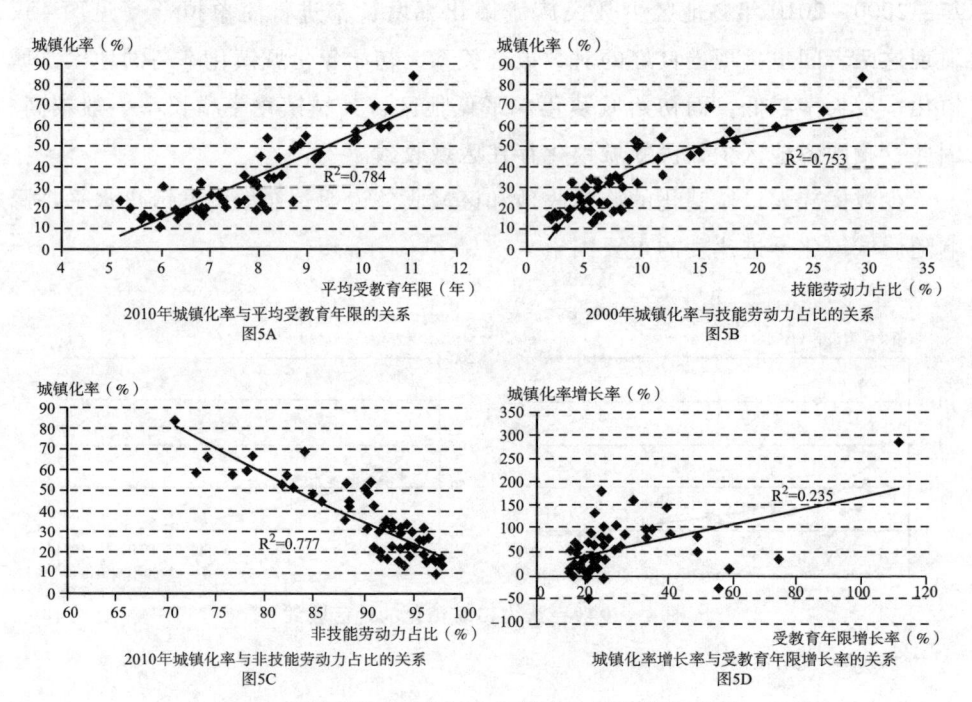

图5 各民族受教育程度与构成和城镇化的关系

资料来源：笔者绘制。

2.3 民族人口的分布与人口城镇化

中国少数民族分布呈现大杂居、小聚居，各民族交错分布的态势。每个少数民族都有其世居的集中分布地区，同时又有大量的人口散居于全国各地。这种分布态势势必要影响各民族人口的城镇化。一般，各少数民族中，散居人口的城镇化水平高于聚居的人口城镇化水平（黄荣清，赵显人，2004）。例如，彝族聚居于四川、云南和贵州，这三省的彝族人口城镇化率分别为11.75%、20.84%和19.47%，而其余散居地区的彝族人口城镇化率大多在60%以上；藏族聚居于西藏、四川、甘肃、青海和云南，这几个地区的藏族人口城镇化率分别为17.06%、16.68%、20.63%、24.18%和30.63%，其余地区的藏族人口城镇化率大多在70%以上；东乡族聚居于甘肃、新疆，城镇化率为15.56%和13.14%，而其余地区的东乡族人口绝大部分均居住于城镇。羌族聚居于四川，城镇化率为29.03%，而散居于全国各地的羌族人口的城镇化率大多在60%~90%[①]。

2.4 行业结构与人口城镇化

人口的行业结构显然要影响城镇化水平。不同的行业，对土地和自然资源的依赖程度不同，要素的密集程度差异很大，有的行业是劳动力密集的，有的是资本密集型的，有的是土地密集型的，有的是技术密集型的，等等。由于不同行业对劳动力的吸纳能力不同，对劳动力的技能水平要求各异。因此，民族人口中，从事劳动密集型和技术密集型的人口比例大，人口城镇化水平高。

根据2010年人口普查资料，把行业划分为第一产业（农、林、牧、渔业）、第二产业（采矿业、制造业、电力、燃气及水的生产、供应业和建筑业）和第三产业（其余行业）。其中，少数民族人口中，69.42%的人口从事农林牧渔业，12.15%的人口从事第二产业，从事第三产业的占18.43%（见图6）。把各民族人口在第一产业、第二产业和第三产业的比例与人口城镇化率进行拟合。如图7所示，第一产业人口占比和城镇化率间有显著的负相关关系；第三产业人口占比与城镇化率间有非常强的正相关关系；第二产业人口占比和城镇化率间的正相关关系也有统计意义。这些关系说明，第三产业的发展是推动各民族人口城镇化的主要动力，其次是第二产业，而第一产业的发展形成是人口向城镇集聚的主要推力。

---

① 来源于《中国2010年人口普查资料》。

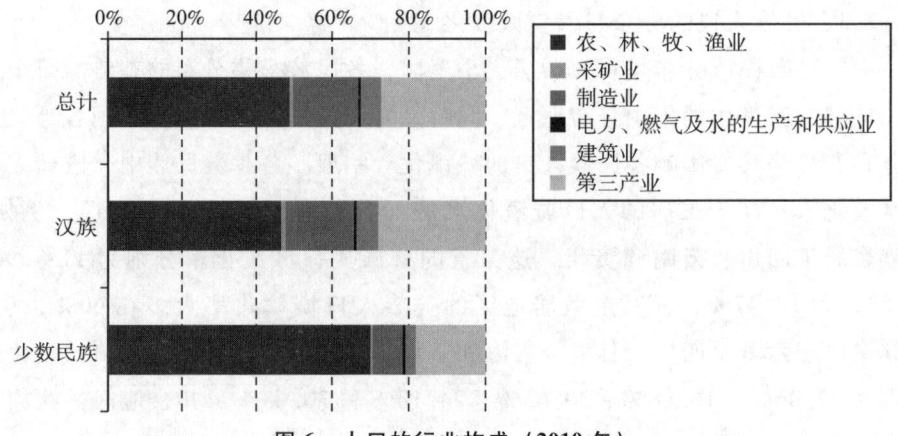

图6 人口的行业构成（2010年）

资料来源：笔者绘制。

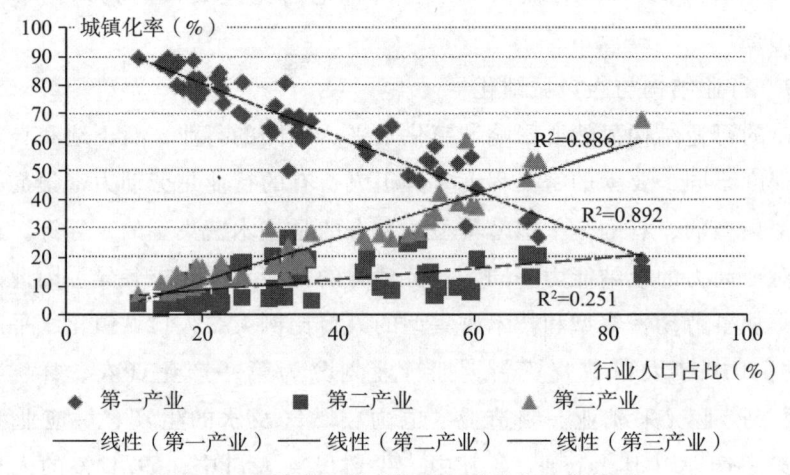

图7 各民族人口行业构成与城镇化率的关系

资料来源：笔者绘制。

3. 结论

本书利用1990年、2000年和2010年三次人口普查资料，从民族视角研究了中国少数民族人口的城镇化的特征和动力。主要结论是：

第一，自1990年以来，我国少数民族人口的城镇化进程加速，和全国一样，目前少数民族人口已进入了城镇化的快速发展阶段。

第二，虽然总体上少数民族城镇化水平低于汉族，但不同的民族城镇化水平差异很大，城镇化推进速度存在显著的不同；同一民族分布于不同的地区，其城镇化水平也存在很大的差异。聚居地的城镇化水平低，散居地的城镇化水平高。

第三，各少数民族的城镇化，无论是从族际差异还是从区域差异看，存在着收敛的趋势，初始城镇化水平低的民族和地区，在随后的城镇化过程中，城镇化率的增长速度快。

第四，人口受教育程度（包括受教育水平和技能劳动力的占比）、第三产业的发展是推动少数民族人口城镇化的重要动力。

本书的政策含义很清楚。未来 20 年是我国人口城镇化的加速推进时期，少数民族人口城镇化是我国城镇化的重要组成部分，要研究少数民族人口城镇化的特殊性，各地区在制定推进城镇化的政策时要充分考虑少数民族的人口，要进一步加强对少数民族人口的人力资本投资，提高各族人口的技能水平，同时积极发展第三产业。走包容性城镇化之路，形成各族人口分享城镇化红利的机制，这对于民族团结、社会稳定，乃至国家的长治久安都是至关重要的。

附录3 中国城镇少数民族人口分布研究

郑长德

"城镇"是城市和镇的合称，虽然都是以非农业产业和非农业人口集聚形成的较大居民点，但城市和镇是有区别的。在英语中，人口较密集的地区称为城市（city），而镇则被称为 town 或 small city。在中国的统计标准中，"城区"是指在市辖区和不设区的市、区、市政府驻地的实际建设连接到的居民委员会和其他区域；"镇区"是指在城区以外的县人民政府驻地和其他镇，政府驻地的实际建设连接到的居民委员会和其他区域。无论是从形态还是从功能来说，城与镇都大不相同。因此，对我国少数民族城镇人口的分析，除了从城镇化角度把城市和镇合起来进行分析，还有必要把城市与镇分开来分析。本书根据中国人口普查资料，把少数民族城镇人口分解为城市人口和镇人口，分析城市少数民族人口和镇少数民族人口的空间分布。

1. 少数民族人口的城镇化：城市与镇的分解

1.1 基于六普数据的分析

根据第六次人口普查数据，2010 年全国有城市少数民族人口 17732874 人，镇少数民族人口 19035879 人，城市和镇合计（城镇少数民族人口）36768753 人，占全国少数民族总人口的 32.84%，其中城市少数民族人口占城镇少数民族人口的 48.23%，镇少数民族人口占城镇少数民族人口的 51.77%。因此，中国城镇少数民族人口主要分布于镇而非城市。不过，在地区间和民族间存在显著差异。

从地区看，城市贡献率最高的是北京，达到 92.08%。其次是天津（87.68%）。超过 80% 的还有广东、上海、山西；最低的是四川（23.23%），其次是湖南（25.67%）、重庆（29.91%）。各地区城镇少数民族人口在城市和镇间的分布如图 1 所示。把各省级行政区少数民族人口的城镇化率与城市对城镇化贡献率（城市少数民族人口占城镇少数民族人口的比例）及镇对城镇化率的贡献率（镇少数民族人口占城镇少数民族人口的比例）拟合，发现城镇化率与城市对城镇化贡献率呈现强的正相关关系,而与镇对城镇化率贡献率间呈现出强的负相关关系($R^2=0.790$),说明城镇化率越高的地区,城市对城镇化的贡献率越大,而镇对城镇化的贡献率越小(见图2)。

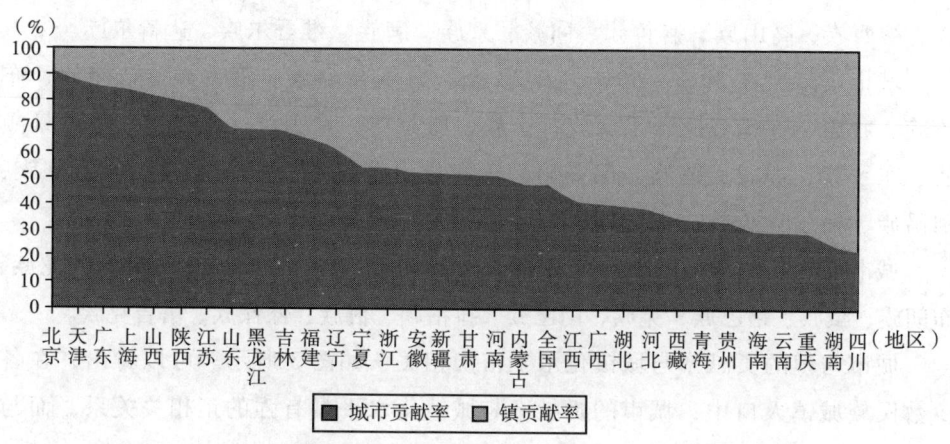

图1 中国各地区城镇少数民族人口的贡献率分解(2010年)

资料来源:笔者根据《中国2010年人口普查资料》计算得到。

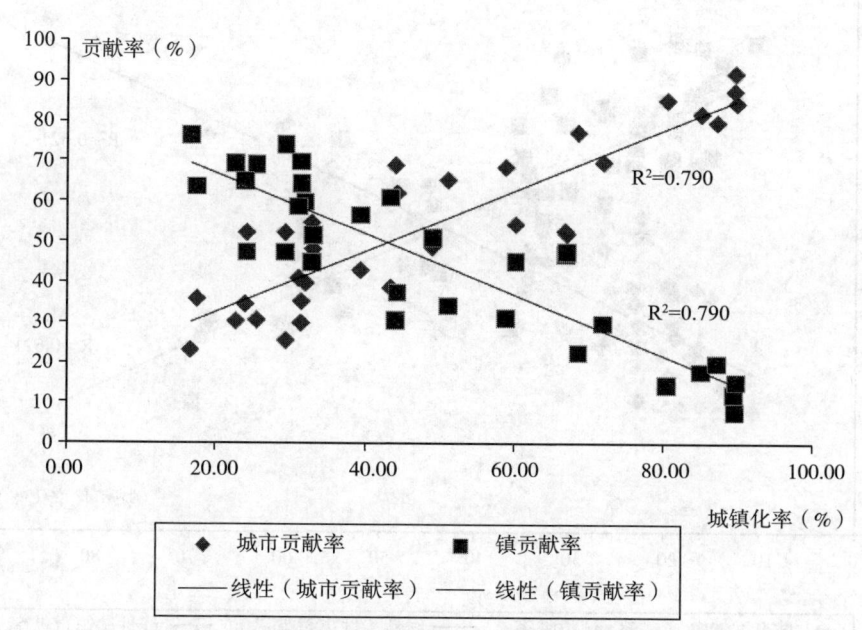

图2 各地区少数民族人口城镇化率和城市、镇对城镇化贡献率关系(2010年)

资料来源:笔者根据《中国2010年人口普查资料》计算得到。

从族际差异看,城市贡献率最高的是俄罗斯族,为83.62%;最低的是塔吉克族,为19.33%。按城市贡献率高低,可以把55个少数民族划分为:

城市贡献率在70%以上,有3个,分别为俄罗斯族、朝鲜族、锡伯族。

城市贡献率在50%~70%,有11个,分别为基诺族、乌孜别克族、塔塔尔族、纳西族、高山族、赫哲族、回族、京族、满族、维吾尔族、达斡尔族。

城市贡献率在30%~50%,有28个,分别为畲族、蒙古族、仫佬族、布依族、壮族、鄂伦春族、毛南族、土族、撒拉族、裕固族、白族、水族、景颇族、东乡族、瑶族、苗族、保安族、土家族、德昂族、哈萨克族、鄂温克族、阿昌族、柯尔克孜族、仡佬族、侗族、彝族、黎族、怒族。

城市贡献率在30%以下,有13个,分别为普米族、哈尼族、傣族、独龙族、布朗族、藏族、珞巴族、羌族、门巴族、拉祜族、佤族、傈僳族、塔吉克族。

城市与镇的贡献率与城镇化水平密切相关,如图3所示。可以看出,在各少数民族城镇人口中,城市的贡献率与城镇化水平具有强的正相关关系,而与镇的贡献率呈现出强的负相关关系。

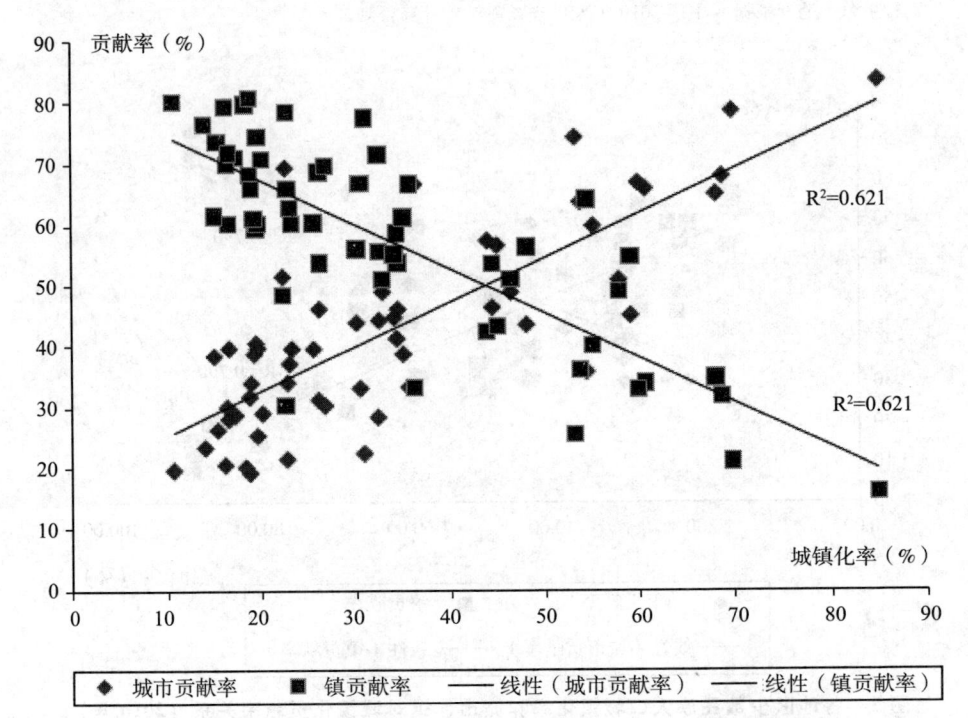

图3 中国各少数民族城镇化和城市、镇对城镇化贡献率关系(2010年)

资料来源:笔者根据《中国2010年人口普查资料》计算得到。

1.2 少数民族城镇化：城市与镇贡献率的演进

从动态看，1990年，在少数民族城镇人口中，59.33%的人在城市，40.67%的人在镇。2000年，在少数民族城镇人口中，50.55%在城市，49.45%在镇。2010年时城市的贡献率为48.23%，镇的贡献率为51.77%。从边际贡献（2000~2010年城镇人口增量中城市与镇的增量比例）看，2000~2010年，少数民族城镇人口增量中，城市的边际贡献为43.54%，镇的边际贡献为56.46%（见表1）。与全国和汉族城镇人口比较，镇在吸纳少数民族城镇人口中贡献较大。当然，各地区间、族际间差异很大，表2给出了2000~2010年全国城镇少数民族人口在市与镇间的分布，各民族城镇人口在城市与镇间的分布见附表。

表1　中国城镇化的分解：城市与镇　　　　　　　　　　单位：%

地区	2000年 城镇化率	2000年 城市贡献率	2000年 镇贡献率	2010年 城镇化率	2010年 城市贡献率	2010年 镇贡献率	边际贡献（2000~2010年）城市	边际贡献（2000~2010年）镇
全国	36.92	63.79	36.21	50.27	60.26	39.74	52.61	47.39
汉族	38.17	64.54	35.46	51.87	60.96	39.04	53.16	46.84
少数民族	23.36	50.55	49.45	32.84	48.23	51.77	43.54	56.46

资料来源：笔者根据《中国2010年人口普查资料》和《中国2000年人口普查资料》计算得到。

表2　中国各地区城镇少数民族人口的城镇化：市与镇的分解　　单位：%

地区	2000年 城镇化率	2000年 市的贡献	2000年 镇的贡献	2010年 城镇化率	2010年 市的贡献	2010年 镇的贡献	边际贡献 市	边际贡献 镇
全国	23.36	50.55	49.45	32.84	48.23	51.77	43.54	56.46
北京	83.57	91.21	8.79	89.02	92.08	7.92	93.99	6.01
天津	83.03	77.53	22.47	88.91	87.68	12.32	118.50	-18.50
河北	27.81	49.59	50.41	43.13	38.69	61.31	20.48	79.52
山西	76.26	84.80	15.20	84.57	81.92	18.08	-352.49	452.49
内蒙古	36.80	47.52	52.48	48.70	48.80	51.20	52.19	47.81
辽宁	37.00	61.01	38.99	44.01	62.28	37.72	69.50	30.50
吉林	52.59	66.84	33.16	58.53	68.70	31.30	-150.01	250.01

续表

地区	2000年 城镇化率	2000年 市的贡献	2000年 镇的贡献	2010年 城镇化率	2010年 市的贡献	2010年 镇的贡献	边际贡献 市	边际贡献 镇
黑龙江	42.94	71.57	28.43	43.80	69.18	30.82	80.65	19.35
上海	96.16	96.03	3.97	89.23	84.61	15.39	76.82	23.18
江苏	62.62	77.54	22.46	68.22	77.30	22.70	76.91	23.09
浙江	37.97	55.71	44.29	59.90	54.53	45.47	54.22	45.78
安徽	55.49	56.50	43.50	66.52	52.87	47.13	34.03	65.97
福建	34.07	56.06	43.94	50.81	65.49	34.51	74.60	25.40
江西	30.06	55.34	44.66	39.10	43.03	56.97	21.64	78.36
山东	63.72	69.70	30.30	71.58	69.92	30.08	70.66	29.34
河南	55.22	60.90	39.10	66.73	52.17	47.83	4.98	95.02
湖北	18.42	46.59	53.41	31.83	39.83	60.17	29.32	70.68
湖南	16.85	34.23	65.77	29.23	25.57	74.43	14.36	85.64
广东	61.19	62.62	37.38	80.06	85.33	14.67	105.41	-5.41
广西	20.41	37.19	62.81	30.94	40.99	59.01	48.02	51.98
海南	20.22	52.08	8.92	25.40	30.60	69.40	-28.59	128.59
重庆	11.07	39.14	60.86	31.25	29.91	70.09	24.70	75.30
四川	10.15	29.50	70.50	16.61	23.23	76.77	16.63	83.37
贵州	15.45	36.29	63.71	23.85	34.61	65.39	30.75	69.25
云南	14.58	32.83	67.17	22.62	30.36	69.64	26.74	73.26
西藏	15.55	38.71	61.29	17.48	35.95	64.05	25.37	74.63
陕西	82.98	82.36	17.64	86.65	79.84	20.16	59.27	40.73
甘肃	17.13	65.45	34.55	29.17	52.33	47.67	37.19	62.81
青海	17.82	47.24	52.76	31.31	35.26	64.74	24.31	75.69
宁夏	22.15	64.91	35.09	32.69	54.88	45.12	41.02	58.98
新疆	20.34	55.30	44.70	24.10	52.37	47.63	45.09	54.91

资料来源：笔者根据《中国2010年人口普查资料》和《中国2000年人口普查资料》计算得到。

1.3 城市与镇的民族构成与分布多样性

如果简单地把人口划分为汉族和少数民族，如表3所示，1990年全国总人口中少数民族人口占比为8.08%。其中，城市少数民族人口占城市总人口的4.20%，镇少数民族人口占镇总人口比例的7.15%。2000年这三个比例分别为8.47%、4.25%和7.31%。2010年分别为8.40%、4.39%和7.15%。总体趋势是少数民族在城市人口中的比例和在镇中的比例均低于其占总人口的比例。1990~2010年，城市少数民族人口比例在上升，镇少数民族人口比例在1990~2000年时期在上升，在2000~2010年下降，维持到1990年的水平。

表3　　　　　　　　　　中国城市、镇民族构成

人口		1990年	2000年	2010年
总人口	汉族	91.92	91.53	91.60
	少数民族	8.08	8.47	8.40
城市	汉族	95.80	95.75	95.61
	少数民族	4.20	4.25	4.39
镇	汉族	92.85	92.69	92.85
	少数民族	7.15	7.31	7.15

资料来源：笔者根据《中国1990年人口普查资料》《中国2010年人口普查资料》和《中国2000年人口普查资料》计算得到。

从各地区城市与镇人口的民族构成看，表4列出了各地区城市、镇少数民族人口的比例。可以看出，无论是城市还是镇，5个自治区和贵州、云南、青海3个多民族省份，少数民族人口比例都比较高。从变化趋势看，2010年与2000年比较，城市少数民族人口占比增加的地区有17个省（市、区），减少的有14个省（市、区）；镇少数民族人口占比增加的省（市、区）有13个，减少的省（市、区）有18个。

表4　　　　　中国各地区城市与镇少数民族人口比例的变化

省（市、区）	城市			镇		
	1990年	2000年	2010年	1990年	2000年	2010年
北京	4.24	4.70	4.22	4.46	4.19	4.36
天津	2.83	3.23	2.92	3.92	2.80	2.56
河北	3.03	3.48	3.47	5.82	6.71	4.60

续表

省（市、区）	城市 1990 年	城市 2000 年	城市 2010 年	镇 1990 年	镇 2000 年	镇 2010 年
山西	0.92	0.93	0.69	0.46	0.28	0.18
内蒙古	13.66	14.98	15.00	20.41	21.89	22.08
辽宁	7.69	8.22	8.27	18.14	21.47	21.34
吉林	9.19	9.32	8.62	11.76	10.55	9.00
黑龙江	4.73	4.28	2.95	4.86	3.64	2.58
上海	0.72	0.75	1.18	0.20	0.22	1.30
江苏	0.90	0.67	0.67	0.40	0.31	0.35
浙江	0.20	0.64	1.95	0.33	0.72	2.51
安徽	1.52	1.48	1.14	1.84	1.31	0.93
福建	0.87	1.43	2.11	0.97	1.35	1.64
江西	0.27	0.38	0.34	0.30	0.30	0.28
山东	1.14	1.27	1.28	1.20	1.00	0.81
河南	3.08	2.79	2.13	3.94	3.26	2.00
湖北	1.10	1.34	1.75	2.15	3.40	4.49
湖南	5.14	3.52	3.84	7.61	10.29	9.07
广东	0.40	1.61	2.70	0.32	1.69	1.46
广西	19.33	20.62	25.97	30.91	35.06	31.03
海南	22.23	8.22	4.77	7.27	9.15	12.66
重庆	—	1.30	2.09	—	3.80	6.41
四川	0.84	1.01	1.19	3.18	2.92	3.81
贵州	16.42	17.12	18.49	25.06	32.18	31.20
云南	12.41	14.57	16.66	19.62	26.42	25.09
西藏	74.54	67.95	63.62	78.25	80.63	75.58
陕西	1.75	1.75	1.48	1.50	0.58	0.40
甘肃	4.53	6.26	7.00	7.00	6.25	8.52
青海	14.57	18.72	21.33	27.21	37.07	46.66
宁夏	17.37	22.71	19.30	21.26	25.43	33.94
新疆	24.96	28.88	26.99	54.70	50.50	45.67

资料来源：笔者根据《中国1990年人口普查资料》《中国2010年人口普查资料》和《中国2000年人口普查资料》计算得到。

考虑55个民族在各地区的城市、镇的分布,即分布的多样性,这里讨论两方面的多样性,一是同一民族在空间上的分布多样性,二是同一地区分布的民族的多样性。这里构造了一个分布多样性的指数,设 s_i 代表分布于地区(民族)$i(i=1,\cdots,N)$ 的某民族(地区)人口数占总人口的比例,多样化指数可以定义为:

$$DI = \sum_{i=1}^{N} s_i \cdot (1 - s_i)$$

由于 $\sum_{i=1}^{N} s_i = 1$,所以,该指数可以写成:

$$DI = 1 - \sum_{i=1}^{N} (s_i)^2$$

计算结果表明,从地区民族构成的多样性看,1990年的多样性指数,全国城市为0.8554;2000年为0.8722;2010年为0.8912,多样性在增加。镇的民族构成多样性也是如此,1990年为0.9035;2000年为0.9118;2010年为0.9183。从民族的地区构成多样性看,无论是城市还是镇,高山族、回族空间分布的多样性程度最高;维吾尔族最低。具体数字见本书附表。

2. 城市少数民族人口的分布

2.1 城市少数民族人口分布的基本态势

为了得到城市少数民族人口在总体上的分布情况,这里计算了城市少数民族人口的变异系数和赫芬达尔指数,并与少数民族总人口的空间分布比较,计算了空间基尼系数。这些指标的定义如下:

$$\text{变异系数 } CV = \text{标准差/均值}$$

赫芬达尔指数 $HI = \sum_i p_i^2$,其中,p_i 为第 i 个地区城市少数民族总人口占全国城市少数民族人口的比重。

空间基尼系数 $G = \sum_i (P_i - p_i)^2$,其中,P_i 为第 i 个地区少数民族总人口占全国少数民族总人口的比重。

计算结果如表5所示。可以看出,与少数民族总人口的分布看,城市少数民族人口分布的相对均衡程度要高些。自1990年以来,城市少数民族人口分布的变异系数和赫芬达尔指数均有所下降,说明相对均衡程度在提高;从空间基尼系数看,城市少数民族人口的分布与少数民族总人口的分布的协调程度较高,而且自 1990 年以来,此种协调程度在提高。不过,与全国城市人口和汉族城市人口的分布比较,2010 年全国城市人口的变异系数为 0.7931,赫芬达尔指数为 0.0519,汉族城市人口的变异系数为 0.8230,赫芬达尔指数为 0.0534,因此,少数民族城市人口分布比全国城市人口与汉族城市人口要集中得多。

表 5　　　　　　　　中国城市少数民族人口的分布

年份		1990	2000	2010
城市少数民族人口	变异系数	1.0407	0.9782	0.9744
	赫芬达尔指数	0.0682	0.0621	0.0619
少数民族人口	变异系数	1.3721	1.3229	1.2840
	赫芬达尔指数	0.0940	0.0869	0.0837
空间基尼系数		0.0397	0.0258	0.0217

资料来源:笔者根据《中国 1990 年人口普查资料》《中国 2010 年人口普查资料》和《中国 2000 年人口普查资料》计算得到。

2.2　城市少数民族人口的省(市、区)分布

按省级行政区的分布看,各地区城市少数民族人口占全国城市少数民族人口的比例最高的是广西,占比为 12.23%,其次是辽宁(10.27%)、新疆(9.24%),这三个省(市、区)的城市少数民族人口占全国城市少数民族人口的 30% 以上,最低的是江西只有 0.14%。按照各地区城市少数民族人口占全国城市少数民族人口的比例高低分,可把大陆 31 个省(市、区)划分如下。

10% 以上:广西、辽宁。

5%~10%:新疆、广东、内蒙古、云南、贵州。

3%~5%:吉林、北京。

1%~3%:河北、湖南、黑龙江、宁夏、浙江、河南、甘肃、山东、湖北、青海、福建、天津、上海、江苏、四川、重庆。

不足 1%:西藏、安徽、陕西、海南、山西、江西。

2010 年,全国城市少数民族人口占全国少数民族总人口的比例为 15.84%。从各地区城市少数民族人口占各地区少数民族总人口的比例看,最

高的是北京，占比为81.98%；其次是天津（77.95%）、上海（75.49%）；占比超过50%的还有山西（69.27%）、陕西（69.18%）、广东（68.32%）、江苏（52.73%）和山东（50.04%）。占比最低的是四川（3.86%）；其次是西藏（6.28%）；占比不足10%的还有云南（6.87%）、湖南（7.47%）、海南（7.77%）、贵州（8.25%）和重庆（9.35%）。其余地区占比在10%~50%。

把各地区城市少数民族人口占全国城市少数民族人口的比重与各地区少数民族人口占全国少数民族人口的比重进行了比较，得到一个指标，可以称之为城市少数民族人口区位商，如果区位商大于1，说明该地区城市少数民族人口占全国的比例超过了该地区少数民族人口占全国的比例，2010年的计算结果为：

区位商大于1的地区有：北京、天津、上海、山西、陕西、广东、江苏、山东、吉林、安徽、河南、福建、浙江、黑龙江、辽宁、内蒙古、宁夏、江西、河北。

区位商小于1的地区有：甘肃、广西、湖北、新疆、青海、重庆、贵州、海南、湖南、云南、西藏、四川。

再从各地区城市少数民族人口占各地区城市人口的比例看，2010年全国城市少数民族人口占全国城市人口的4.39%。在各地区中，这个比例最高的是西藏（63.62%），最低的是江西（0.34%）。按此比例由高到低，大陆31个省（市、区）可以划分如下。

超过60%：西藏（63.62%）。

20%以上：新疆（26.99%）、广西（25.97%）、青海（21.33%）。

10%~20%：宁夏（19.30%）、贵州（18.49%）、云南（16.66%）、内蒙古（15.00%）。

4.39%~10%：吉林（8.62%）、辽宁（8.27%）、甘肃（7.00%）、海南（4.78%）。

2%~4.39%：北京（4.22%）、湖南（3.84%）、河北（3.47%）、黑龙江（2.95%）、天津（2.92%）、广东（2.70%）、河南（2.13%）、福建（2.11%）、重庆（2.09%）。

1%~2%：浙江（1.95%）、湖北（1.75%）、陕西（1.48%）、山东（1.28%）、四川（1.19%）、上海（1.18%）、安徽（1.14%）。

不足1%：山西（0.69%）、江苏（0.67%）、江西（0.34%）。

2.3 各少数民族城市人口的集中分布地区

分民族看，2010年城市少数民族人口集中程度高的民族是维吾尔族、基诺族、乌孜别克族，赫芬达尔指数均超过0.9；纳西族和德昂族的集中程度也很高，赫芬达尔指数均在0.8以上，这5个民族城市人口的变异系数均超过5.0。高山族、回族的城市人口集中程度最低，赫芬达尔指数都在0.1以下，变异系数也小于1。各民族城市人口的集中度指标见本书附表。2010年各少数民族城市人口的集中度指标与主要集中地区，如表6所示。

表6　中国各少数民族城市人口集中度及集中地区

民族	赫芬达尔指数	变异系数	集中地区
蒙古族	0.4211	3.5292	内蒙古（63.35%）、辽宁（12.08%）
回族	0.0579	0.9068	宁夏（10.07%）、河南（9.32%）、新疆（8.49%）、甘肃（7.74%）、山东（6.25%）、北京（6.00%）
藏族	0.3173	3.0215	西藏（52.52%）、青海（15.39%）、甘肃（9.61%）、四川（8.43%）
维吾尔族	0.9240	5.3447	新疆（96.12%）
苗族	0.1818	2.1886	贵州（34.12%）、广东（18.42%）、湖南（11.16%）、浙江（10.97%）
彝族	0.3819	3.3468	云南（58.81%）、贵州（13.59%）、四川（11.68%）
壮族	0.5553	4.0932	广西（70.87%）、广东（22.96%）
布依族	0.3861	3.3668	贵州（59.22%）、广东（14.22%）、浙江（11.21%）
朝鲜族	0.3344	3.1110	吉林（53.74%）、辽宁（16.71%）、黑龙江（10.94%）
满族	0.2587	2.6931	辽宁（47.38%）、北京（9.61%）、河北（9.02%）、吉林（8.46%）、黑龙江（6.77%）、内蒙古（6.34%）
侗族	0.2194	2.4482	贵州（37.68%）、广东（22.37%）、浙江（9.98%）、广西（9.62%）、湖南（7.97%）
瑶族	0.3392	3.1355	广西（40.95%）、广东（40.72%）
白族	0.5857	4.2106	云南（75.82%）
土家族	0.1473	1.9199	湖南（25.11%）、湖北（18.88%）、广东（14.61%）、贵州（10.24%）、重庆（8.89%）、浙江（7.86%）

续表

民族	赫芬达尔指数	变异系数	集中地区
哈尼族	0.7141	4.6736	云南（84.26%）
哈萨克族	0.7755	4.8795	新疆（88.01%）
傣族	0.7676	4.8533	云南（87.48%）
黎族	0.4464	3.6424	海南（65.22%）、广东（12.44%）、贵州（6.09%）
傈僳族	0.4926	3.8401	云南（69.26%）、广东（9.36%）
佤族	0.2195	2.4492	云南（40.17%）、广东（21.49%）、山东（6.92%）
畲族	0.3523	3.2021	福建（54.51%）、浙江（20.84%）、广东（9.08%）
高山族	0.0575	0.8995	福建（11.61%）、河南（9.67%）、辽宁（8.22%）、广东（7.60%）、广西（6.34%）
拉祜族	0.6602	4.4850	云南（80.96%）
水族	0.2220	2.4651	贵州（40.61%）、广东（15.70%）、江苏（11.29%）、浙江（10.51%）、广西（7.99%）
东乡族	0.5480	4.0646	甘肃（72.95%）、青海（8.97%）、新疆（8.49%）
纳西族	0.8967	5.2622	云南（94.68%）
景颇族	0.7167	4.6825	云南（84.44%）
柯尔克孜族	0.7273	4.7187	新疆（85.11%）
土族	0.1577	2.0048	青海（33.43%）、广东（16.53%）、甘肃（7.40%）
达斡尔族	0.3044	2.9524	内蒙古（47.40%）、黑龙江（26.62%）、新疆（6.47%）
仫佬族	0.4734	3.7593	广西（65.60%）、广东（19.15%）、贵州（7.63%）
羌族	0.4911	3.8340	四川（69.49%）、广东（7.19%）
布朗族	0.6064	4.2885	云南（77.37%）、广东（7.86%）
撒拉族	0.3933	3.4007	青海（61.64%）、甘肃（7.06%）
毛南族	0.4460	3.6403	广西（61.62%）、广东（25.12%）
仡佬族	0.3988	3.4266	贵州（60.87%）、广东（12.86%）、浙江（9.77%）
锡伯族	0.4582	3.6938	辽宁（65.83%）、新疆（14.29%）
阿昌族	0.5512	4.0771	云南（72.39%）、广东（15.76%）
普米族	0.6971	4.6148	云南（83.32%）
塔吉克族	0.7149	4.6762	新疆（84.18%）、广东（7.56%）
怒族	0.1053	1.5300	云南（22.47%）、广东（18.55%）、江苏（6.86%）、福建（6.49%）

续表

民族	赫芬达尔指数	变异系数	集中地区
乌孜别克族	0.9076	5.2952	新疆（95.25%）
俄罗斯族	0.3964	3.4153	新疆（56.62%）、内蒙古（27.14%）
鄂温克族	0.4238	3.5414	内蒙古（63.22%）、黑龙江（12.59%）、北京（6.31%）
德昂族	0.8203	5.0244	云南（90.47%）
保安族	0.4865	3.8146	甘肃（68.08%）、青海（14.17%）
裕固族	0.5666	4.1374	甘肃（74.87%）、新疆（6.27%）
京族	0.6683	4.5140	广西（81.56%）
塔塔尔族	0.7832	4.9046	新疆（88.41%）
独龙族	0.2470	2.6226	云南（46.63%）、广东（13.19%）
鄂伦春族	0.2524	2.6558	黑龙江（39.95%）、内蒙古（28.68%）、北京（6.31%）
赫哲族	0.3086	2.9752	黑龙江（53.48%）、广东（9.89%）、北京（7.77%）
门巴族	0.1076	1.5530	江苏（22.31%）、西藏（15.38%）、江西（12.12%）、广西（7.88%）、广东（6.35%）
珞巴族	0.1161	1.6388	西藏（23.77%）、贵州（17.21%）、福建（9.84%）、北京（9.02%）
基诺族	0.9136	5.3133	云南（95.57%）

注：括号内数字为该地区占该民族城市人口的比例。
资料来源：笔者根据《中国2010年人口普查资料》计算得到。

少数民族城市人口的分布与各民族人口的分布、城镇化程度密切相关。图4揭示的是各地区少数民族人口占全国少数民族人口的比例与各地区少数民族城市人口占全国比例之间的关系，两者有很强的正相关关系。一般，少数民族人口比例高的地区，少数民族城市人口的比例也较高。各地区少数民族城市人口占当地城市总人口的比例与各地区少数民族城镇化率间的关系，如图5所示。两者呈现出负向关系，少数民族城镇化率高的地区，其少数民族城市人口的比例反而较低。

城市少数民族人口占全国城市少数民族人口比例（%）

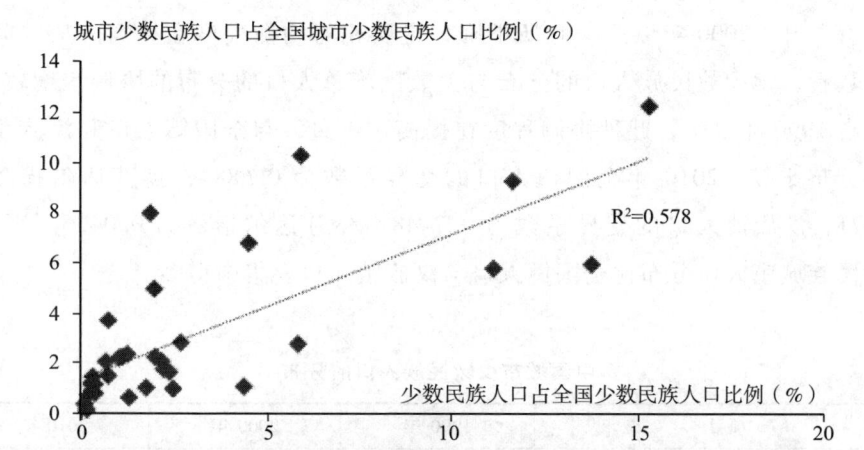

图4　城市少数民族人口分布与少数民族总人口分布

资料来源：笔者根据《中国 2010 年人口普查资料》计算得到。

城市少数民族人口占城市人口比例（%）

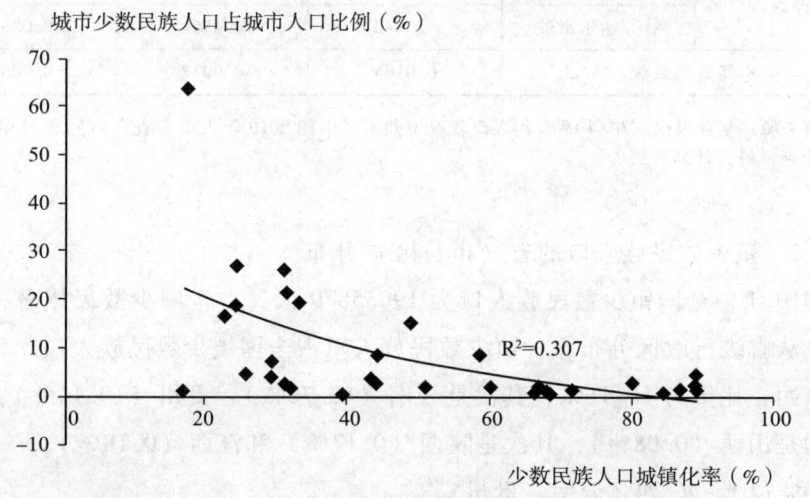

图5　城市少数民族人口占城市人口比例与少数民族城镇化关系

资料来源：笔者根据《中国 2010 年人口普查资料》计算得到。

3. 镇少数民族人口的分布

3.1 镇少数民族人口分布的总体态势

镇少数民族人口空间分布的变异系数和赫芬达尔指数的计算结果如表 7 所示。可以看出，与少数民族总人口的分布看，镇少数民族人口分布的相对均衡程度要高些，自 1990 年以来，镇少数民族人口分布的变异系数和赫芬达尔指数先有上升，2000 年以后又有所下降，说明相对均衡程度在提高。从空间基尼系数看，镇少数民族人口的分布与少数民族总人口的分布的协调程度较高，而且自 1990 年以来，此种协调程度在提高。不过，与全国镇人口和汉族镇人口的分布比较，2010 年全国镇人口的变异系数为 0.6884，赫芬达尔指数为 0.0471，汉族镇人口的变异系数为 0.7448，赫芬达尔指数为 0.0496。因此，少数民族城镇人口分布比全国镇人口与汉族镇人口要集中得多。

表 7　　　　　　　　　中国城市少数民族人口的分布

项目		1990 年	2000 年	2010 年
镇少数民族人口	变异系数	1.2788	1.2978	1.2388
	赫芬达尔指数	0.0833	0.0848	0.0802
少数民族人口	变异系数	1.3721	1.3229	1.2840
	赫芬达尔指数	0.0940	0.0869	0.0837
空间基尼系数		0.0104	0.0037	0.0031

资料来源：笔者根据《中国 1990 年人口普查资料》《中国 2010 年人口普查资料》和《中国 2000 年人口普查资料》计算得到。

3.2　镇少数民族人口的省（市、区）分布

2010 年，全国镇少数民族人口为 19035879 人，占全国少数民族总人口的 17%。从省级行政区分布看，镇少数民族人口占全国镇少数民族人口比例最高的是广西，比重为 16.41%，其次是云南（12.70%）、贵州（10.16%）；比重最低的是山西（0.08%），其次是陕西（0.17%）和江西（0.18%）。

10% 以上：广西、云南、贵州。

5%~10%：新疆、湖南、内蒙古和辽宁。

3%~5%：河北、四川。

1%~3%：青海、湖北、重庆、吉林、河南、甘肃、浙江、宁夏、西藏、海南、广东。

不足 1%：黑龙江、山东、福建、安徽、江苏、北京、上海、天津、江西、陕西、山西。

从镇少数民族人口占各地区少数民族总人口的比例看，最高的是河南，比例为 31.92%；其次是安徽（31.35%）；比例最低的是北京（7.05%）。各省

级行政区中比例在20%以上，不足30%的有：浙江（27.23%）、河北（26.44%）、内蒙古（24.94%）、江西（22.27%）、重庆（21.90%）、湖南（21.76%）、山东（21.53%）、青海（20.27%）。比重在17%以上，不足20%的有：河北（19.15%）、吉林（18.32%）、广西（18.26%）、海南（17.62%）、福建（17.53%）、陕西（17.47%）。其余地区比例都在7%~17%。

把各地区镇少数民族人口占全国镇少数民族人口的比重与各地区少数民族人口占全国少数民族人口的比重进行了比较，得到一个指标，可以称之为镇少数民族人口区位商，如果区位商大于1，说明该地区镇少数民族人口占全国比例超过了该地区少数民族人口占全国的比例。2010年的计算结果表明，河南最高（1.88），北京最低（0.41），各地区的情况是：

区位商大于1的地区有：河南、安徽、浙江、河北、内蒙古、江西、重庆、湖南、山东、青海、湖北、吉林、广西、海南、福建、陕西。

区位商小于1的地区有：辽宁、云南、贵州、江苏、山西、宁夏、甘肃、上海、黑龙江、四川、广东、新疆、西藏、天津、北京。

再从各地区镇少数民族人口占各地区镇总人口的比例看，全国镇少数民族人口占全国镇总人口的7.15%，各地区中比例最高的是西藏（75.58%），最低的是山西（0.18%）。各地区按此比例由高到低可以划分为：

超过70%：西藏（75.58%）。

30%~50%：青海（46.66%）、新疆（45.67%）、宁夏（33.94%）、贵州（31.2%）、广西（31.03%）。

7.15%~30%：云南（25.09%）、内蒙古（22.08%）、辽宁（21.34%）、海南（12.66%）、湖南（9.07%）、吉林（9%）、甘肃（8.52%）。

1%~7.15%：重庆（6.41%）、河北（4.6%）、湖北（4.49%）、北京（4.36%）、四川（3.81%）、黑龙江（2.58%）、天津（2.56%）、浙江（2.51%）、河南（2%）、福建（1.64%）、广东（1.46%）、上海（1.3%）。

1%以下：安徽（0.93%）、山东（0.81%）、陕西（0.4%）、江苏（0.35%）、江西（0.28%）、山西（0.18%）。

3.3 各少数民族镇人口的集中地区

分民族看，2010年镇少数民族人口集中程度高的民族是维吾尔族，赫芬达尔指数为0.9801，赫芬达尔指数超过0.9的还有普米族、德昂族、傣族、拉祜族、哈尼族、珞巴族、布朗族、纳西族、基诺族、阿昌族、羌族、傈僳族、哈萨克族、景颇族、乌孜别克族。赫芬达尔指数在0.8以上的有：柯尔克孜族、佤族、独龙族、裕固族、门巴族、鄂温克族、仡佬族、塔塔尔族。少数民族镇人口集中程度最低的是高山族；其次是回族；赫芬达尔指数在0.1以下，土家族、苗族、藏族、满族集中程度也比较低。各民族镇人口的集中度指标见本书附表。2010年各少数民族城市人口的集中度指标与主要集中地区，如表8所示。

表8　　　　　　　中国各少数民族镇人口集中度及集中地区

民族	赫芬达尔指数	变异系数	集中地区
蒙古族	0.5718	4.1575	内蒙古（74.98%）、辽宁（7.95%）
回族	0.0913	1.3751	宁夏（15.75%）、河南（15.72%）、云南（9.32%）、甘肃（8.73%）、河北（7.79）、山东（6.74%）、新疆（5.57%）
藏族	0.2646	2.7279	西藏（32.25%）、青海（30.75%）、四川（24.16%）、甘肃（7.63%）
维吾尔族	0.9801	5.5101	新疆（99.00%）
苗族	0.2431	2.5985	贵州（35.40%）、湖南（31.95%）、云南（7.17%）、重庆（6.69%）、浙江（5.85%）
彝族	0.4952	3.8508	云南（66.24%）、四川（22.26%）、贵州（8.14%）
壮族	0.7634	4.8396	广西（87.02%）、云南（7.16%）
布依族	0.6759	4.5407	贵州（81.67%）、浙江（8.70%）
朝鲜族	0.4988	3.8657	吉林（68.34%）、黑龙江（15.59%）、辽宁（8.25%）
满族	0.3208	3.0405	辽宁（47.16%）、河北（29.32%）、吉林（8.49%）、内蒙古（5.33%）
侗族	0.3654	3.2665	贵州（49.93%）、湖南（32.73%）、广西（7.84%）
瑶族	0.3709	3.2937	广西（54.03%）、湖南（24.57%）、广东（12.74%）
白族	0.6759	4.5408	云南（81.51%）、贵州（8.41%）、湖南（6.62%）
土家族	0.2316	2.5267	湖南（34.31%）、湖北（22.94%）、重庆（17.87%）、贵州（16.65%）
哈尼族	0.9496	5.4209	云南（97.44%）
哈萨克族	0.9112	5.3063	新疆（95.44%）

附　录

续表

民族	赫芬达尔指数	变异系数	集中地区
傣族	0.9531	5.4313	云南（97.62%）
黎族	0.7321	4.7350	海南（84.90%）、贵州（10.51%）
傈僳族	0.9214	5.3368	云南（95.98%）
佤族	0.8670	5.1710	云南（93.09%）
畲族	0.3380	3.1295	福建（48.13%）、浙江（29.59%）、江西（12.85%）
高山族	0.0806	1.2449	福建（16.10%）、广西（13.43%）、贵州（12.47%）、海南（5.45%）、湖南（5.08%）
拉祜族	0.9530	5.4309	云南（97.62%）
水族	0.5695	4.1484	贵州（74.64%）、浙江（8.20%）、广西（5.03%）
东乡族	0.7788	4.8901	甘肃（87.90%）、新疆（7.35%）
纳西族	0.9271	5.3539	云南（96.27%）
景颇族	0.9083	5.2974	云南（95.30%）
柯尔克孜族	0.8715	5.1849	新疆（93.25%）
土族	0.4445	3.6341	青海（64.41%）、甘肃（16.32%）
达斡尔族	0.6753	4.5385	内蒙古（80.67%）、黑龙江（15.63%）
仫佬族	0.7976	4.9514	广西（89.090%）、贵州（5.64%）
羌族	0.9261	5.3511	四川（96.23%）
布朗族	0.9291	5.3598	云南（96.38%）
撒拉族	0.7600	4.8282	青海（86.80%）、甘肃（7.83%）
毛南族	0.6542	4.4635	广西（79.66%）、贵州（13.60%）
仡佬族	0.8284	5.0502	贵州（90.91%）
锡伯族	0.3849	3.3608	辽宁（48.11%）、新疆（38.74%）
阿昌族	0.9262	5.3512	云南（96.22%）
普米族	0.9645	5.4647	云南（98.21%）
塔吉克族	0.6069	4.2904	新疆（73.57%）、浙江（25.6%）
怒族	0.6160	4.3242	云南（78.10%）、海南（6.62%）
乌孜别克族	0.9080	5.2966	新疆（95.25%）
俄罗斯族	0.4219	3.5330	新疆（57.29%）、内蒙古（30.24%）
鄂温克族	0.8290	5.0518	内蒙古（90.80%）、黑龙江（6.63%）
德昂族	0.9535	5.4324	云南（97.65%）

续表

民族	赫芬达尔指数	变异系数	集中地区
保安族	0.4935	3.8437	甘肃（65.47%）、青海（24.97%）
裕固族	0.8592	5.1467	甘肃（92.65%）
京族	0.6609	4.4874	广西（80.86%）、云南（7.14%）
塔塔尔族	0.8190	5.0203	新疆（90.46%）
独龙族	0.8608	5.1519	云南（92.75%）
鄂伦春族	0.4643	3.7201	黑龙江（57.41%）、内蒙古（36.65%）
赫哲族	0.6880	4.5833	黑龙江（82.82%）
门巴族	0.8572	5.1405	西藏（92.54%）
珞巴族	0.9456	5.4089	西藏（97.24%）
基诺族	0.9269	5.3533	云南（96.27%）

资料来源：笔者根据《中国2010年人口普查资料》计算得到。

4. 结束语

本文利用人口普查资料，对城市与镇的少数民族人口的空间分布情况进行了分析，主要结论是：

从城市与镇对少数民族城镇化的贡献看，目前镇容纳了少数民族城镇人口的51.77%，城市容纳了少数民族城镇人口的48.23%，而且城镇化率越高的地区（民族），城市对城镇化的贡献率越大，而镇对城镇化的贡献率越小。从地区差异看，散居为主的省（市、区），城市容纳的少数民族城镇人口多，聚居为主的省（市、区），镇对少数民族城镇化的贡献越大。从各少数民族看，目前有14个民族，城市容纳了这些民族城镇人口的50%以上，其余31个民族的城镇化主要是镇贡献的。

从分布多样性看，自1990年以来，无论是城市还是镇，大多数地区民族构成的多样性在增加；大多数民族分布的地区多样性在增加，有的少数民族无论城市还是镇的地区分布多样性增加很快。分布多样性的增加，是少数民族人口向城镇迁移的结果，特别是向东部和中部地区的城市迁移、向本地城镇迁移，从一个侧面反映了少数民族人口在全国范围的流动情况，同时也说明城镇民族工作的普遍性。

虽然城镇少数民族人口空间分布的多样性增加了，但空间分布的集中程度显著，与少数民族人口的空间分布格局有紧密的联系，很多少数民族的城镇人口高度集中于聚居省（市、区）的格局变化不大。当然，本书的分析也发现，随着城镇化的推进，特别是少数民族劳动力向长江三角洲和珠江三角洲等地区的流动，以及少数民族高学历人口在发达地区工作，原来少数民族城镇人口很少的浙江、广东、福建、江苏等地，个别少数民族城镇人口的比例也有了很大提高。

本书的分析表明，少数民族城镇化除了就地进城入镇外，异地进城入镇虽然数量不大，但也是少数民族城镇化的重要方面。分布多样性的增加意味着城镇少数民族的分布大杂居、小聚居的"多元一体"形态比少数民族总人口更加显著，特别在大城市、在东部地区，虽然总体上少数民族的分布呈现出散居的嵌入状态，但也在一些地区形成相对集中的社区，有的社区是多民族的，有的社区则以某个少数民族为主。因此，加强城镇民族工作，确实是新阶段民族工作的重要方面。

本文附表

附表1　　　　　中国各民族人口城镇化的分解：城市与镇　　　　　单位：%

民族	2000年 城镇化率	2000年 城市贡献率	2000年 镇贡献率	2010年 城镇化率	2010年 城市贡献率	2010年 镇贡献率	边际贡献(2000~2010年) 城市	边际贡献(2000~2010年) 镇
总人口	36.92	63.79	36.21	50.27	60.26	39.74	52.61	47.39
汉族	38.17	64.54	35.46	51.87	60.96	39.04	53.16	46.84
少数民族	23.36	50.55	49.45	32.84	48.23	51.77	43.54	56.46
蒙古族	32.70	48.18	51.82	46.19	48.90	51.10	50.50	49.50
回族	45.30	69.48	30.52	53.50	63.68	36.32	42.46	57.54
藏族	12.83	31.86	68.14	19.72	25.48	74.52	17.33	82.67
维吾尔族	19.44	53.19	46.81	22.38	51.53	48.47	47.14	52.86
苗族	14.14	40.58	59.42	25.63	39.68	60.32	38.69	61.31
彝族	10.35	38.47	61.53	18.88	31.85	68.15	25.53	74.47
壮族	22.37	39.30	60.70	34.37	46.16	53.84	57.45	42.55
布依族	17.12	43.39	56.61	26.23	46.20	53.80	52.06	47.94

续表

民族	2000年			2010年			边际贡献（2000~2010年）	
	城镇化率	城市贡献率	镇贡献率	城镇化率	城市贡献率	镇贡献率	城市	镇
朝鲜族	61.98	73.99	26.01	69.39	78.65	21.35	150.00	-50.00
满族	35.25	58.59	41.41	43.74	57.41	42.59	51.69	48.31
侗族	17.90	28.86	71.14	30.47	33.24	66.76	39.92	60.08
瑶族	14.52	30.18	69.82	23.33	39.70	60.30	53.25	46.75
白族	20.53	43.23	56.77	34.26	41.35	58.65	38.80	61.20
土家族	18.37	40.49	59.51	34.92	38.81	61.19	37.10	62.90
哈尼族	9.55	31.14	68.86	17.36	28.89	71.11	26.84	73.16
哈萨克族	15.25	42.23	57.77	23.09	37.25	62.75	30.80	69.20
傣族	28.77	25.48	74.52	32.32	28.52	71.48	42.19	57.81
黎族	19.94	51.24	48.76	26.17	31.36	68.64	-5.56	105.56
傈僳族	5.42	18.16	81.84	10.76	19.77	80.23	21.10	78.90
佤族	9.77	10.36	89.64	18.44	20.24	79.76	29.68	70.32
畲族	23.44	52.29	47.71	32.78	48.97	51.03	40.58	59.42
高山族	57.32	65.94	34.06	60.34	65.85	34.15	67.39	32.61
拉祜族	6.64	20.99	79.01	16.26	20.63	79.37	20.41	79.59
水族	12.05	34.52	65.48	19.54	40.62	59.38	50.12	49.88
东乡族	4.34	54.14	45.86	16.69	39.77	60.23	35.84	64.16
纳西族	22.15	18.39	81.61	36.10	66.60	33.40	133.38	-33.38
景颇族	20.38	26.65	73.35	19.72	39.84	60.16	199.46	-99.46
柯尔克孜族	11.55	36.10	63.90	19.03	34.06	65.94	31.81	68.19
土族	17.50	43.40	56.60	32.42	44.33	55.67	45.10	54.90
达斡尔族	52.25	46.78	53.22	57.58	50.99	49.01	93.65	6.35
仫佬族	30.69	43.88	56.12	44.25	46.43	53.57	51.50	48.50
羌族	13.17	19.05	80.95	30.87	22.51	77.49	25.03	74.97
布朗族	5.97	32.26	67.74	15.48	26.44	73.56	23.99	76.01
撒拉族	16.25	43.41	56.59	30.08	43.96	56.04	44.37	55.63
毛南族	20.48	35.23	64.77	33.98	44.80	55.20	61.69	38.31
仡佬族	17.49	27.63	72.37	35.53	33.42	66.58	39.64	60.36

续表

民族	2000年 城镇化率	2000年 城市贡献率	2000年 镇贡献率	2010年 城镇化率	2010年 城市贡献率	2010年 镇贡献率	边际贡献(2000~2010年) 城市	边际贡献(2000~2010年) 镇
锡伯族	41.44	70.92	29.08	52.96	74.34	25.66	86.18	13.82
阿昌族	8.18	31.96	68.04	22.88	34.14	65.86	35.11	64.89
普米族	10.09	18.97	81.03	20.23	29.18	70.82	35.75	64.25
塔吉克族	9.16	25.80	74.20	18.89	19.33	80.67	15.20	84.80
怒族	8.79	15.91	84.09	16.48	30.16	69.84	40.01	59.99
乌孜别克族	68.43	63.73	36.27	68.34	67.92	32.08	39.37	60.63
俄罗斯族	81.36	77.72	22.28	84.59	83.62	16.38	317.13	-217.13
鄂温克族	45.73	25.54	74.46	54.16	35.90	64.10	88.00	12.00
德昂族	28.45	16.70	83.30	15.11	38.49	61.51	-17.24	117.24
保安族	14.40	31.02	68.98	19.35	38.87	61.13	51.23	48.77
裕固族	26.96	44.19	55.81	47.84	43.61	56.39	42.94	57.06
京族	45.12	72.29	27.71	54.85	59.81	40.19	35.91	64.09
塔塔尔族	48.40	61.81	38.19	59.56	66.86	33.14	18.88	81.12
独龙族	17.55	46.12	53.88	16.65	28.25	71.75	184.56	-84.56
鄂伦春族	50.27	34.10	65.90	58.81	45.13	54.87	91.87	8.13
赫哲族	60.19	57.72	42.28	67.71	64.99	35.01	89.42	10.58
门巴族	19.79	19.54	80.46	22.82	21.58	78.42	27.17	72.83
珞巴族	18.72	17.84	82.16	14.12	23.46	76.54	-65.71	165.71
基诺族	16.81	74.67	25.33	22.67	69.35	30.65	58.57	41.43
其他未识别的民族	11.35	23.80	76.20	26.85	30.43	69.57	36.68	63.32
外国人加入中国籍	50.69	68.76	31.24	44.75	56.64	43.36	22.81	77.19

资料来源：笔者根据《中国1990年人口普查资料》《中国2010年人口普查资料》和《中国2000年人口普查资料》计算得到。

附表 2　　中国各民族城市人口分布的变化

民族	赫芬达尔指数 1990年	2000年	2010年	变异系数 1990年	2000年	2010年
总人口	0.0478	0.0481	0.0519	0.7063	0.7116	0.7931
汉族	0.0489	0.0494	0.0534	0.7300	0.7414	0.8230
少数民族	0.0682	0.0621	0.0619	1.0735	0.9778	0.9744
蒙古族	0.4565	0.3813	0.4211	3.6863	3.3438	3.5292
回族	0.0540	0.0567	0.0579	0.8352	0.8846	0.9068
藏族	0.6730	0.4286	0.3173	4.5305	3.5630	3.0215
维吾尔族	0.9760	0.9484	0.9240	5.4982	5.4173	5.3447
苗族	0.5559	0.2957	0.1818	4.0958	2.9047	2.1886
彝族	0.3703	0.4663	0.3819	3.2907	3.7286	3.3468
壮族	0.7845	0.6318	0.5553	4.9088	4.3825	4.0932
布依族	0.9256	0.6865	0.3861	5.3495	4.5780	3.3668
朝鲜族	0.3838	0.3877	0.3344	3.3556	3.3745	3.1110
满族	0.2617	0.2531	0.2587	2.7111	2.6596	2.6931
侗族	0.4112	0.2807	0.2194	3.4840	2.8208	2.4482
瑶族	0.4490	0.3782	0.3392	3.6536	3.3288	3.1355
白族	0.5029	0.6677	0.5857	3.8827	4.5118	4.2106
土家族	0.5522	0.2076	0.1473	4.0812	2.3702	1.9199
哈尼族	0.5739	0.8740	0.7141	4.1656	5.1926	4.6736
哈萨克族	0.9766	0.9648	0.7755	5.5000	5.4655	4.8795
傣族	0.3914	0.9247	0.7676	3.3920	5.3468	4.8533
黎族	0.9103	0.8193	0.4464	5.3033	5.0210	3.6424
傈僳族	0.4490	0.6218	0.4926	3.6536	4.3456	3.8401
佤族	0.3693	0.3889	0.2195	3.2857	3.3801	2.4492
畲族	0.3729	0.4127	0.3523	3.3031	3.4908	3.2021
高山族	0.0758	0.0619	0.0575	1.1817	0.9751	0.8995
拉祜族	0.2998	0.8411	0.6602	2.9275	5.0902	4.4850
水族	0.7450	0.4296	0.2220	4.7783	3.5675	2.4651
东乡族	0.4210	0.5608	0.5480	3.5289	4.1149	4.0646

续表

民族	赫芬达尔指数			变异系数		
	1990年	2000年	2010年	1990年	2000年	2010年
纳西族	0.5318	0.6505	0.8967	4.0002	4.4504	5.2622
景颇族	0.4314	0.8568	0.7167	3.5759	5.1394	4.6825
柯尔克孜族	0.9158	0.8673	0.7273	5.3201	5.1719	4.7187
土族	0.3285	0.1658	0.1577	3.0803	2.0686	2.0048
达斡尔族	0.4824	0.3539	0.3044	3.7973	3.2099	2.9524
仫佬族	0.7227	0.6393	0.4734	4.7028	4.4099	3.7593
羌族	0.6308	0.5943	0.4911	4.3787	4.2433	3.8340
布朗族	0.4111	0.7955	0.6064	3.4835	4.9445	4.2885
撒拉族	0.4347	0.5140	0.3933	3.5906	3.9284	3.4007
毛南族	0.6251	0.6674	0.4460	4.3577	4.5105	3.6403
仡佬族	0.8946	0.5730	0.3988	5.2557	4.1619	3.4266
锡伯族	0.5932	0.4251	0.4582	4.2389	3.5476	3.6938
阿昌族	0.5926	0.7869	0.5512	4.2366	4.9168	4.0771
普米族	0.3888	0.5729	0.6971	3.3797	4.1616	4.6148
塔吉克族	0.9501	0.3889	0.7149	5.4223	3.3801	4.6762
怒族	0.6138	0.4498	0.1053	4.3162	3.6573	1.5300
乌孜别克族	0.9859	0.9597	0.9076	5.5271	5.4506	5.2952
俄罗斯族	0.5786	0.4581	0.3964	4.1835	3.6933	3.4153
鄂温克族	0.4537	0.4651	0.4238	3.6744	3.7237	3.5414
德昂族	0.6399	0.9310	0.8203	4.4119	5.3657	5.0244
保安族	0.4285	0.5431	0.4865	3.5628	4.0451	3.8146
裕固族	0.5928	0.6816	0.5666	4.2376	4.5607	4.1374
京族	0.3240	0.7977	0.6683	3.0568	4.9517	4.5140
塔塔尔族	0.9169	0.8533	0.7832	5.3234	5.1286	4.9046
独龙族	0.4622	0.1502	0.2470	3.7109	1.9437	2.6226
鄂伦春族	0.4368	0.2942	0.2524	3.6000	2.8970	2.6558
赫哲族	0.7936	0.5885	0.3086	4.9384	4.2210	2.9752
门巴族	0.3741	0.1469	0.1076	3.3092	1.9159	1.5530
珞巴族	0.3059	0.1015	0.1161	2.9607	1.4895	1.6388
基诺族	0.3666	0.9548	0.9136	3.2724	5.4362	5.3133

资料来源：笔者根据《中国1990年人口普查资料》《中国2010年人口普查资料》和《中国2000年人口普查资料》计算得到。

附表 3　　　　　　　　　　中国各民族镇人口分布的变化

民族	赫芬达尔指数			变异系数		
	1990 年	2000 年	2010 年	1990 年	2000 年	2010 年
总人口	0.0497	0.0486	0.0471	0.7476	0.7234	0.6884
汉族	0.0524	0.0517	0.0496	0.8040	0.7894	0.7448
少数民族	0.0833	0.0848	0.0802	1.2788	1.2978	1.2388
蒙古族	0.5799	0.5643	0.5718	4.1884	4.1283	4.1575
回族	0.0741	0.0768	0.0913	1.1582	1.1941	1.3751
藏族	0.2620	0.3244	0.2646	2.7126	3.0591	2.7279
维吾尔族	0.9965	0.9822	0.9801	5.5577	5.5163	5.5101
苗族	0.3139	0.3037	0.2431	3.0035	2.9490	2.5985
彝族	0.5788	0.5230	0.4952	4.1842	3.9649	3.8508
壮族	0.8397	0.7507	0.7634	5.0857	4.7971	4.8396
布依族	0.8680	0.8383	0.6759	5.1742	5.0812	4.5407
朝鲜族	0.5401	0.5621	0.4988	4.0334	4.1197	3.8657
满族	0.2942	0.3249	0.3208	2.8968	3.0615	3.0405
侗族	0.5084	0.4192	0.3654	3.9053	3.5208	3.2665
瑶族	0.5344	0.3503	0.3709	4.0107	3.1917	3.2937
白族	0.7469	0.7006	0.6759	4.7845	4.6269	4.5408
土家族	0.2632	0.2422	0.2316	2.7196	2.5931	2.5267
哈尼族	0.9901	0.9769	0.9496	5.5392	5.5009	5.4209
哈萨克族	0.9766	0.9709	0.9112	5.4999	5.4835	5.3063
傣族	0.9858	0.9879	0.9531	5.5269	5.5327	5.4313
黎族	0.8123	0.8130	0.7321	4.9991	5.0009	4.7350
傈僳族	0.9753	0.9601	0.9214	5.4967	5.4519	5.3368
佤族	0.9896	0.9364	0.8670	5.5387	5.3817	5.1710
畲族	0.3688	0.3384	0.3380	3.2836	3.1314	3.1295
高山族	0.0805	0.0826	0.0806	1.2661	1.2701	1.2449
拉祜族	0.9852	0.9688	0.9530	5.5249	5.4774	5.4309
水族	0.6530	0.7330	0.5695	4.4592	4.7378	4.1484
东乡族	0.5713	0.6161	0.7788	4.1553	4.3246	4.8901

续表

民族	赫芬达尔指数			变异系数		
	1990 年	2000 年	2010 年	1990 年	2000 年	2010 年
纳西族	0.9725	0.9737	0.9271	5.4882	5.4915	5.3539
景颇族	0.9600	0.9698	0.9083	5.4514	5.4802	5.2974
柯尔克孜族	0.9287	0.9100	0.8715	5.3588	5.3025	5.1849
土族	0.6452	0.5287	0.4445	4.4311	3.9880	3.6341
达斡尔族	0.7519	0.6750	0.6753	4.8012	4.5375	4.5385
仫佬族	0.9634	0.8003	0.7976	5.4614	4.9600	4.9514
羌族	0.9505	0.9443	0.9261	5.4234	5.4053	5.3511
布朗族	0.9898	0.9210	0.9291	5.5385	5.3357	5.3598
撒拉族	0.7684	0.7087	0.7600	4.8560	4.6548	4.8282
毛南族	0.9586	0.6683	0.6542	5.4475	4.5138	4.4635
仡佬族	0.9417	0.9097	0.8284	5.3975	5.3015	5.0502
锡伯族	0.3458	0.3939	0.3849	3.1694	3.4037	3.3608
阿昌族	0.9543	0.9509	0.9262	5.4346	5.4247	5.3512
普米族	0.9651	0.9526	0.9645	5.4664	5.4296	5.4647
塔吉克族	0.9958	0.8562	0.6069	5.5557	5.1375	4.2904
怒族	0.9885	0.8887	0.6160	5.5346	5.2379	4.3242
乌孜别克族	0.9983	0.9723	0.9080	5.5629	5.4874	5.2966
俄罗斯族	0.4723	0.4333	0.4219	3.7547	3.5841	3.5330
鄂温克族	0.8490	0.8177	0.8290	5.1150	5.0159	5.0518
德昂族	0.9710	0.9958	0.9535	5.4837	5.5556	5.4324
保安族	0.4700	0.6069	0.4935	3.7446	4.2905	3.8437
裕固族	0.9305	0.9052	0.8592	5.3641	5.2882	5.1467
京族	0.7841	0.6518	0.6609	4.9075	4.4548	4.4874
塔塔尔族	0.9815	0.6619	0.8190	5.5142	4.4912	5.0203
独龙族	0.9747	0.5421	0.8608	5.4945	4.0415	5.1519
鄂伦春族	0.5324	0.4965	0.4643	4.0028	3.8564	3.7201
赫哲族	0.8285	0.8401	0.6880	5.0502	5.0871	4.5833
门巴族	0.9534	0.9473	0.8572	5.4321	5.4141	5.1405
珞巴族	0.7584	0.8691	0.5718	4.8231	5.1775	5.4089
基诺族	0.9960	0.9512	0.0913	5.5561	5.4257	5.3533

资料来源：笔者根据《中国 1990 年人口普查资料》《中国 2010 年人口普查资料》和《中国 2000 年人口普查资料》计算得到。

附表 4　　　　　　　　　　　各地区民族多样性指数

地区	城市 1990 年	城市 2000 年	城市 2010 年	镇 1990 年	镇 2000 年	镇 2010 年
全国	0.8554	0.8722	0.8912	0.9035	0.9118	0.9183
北京	0.5997	0.6613	0.7310	0.4448	0.5761	0.5975
天津	0.2186	0.4329	0.5679	0.1815	0.4488	0.7041
河北	0.5157	0.5791	0.5925	0.4542	0.3989	0.4410
山西	0.3981	0.4701	0.4783	0.6186	0.6163	0.5904
内蒙古	0.5710	0.5333	0.4607	0.4592	0.3724	0.2863
辽宁	0.5609	0.5181	0.5119	0.3347	0.3014	0.3027
吉林	0.5876	0.5692	0.5543	0.5819	0.5835	0.6095
黑龙江	0.6809	0.6762	0.7118	0.6317	0.6518	0.6937
上海	0.3134	0.6367	0.8384	0.5286	0.8918	0.8920
江苏	0.2242	0.4706	0.7540	0.1721	0.6471	0.8664
浙江	0.7493	0.8670	0.8526	0.4428	0.8143	0.8603
安徽	0.1253	0.2109	0.2852	0.0650	0.1295	0.1944
福建	0.6547	0.7099	0.8495	0.5658	0.6744	0.7766
江西	0.7135	0.8294	0.8852	0.7812	0.6531	0.7723
山东	0.1953	0.4150	0.5760	0.1063	0.1875	0.2109
河南	0.1839	0.2263	0.2549	0.1345	0.1806	0.1804
湖北	0.6680	0.5935	0.5130	0.4301	0.2718	0.2426
湖南	0.4140	0.6216	0.6083	0.6953	0.7028	0.6855
广东	0.7763	0.7445	0.7689	0.6895	0.7379	0.7587
广西	0.1897	0.2454	0.2275	0.2404	0.2243	0.2330
海南	0.1334	0.2993	0.4873	0.1480	0.2593	0.2084
重庆	—	0.6317	0.6255	—	0.3919	0.3816
四川	0.7611	0.8382	0.8290	0.8060	0.7133	0.6971
贵州	0.7939	0.7947	0.8235	0.8298	0.8324	0.8425
云南	0.7400	0.8264	0.8376	0.8659	0.8653	0.8485
西藏	0.0486	0.0839	0.0833	0.0502	0.0560	0.0689
陕西	0.3154	0.3860	0.4770	0.2989	0.3601	0.3897

续表

地区	城市			镇		
	1990 年	2000 年	2010 年	1990 年	2000 年	2010 年
甘肃	0.2607	0.3845	0.4099	0.5530	0.5423	0.6409
青海	0.3850	0.4406	0.5348	0.6691	0.6411	0.6131
宁夏	0.1997	0.1602	0.1618	0.0959	0.0533	0.0166
新疆	0.5225	0.4916	0.4962	0.4280	0.4050	0.4488

资料来源：笔者根据《中国1990年人口普查资料》《中国2010年人口普查资料》和《中国2000年人口普查资料》计算得到。

附表 5　　各少数民族分布的地区多样性指数

民族	城市			镇		
	1990 年	2000 年	2010 年	1990 年	2000 年	2010 年
蒙古族	0.5435	0.6187	0.5789	0.4201	0.4357	0.4282
回族	0.9460	0.9433	0.9421	0.9259	0.9232	0.9087
藏族	0.3270	0.5714	0.6827	0.7380	0.6756	0.7354
维吾尔族	0.0240	0.0516	0.0760	0.0035	0.0178	0.0199
苗族	0.4441	0.7043	0.8182	0.6861	0.6963	0.7569
彝族	0.6297	0.5337	0.6181	0.4212	0.4770	0.5048
壮族	0.2155	0.3682	0.4447	0.1603	0.2493	0.2366
布依族	0.0744	0.3135	0.6139	0.1320	0.1617	0.3241
朝鲜族	0.6162	0.6123	0.6656	0.4599	0.4379	0.5012
满族	0.7383	0.7469	0.7413	0.7058	0.6751	0.6792
侗族	0.5888	0.7193	0.7806	0.4916	0.5808	0.6347
瑶族	0.5510	0.6218	0.6608	0.4656	0.6497	0.6291
白族	0.4971	0.3323	0.4143	0.2531	0.2994	0.3241
土家族	0.4478	0.7924	0.8527	0.7368	0.7578	0.7684
哈尼族	0.4261	0.1260	0.2859	0.0099	0.0231	0.0504
哈萨克族	0.0234	0.0352	0.2245	0.0235	0.0291	0.0888
傣族	0.6086	0.0753	0.2324	0.0142	0.0121	0.0469
黎族	0.0897	0.1807	0.5536	0.1877	0.1870	0.2679
傈僳族	0.5510	0.3782	0.5074	0.0247	0.0399	0.0786

续表

民族	城市			镇		
	1990 年	2000 年	2010 年	1990 年	2000 年	2010 年
佤族	0.6307	0.6111	0.7805	0.0104	0.0636	0.1330
畲族	0.6271	0.5873	0.6477	0.6312	0.6616	0.6620
高山族	0.9242	0.9381	0.9425	0.9195	0.9174	0.9194
拉祜族	0.7002	0.1589	0.3398	0.0148	0.0312	0.0470
水族	0.2550	0.5704	0.7780	0.3470	0.2670	0.4305
东乡族	0.5790	0.4392	0.4520	0.4287	0.3839	0.2212
纳西族	0.4682	0.3495	0.1033	0.0275	0.0263	0.0729
景颇族	0.5686	0.1432	0.2833	0.0400	0.0302	0.0917
柯尔克孜族	0.0842	0.1327	0.2727	0.0713	0.0900	0.1285
土族	0.6715	0.8342	0.8423	0.3548	0.4713	0.5555
达斡尔族	0.5176	0.6461	0.6956	0.2481	0.3250	0.3247
仫佬族	0.2773	0.3607	0.5266	0.0366	0.1997	0.2024
羌族	0.3692	0.4057	0.5089	0.0496	0.0557	0.0739
布朗族	0.5889	0.2045	0.3936	0.0102	0.0790	0.0709
撒拉族	0.5653	0.4860	0.6067	0.2316	0.2913	0.2400
毛南族	0.3749	0.3326	0.5541	0.0414	0.3317	0.3458
仡佬族	0.1054	0.4270	0.6012	0.0583	0.0903	0.1716
锡伯族	0.4068	0.5749	0.5418	0.6542	0.6061	0.6151
阿昌族	0.4074	0.2131	0.4488	0.0457	0.0491	0.0738
普米族	0.6112	0.4271	0.3029	0.0349	0.0474	0.0355
塔吉克族	0.0499	0.6111	0.2851	0.0042	0.1438	0.3931
怒族	0.3862	0.5502	0.8947	0.0115	0.1113	0.3840
乌孜别克族	0.0141	0.0403	0.0924	0.0017	0.0278	0.0920
俄罗斯族	0.4214	0.5419	0.6036	0.5277	0.5667	0.5781
鄂温克族	0.5463	0.5349	0.5762	0.1510	0.1823	0.1710
德昂族	0.3601	0.0690	0.1797	0.0290	0.0042	0.0465
保安族	0.5715	0.4569	0.5135	0.5300	0.3931	0.5065
裕固族	0.4072	0.3184	0.4334	0.0695	0.0948	0.1408
京族	0.6760	0.2023	0.3317	0.2159	0.3482	0.3391

续表

民族	城市			镇		
	1990 年	2000 年	2010 年	1990 年	2000 年	2010 年
塔塔尔族	0.0831	0.1467	0.2168	0.0185	0.3381	0.1810
独龙族	0.5378	0.8498	0.7530	0.0253	0.4579	0.1392
鄂伦春族	0.5632	0.7058	0.7476	0.4676	0.5035	0.5357
赫哲族	0.2064	0.4115	0.6914	0.1715	0.1599	0.3120
门巴族	0.6259	0.8531	0.8924	0.0466	0.0527	0.1428
珞巴族	0.6941	0.8985	0.8839	0.2416	0.1309	0.0544
基诺族	0.6334	0.0452	0.0864	0.0040	0.0488	0.0731

资料来源：笔者根据《中国1990年人口普查资料》《中国2010年人口普查资料》和《中国2000年人口普查资料》计算得到。